国内首套系统研究强势股战法丛书

炒股就炒强势股⑤

强势涨停

操盘跟庄实战技法

明发◎著

中国经济出版社

CHINA ECONOMIC PUBLISHING HOUSE

北京

图书在版编目（CIP）数据

强势涨停操盘跟庄实战技法 / 明发著 . -- 北京：
中国经济出版社，2023.6
（炒股就炒强势股；⑤）
ISBN 978-7-5136-7347-1

Ⅰ．①强… Ⅱ．①明… Ⅲ．①股票交易-基本知识
Ⅳ．①F830.91

中国国家版本馆 CIP 数据核字（2023）第 106074 号

责任编辑　叶亲忠
责任印制　马小宾
封面设计　久品轩

出版发行　中国经济出版社
印　刷　者　北京富泰印刷有限责任公司
经　销　者　各地新华书店
开　　　本　710mm×1000mm　1/16
印　　　张　21.5
字　　　数　370 千字
版　　　次　2023 年 6 月第 1 版
印　　　次　2023 年 6 月第 1 次
定　　　价　72.00 元
广告经营许可证　京西工商广字第 8179 号

中国经济出版社 网址 www.economyph.com 社址 北京市东城区安定门外大街 58 号 邮编 100011
本版图书如存在印装质量问题，请与本社销售中心联系调换（联系电话：010-57512564）

　　国内股市是从 1990 年 12 月 19 日，时任上海市市长朱镕基在浦江饭店敲响上海证券交易所开业的第一声锣，开始踏上历史征程的；1991 年 7 月 3 日，深圳证券交易所也正式开业；当时上海证券交易所挂牌股票仅有 8 只，人称"老八股"（延中、电真空、大飞乐、小飞乐、爱使、申华、豫园、兴业）。2021 年 11 月 15 日，北京证券交易所揭牌开业，北京市委书记蔡奇与中国证监会党委书记、主席易会满共同为北京证券交易所揭牌并敲钟开市。从上海证券交易所开业至今的 30 多年来，股市虽风云变幻，但大盘指数整体上处于上涨态势，股票从当初的 8 只发展到如今的 5000 多只，市场机制正日趋走向成熟，市场监管越来越严格、力度也越来越大，股市投资越来越被广大民众所认识、接受、喜爱。

　　股市如人生，人生亦如股市，跌跌宕宕，起起伏伏；人生艰难，岁月知晓，股市艰辛，账户知道。股市作为证券投资交易市场，其实是一个零和博弈的市场，虽然所有投资者的机会都是平等的，但由于不同程度地受到诸如国内外经济形势不景气、上市公司信息造假、主力机构内幕交易、老鼠仓利益输送、投资者个人能力素质不足等因素的影响，能在股市中赚到钱的只是少数人，正所谓"七亏二平一赚"，多数人都承担着不同程度的亏损。

　　股市不同情弱者，马太效应（Matthew Effect）——"强者愈强、弱者愈弱"的现象，是国内股市的真实写照，也是做股票就要做强势股的依据。就目前形势而言，国内股市并不完全存在巴菲特所倡导的那种长期的价值投资机会，要想在股市上尽快赚到钱，寻找强势股进行短线操作，快进快出，是包括主力机构在内的广大投资者的较好选择。

　　大道至简，顺势而为，做强势股、做上升趋势，获利立竿见影。一般情况下，当天买入当天就能产生收益。市场上的许多大牛股、大黑马都是从强势股中走出来的。强势股中必定有主力机构在坐庄运作，主力机构操作一只股票，无论是有意还是无意，都会留下蛛丝马迹，这就为普通投资者操盘跟庄强势股提供了机遇。

做强势股、做上升趋势其实就是做强势节点，只做启动至拉升（拔高）这几节，就如竹笋破土见日成长最快的阶段，并在其生长速度变慢之前撤退离场，这样做不仅省时省力，还省资金。要想发掘强势股、抓住强势股，做强势节点，就必须学好基础理论，练好基本功，在操盘实践中真实感悟市场，不断累积实战经验，形成自己的操盘思路、操盘风格和操盘模式。

"炒股就炒强势股"系列丛书，以短线交易或短期行情操盘跟庄为主，运用大量实战案例，详细解析主力机构在操盘强势股过程中的思路、方法、技巧，举一反三，引导普通投资者准确分析和理解机构操盘手的操盘细节、做盘手法和操纵目的，精准把握买卖点，做到与庄同行，实现短线快速盈利。实战操盘中，普通投资者一定要结合目标股票股价在 K 线走势中所处的位置、成交量、均线形态等各种因素，进行综合分析研判后，慎重决策。

股市有风险，跟庄需谨慎。作者将 20 多年操盘跟庄强势股的经验和感悟诉诸笔端、融入书中，仅仅为普通投资者提供一些操盘跟庄的思路和技法，普通投资者千万不能照搬照抄，一定要根据手中目标股票的具体情况，通盘分析考虑后再做出是否买卖的决策。

路虽远，行则将至；事虽难，做则必成。做股票如同盖房子一样，要从打基础开始，既要有丰富的理论知识，又要有足够的经验教训积累。本人虽然从事证券投资 20 多年，但在证券专业知识结构、投资理念风格、操盘风险控制等方面还有薄弱环节，必然导致本书会有一些缺失和不足。还请各路投资大家和读者批评指正。

真心希望本书对读者有所启发和帮助。

CONTENTS **目 录**

第一章　看透涨停板

第一节　认识涨停板 / 003

一、涨停板 / 003

二、涨停板的性质 / 005

三、涨停动因分析 / 007

四、目前涨停板制度下的涨幅限制 / 010

第二节　涨停板的实战意义 / 011

一、涨停板能够快速吸引市场资金 / 011

二、涨停板能够立即启动一波上涨行情 / 011

三、涨停板能够推动行情的飙升 / 012

第三节　涨停板的分类及跟进 / 013

一、吸筹建仓型涨停板及跟进 / 013

二、洗盘补仓型涨停板及跟进 / 014

三、拉高出货型涨停板 / 017

第二章　涨停板封开板时机的把握

第一节　封板及跟进时机的把握 / 023

一、早盘 10 分钟内封板的涨停板 / 023

二、早盘前 1 小时内封板的涨停板 / 025

三、早盘后 1 小时内封板的涨停板 / 027

四、午盘后封板的涨停板 / 029

第二节　开板及跟进时机的把握 / 031

一、低位（底部）区域打开再封回的涨停板 / 031

二、中继回调（横盘震荡）洗盘之后打开再封回的涨停板 / 034

三、高位或相对高位区域打开再封回的涨停板 / 036

第三节　涨停板买点及后期走势的把握 / 039

一、涨停板买点的把握 / 040

二、涨停板之后期走势的把握 / 045

第三章　涨停个股的选择

第一节　一字涨停板个股的选择 / 061

一、选择上涨初期的第一个一字涨停板 / 061

二、选择前一交易日为涨停板的一字涨停板 / 068

三、选择前期有过 2 个以上涨停板的一字涨停板要慎重 / 074

四、选择前期连续收出 5 个（含 5 个）以上一字涨停板的一字涨停板
　　要小心 / 080

第二节　T 字涨停板个股的选择 / 088

一、选择主力机构强势震仓洗盘的 T 字涨停板 / 088

二、选择游资接盘通吃的 T 字涨停板 / 095

三、选择主力机构诱多出货的 T 字涨停板要谨慎 / 104

第三节　其他涨停板个股的选择 / 111

一、选择股价处于低位或相对低位的第一（或第二）个涨停板 / 111

二、选择中期洗盘调整之后的第一个涨停板 / 119

第四章　强势涨停分时形态实战技法

第一节　开盘即封停的一字(T 字)涨停板 / 129

一、开盘即封停的一字涨停板 / 129

二、涨停分时被打开的线上小坑涨停板（T 字板）/ 138

第二节　高开快速封板的涨停板 / 148

一、高开一波快速封上涨停板 / 148

二、高开两波快速封上涨停板 / 153

三、高开快速上冲减压后封上涨停板 / 161

第三节 多波次接力封上涨停板 / 169

一、高（平）开 3 个波次接力封上涨停板 / 169

二、高（平）开多波次接力封上涨停板 / 176

三、高（平）开窄幅横盘整理突破封上涨停板 / 184

第五章 强势涨停 K 线形态实战技法

第一节 一字涨停 K 线形态 / 195

一、低位或相对低位的一字涨停 K 线形态 / 195

二、高位或相对高位的一字涨停 K 线形态 / 207

第二节 T 字涨停 K 线形态 / 215

一、低位或相对低位的 T 字涨停 K 线形态 / 215

二、高位或相对高位的 T 字涨停 K 线形态 / 222

第三节 普通涨停 K 线形态 / 228

一、小阳线涨停 K 线形态 / 228

二、大阳线涨停 K 线形态 / 235

三、长下影线阳线涨停 K 线形态 / 240

第六章 强势涨停量价关系实战技法

第一节 无量涨停 / 247

一、相对低位的无量涨停 / 248

二、上涨途中的无量涨停 / 253

第二节 缩量涨停 / 258

一、上涨途中的缩量涨停 / 259

二、相对高位回调洗盘后的缩量涨停 / 264

第三节 放量涨停 / 269

一、相对低位（底部）的放量涨停 / 270

二、上涨途中的放量涨停 / 275

第四节 巨量涨停 / 280

一、低位巨量涨停 / 281

二、上涨途中的巨量涨停 / 285

第七章 强势涨停均线形态实战技法

第一节 上涨中期强势涨停均线形态 / 293

一、均线蛟龙出海涨停形态 / 294

二、均线再次黏合向上发散涨停形态 / 299

三、均线再次交叉向上发散涨停形态 / 304

第二节 拉升环节强势涨停均线形态 / 309

一、均线多头排列涨停形态 / 310

二、均线加速上涨初期涨停形态 / 315

三、均线快速上涨初期涨停形态 / 320

参考文献 / 326

后记 / 333

第一章

▼

看透涨停板

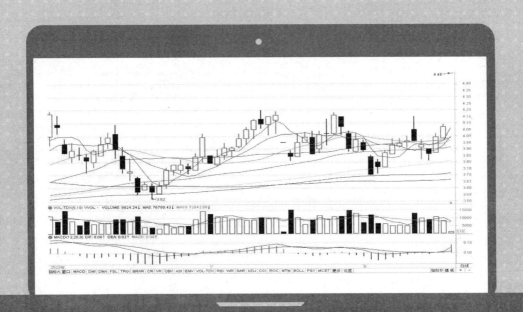

涨停板是由主力机构的操控行为所导致的，没有主力机构的控盘和拉升，就没有涨停板的产生。主力机构拉涨停板的真正目的是实现快速盈利。

　　除极少数以大阳线或中阳线启动的强势大涨股之外，几乎所有的强势股（大牛股）都是由涨停板启动的，强势涨停板既可以立即启动一波行情，也可以立即推动一波行情的飙升。

　　由于追（抢）强势股的涨停板，可以在短期内快速实现盈利，致使涨停板成为强势股中最完美、最迷人的一道风景线，不论是主力机构还是普通投资者，每天都有很多人在追逐涨停板。满目红色，最心心念念的还是涨停板。追逐涨停板（抢板或打板），成为普通投资者每一个交易日最怦然心动的时刻。

　　股票不会无缘无故地涨停（当然也不会无缘无故地跌停），只有主力机构早就潜伏其中并且按照其计划目标谋划运作的个股才有机会涨停，每一只涨停个股的背后都有主力机构资金提前布局、精心设计运作的影子。当然，并不是所有的涨停板都可以抢板，比如已经拉出多个涨停之后的涨停板、股价已至高位的涨停板、下跌趋势中的涨停板等，是不能随意抢板的，普通投资者一定要认真分析目标股票涨停的动因，谨慎跟庄抢板。

第一节　认识涨停板

　　涨停板是一种特别的强势盘口，一方面表现出个股股价具有强烈的上涨欲望，另一方面透露出主力机构十分主动积极的操盘态度和意图。通过对涨停板的深入分析和研究，我们可以比较直观地了解股价在个股走势中所处的位置、主力机构的操盘意图和目的等情况，从而果断做出是否跟庄抢板或者卖出离场的决策。

一、涨停板

涨停，是指股票的涨幅达到了交易所规定的最高限制，即个股每天的最大涨幅不能超过前一交易日的某一百分比。

国内股票市场交易日内股价涨幅的最高限度称为涨停板，涨停时的股价称为涨停板价。一般情况而言，开盘即封上涨停板的个股，上涨欲望强烈，只要当日涨停板没有被打开，下一交易日仍然有向上冲击涨停板的可能；下午或临近收盘拉至涨停的个股，要根据个股股价所处的位置、当日成交量等情况，区别对待。在实战操盘中，要注意提防主力机构利用高位拉涨停板进行涨停诱多骗线，达到其引诱普通投资者跟庄抢板而出货的操盘目的。

交易时间内的涨停板，只是涨停个股股票价格停止了上涨，而并不是停止了交易，涨停价位之内的交易仍在继续进行，直到当日收市为止。

图 1-1 是 300199 翰宇药业 2021 年 11 月 12 日星期五下午收盘时的 K 线走势图。从该股 K 线走势可以看出，当日该股强势涨停，涨停价位之内的交易仍在继续进行，直到当日收市为止。我们在软件上将该股整个 K 线走势图缩小后可以看出，该股震荡下跌时间长、跌幅大，且横盘震荡洗盘吸筹时间也较长；主力机构在拉出涨停板之前已收出 3 根阳线，成交量明显放大，该股股价已经处于强势上升态势。像这种走势的个股，普通投资者完全可以在第二或第三根阳线当日逢低跟庄进场买进筹码，后市应该会有比较满意的收获。

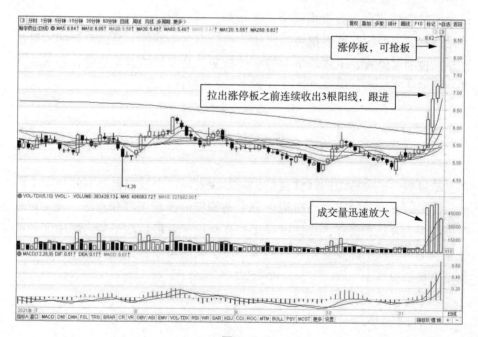

图 1-1

图 1-2 是 300199 翰宇药业 2021 年 11 月 12 日星期五下午收盘时的分时走势图。从分时走势可以看出，该股当日低开后迅速拔高，半小时内即封上涨停板，至收盘涨停板没有打开，盘口强势特征明显。从分时盘口右边的成交明细可以看出，交易时间内该股涨幅达到了交易所规定的 20% 的最高限制，价格限定在 8.62 元停止上涨，但并没有停止交易，涨停价上（8.62 元）的交易仍在继续进行，直到当日收盘为止。

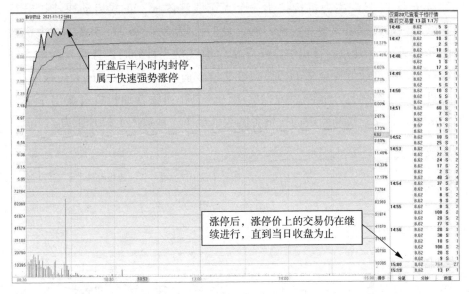

图 1-2

二、涨停板的性质

涨停板是主力机构操控股价的行为和结果。

涨停板是主力机构在坐庄过程中，综合政策面、基本面、消息面、大盘走势等情况，精心运作的交易日内涨幅的极限形态。每一个涨停板的背后，都透露出主力机构的操盘意图和目的，比如吸筹建仓或启动拉升或盘中洗盘或骗线出货等。只有看透涨停板的性质，才能把握主力机构的操盘意图和目的，从而做出正确的操盘决策。

当然，如果从政策面、基本面、消息面、大盘走势等因素来分析，我们也可以将涨停板理解为板块效应（板块轮动）、概念（题材或热点）冲击等原因，比如资产重组板块或概念、生物医药板块或概念，甚至可以具体到名称，事物题材等。

图 1-3 是 002909 集泰股份 2022 年 6 月 16 日星期四下午收盘时的 K 线走势图。当日的涨停板属于盘中洗盘型涨停板，涨停原因为"有机硅+光伏概念+比亚迪"重大利好。我们在软件上将该股整个 K 线走势图缩小后可以看出，该股上市后上涨至 2017 年 11 月 15 日的最高价 32.90 元，然后一路震荡下跌，至 2022 年 4 月 27 日最低价 5.26 元止跌企稳，下跌时间长、跌幅大，且横盘震荡洗盘吸筹时间也比较长，主力机构筹码锁定较好，控盘比较到位。2022 年 6 月 10 日，主力机构拉出一个大阳线涨停板，正式启动快速拉升行情，随后一口气拉出 3 个一字涨停板，此时涨幅较大。6 月 16 日，主力机构以涨停价 9.66 元开盘，拉出一个 T 字涨停板（从当日分时走势看，盘中涨停板被打开，股价最低探至 9.11 元），成交量较前一交易日大幅放大。很明显，主力机构通过瞬间打开涨停板的操盘手法，恐吓诱骗普通投资者卖出手中筹码，清洗获利盘，拉高新进场投资者的买入成本，释放向上拉升压力。

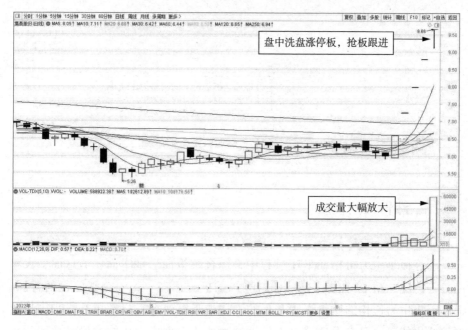

图 1-3

图 1-4 是 002909 集泰股份 2022 年 6 月 16 日星期四上午开盘后至 9:47 的分时截图。从分时走势可以看出，该股当日涨停开盘，9:45 涨停板被打开瞬间，成交量急速放大，前期进场的投资者开始获利了结；受涨停板打开的影响，大部分前期进场的普通投资者估计在当天都获利了结了，而在当日集合竞价时进场或在涨停板打开时跟庄抢板进场的普通投资者，后期应该会有十

分喜人的收获。

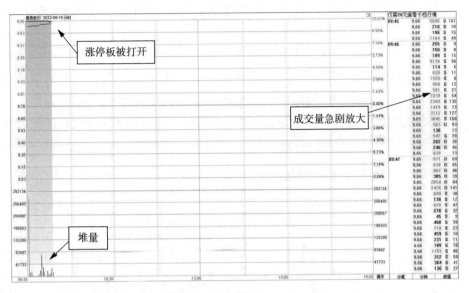

图 1-4

三、涨停动因分析

股票不是随随便便就会涨停的，能够涨停的股票必然有其外在和内在的原因，背后也必然有主力机构潜伏谋划运作的痕迹。

（一）外在动因

外在动因即消息面方面的因素，一般有以下几个方面：

一是政策面方面，国家经济金融政策的重大变化，对股市涨跌起着决定性重大作用。尤其是对某一行业的政策倾斜或优惠，对该行业（或板块）股票的价格走势有着重大影响，市场资金的大幅流入（该板块），将导致多数个股涨停。

二是基本面方面，企业重大（利好）事件，将导致公司股票出现连续涨停。比如重大资产重组、股票摘星脱帽、业绩大幅增长（高送转或扭亏为盈）等重大利好。

三是突发性事件的刺激。受突发性社会事件给企业带来实质性利好的影响，公司股票可能出现连续涨停。比如三年新冠疫情期间，大盘疲软，股市低迷，但新冠疫苗、核酸检测相关公司的股票，却走出了快速上涨的大好行情。

四是发达国家（地区）市场的变化对国内股市的影响。比如美国股市、中国香港股市的变化对国内股市影响重大，同时影响到个股的涨（跌）停变化。

图 1-5 是 002911 佛燃能源 2022 年 7 月 21 日星期四下午收盘时的 K 线走势图。在软件上将该股整个 K 线走势图缩小后可以看出，股价从前期相对高位，即 2021 年 9 月 28 日的最高价 13.16 元，一路震荡下跌，至 2022 年 4 月 27 日的最低价 8.20 元止跌企稳，下跌时间较长、跌幅较大，其间有过 1 次较大幅度的反弹。

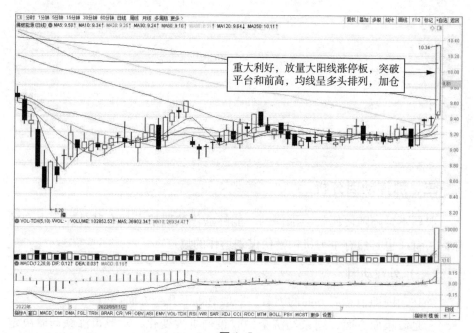

图 1-5

2022 年 4 月 27 日股价止跌企稳后，主力机构快速推升股价，收集筹码。然后该股展开横盘震荡洗盘吸筹行情，K 线走势呈红多绿少、红肥绿瘦态势。

2022 年 7 月 21 日截图当日，该股高开，收出一个大阳线涨停板，突破平台和前高，成交量较前一交易日放大 5 倍多，形成大阳线涨停 K 线形态。涨停原因为"燃气+氢能源+充电桩+业绩增长"重大利好。此时，均线（除 120 日均线外）呈多头排列，MACD、KDJ 等技术指标开始走强，股价的强势特征已经显现，后市快速上涨的概率大。像这种情况，普通投资者可以在当日跟庄抢板或在次日择机跟庄进场加仓买进筹码，持股待涨，待股价出现明显见顶信号时撤出。

（二）内在动因

内在动因即主力机构行为因素。事物的变化发展是内因和外因共同作用的结果，内因是事物变化发展的根本原因，外因是事物变化发展的条件，外因通过内因起作用。股票能不能涨停，得看内在动因，即主力机构拉不拉，普通投资者是没有资金实力拉出涨停板的。

其实，涨停板就是主力机构在坐庄过程中，提前预判或综合分析政策面、基本面、大盘走势等情况，从技术层面精心谋划运作、长期布局吸筹建仓之后拉出来的。所以，每一个涨停板的背后，都透露出主力机构的操盘意图和目的。内在动因即主力机构行为因素（或技术层面的因素）如下：

一是主力机构在低位或相对低位完成吸筹建仓后，借助个股利好，以涨停方式使股价快速脱离成本区，不让普通投资者有逢低跟进的机会。

二是主力机构借助个股利好消息，以涨停方式快速突破前高（平台或坑口）、前期下跌密集成交区、主要均线等重要阻力位。

三是中期洗盘调整行情结束，主力机构借助个股利好消息开始快速拉升股价（最后的拉升也称主升浪），可能连续拉出多个涨停板。

四是主力机构借助涨停板吸引人气，引起市场注意，以引诱普通投资者跟庄进场而开始派发出货。

另外，还有主力机构借助热点概念炒作、板块轮动引发的涨停板等。

实战操盘中，普通投资者需要注意的是，除上述外在和内在动因外，操盘跟庄中还要考虑到 K 线、成交量、均线、MACD、KDJ 等技术指标是否配合到位，这些重要技术指标是股价后市持续上涨的重要保证。

图 1-6 是 000820 神雾节能 2022 年 8 月 18 日星期四下午收盘时的 K 线走势图。在软件上将该股整个 K 线走势图缩小后可以看出，该股 2021 年 5 月中旬前有过一波大涨。股价从前期相对低位，即 2021 年 2 月 9 日的最低价 1.09 元，一路上涨至 2021 年 5 月 14 日最高价 5.27 元，然后该股展开大幅震荡洗盘调整行情，主力机构高抛低吸赚取差价盈利与洗盘吸筹并举。

2022 年 8 月 18 日截图当日（横盘震荡洗盘调整行情持续 1 年多后），该股涨停开盘，收出一个一字涨停板，突破平台（前高），快速脱离成本区，当日成交量较前一交易日大幅萎缩（一字涨停板的原因），留下向上突破缺口，形成向上突破缺口和一字涨停 K 线形态。涨停原因为"摘帽+环保"重大利好。一是公司 8 月 16 日公告称，8 月 18 日开市起复牌，撤销退市风险警示及其他风险警示。二是公司主营业务是节能环保行业清洁冶炼业务。此时，均

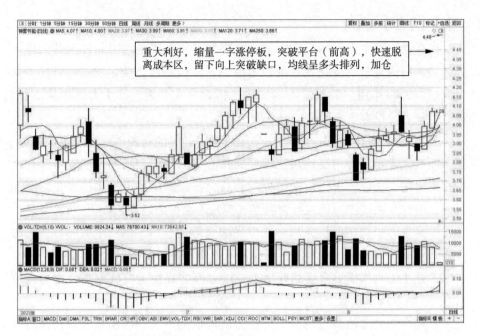

图 1-6

线呈多头排列，MACD、KDJ 等技术指标开始走强，股价的强势特征已经显现，后市快速上涨的概率大。像这种情况，普通投资者可以在当日跟庄抢板或在次日择机跟庄进场加仓买入筹码，持股待涨，待股价出现明显见顶信号时撤出。

四、目前涨停板制度下的涨幅限制

目前国内相关政策规定，普通股票的最大涨幅为前一交易日的收盘价向上浮动 10%；特别处理的 ST 和 *ST 股票最大涨幅为前一交易日的收盘价向上浮动 5%；新股上市首日最大涨幅为 44%。

创业板个股的最大涨幅为前一交易日的收盘价向上浮动 20%；新股前 5 个交易日不设涨（跌）幅限制。

科创板个股的最大涨幅为前一交易日的收盘价向上浮动 20%；新股前 5 个交易日不设涨（跌）幅限制。

新三板（精选层）个股的最大涨幅为前一交易日的收盘价向上浮动 30%；新股上市首日不设涨（跌）幅限制。

第二节 涨停板的实战意义

涨停板是主力机构行为，主力机构之所以要拉涨停板，无外乎是吸筹建仓、启动拉升、盘中洗盘、骗线出货之意图，最终目的是出货盈利。涨停板是主力机构用于吸引跟风盘、快速拉升股价、高位骗线出货、实现盈利最大化的必然选择，具有重要的实战意义。

一、涨停板能够快速吸引市场资金

由于涨停板在市场中具有最强大的盈利效应，没有任何其他的方式能够比涨停板更能吸引市场眼球和人气。所以，主力机构拉出的每一个涨停板，都能引起市场的广泛关注和跟风，吸引市场外资金踊跃跟庄进场买进筹码。尤其是股价处于高位的个股，主力机构往往通过拉出涨停板、引诱跟风盘、涨停诱多骗线等手法，达到兑现派发、隐秘完成出货以实现盈利最大化的目的。

二、涨停板能够立即启动一波上涨行情

个股的上涨行情，绝大多数是从主力机构拉出涨停板或标志性大阳线开始启动的。而由涨停板启动的行情，大多突发性强、后期走势比较迅猛。一般情况下，下跌幅度较大或横盘震荡整理时间较长的个股，主力机构通过拉涨停板启动行情，基本可以确定为个股趋势的反转，或者至少有一波较大幅度的反弹行情。因此，这种主力机构以涨停板启动的个股，涨停板的实战意义在于，打开了个股上升空间，有效奠定了个股上涨的基础，开启了一波上涨行情。普通投资者可以视情况跟庄进场买进或待回抽确认时逢低跟进。

图 1-7 是 603665 康隆达 2021 年 9 月 13 日星期一下午收盘时的 K 线走势图。在软件上将该股整个 K 线走势图缩小后可以看出，该股上市后最高价上涨至 2017 年 3 月 27 日的 79.23 元，然后一路震荡下跌，至 2021 年 8 月 3 日的最低价 11.34 元止跌企稳，下跌时间长、跌幅大。股价止跌企稳后，该股展开了强势整理行情，主力机构继续洗盘吸筹，筹码趋于集中，控盘逐渐到位。2021 年 9 月 13 日截图当日，主力机构拉出一个大阳线涨停板，突破前高，成交量较前一交易日放大近 4 倍，短期均线呈多头排列形态，正式启动快速上涨行情。

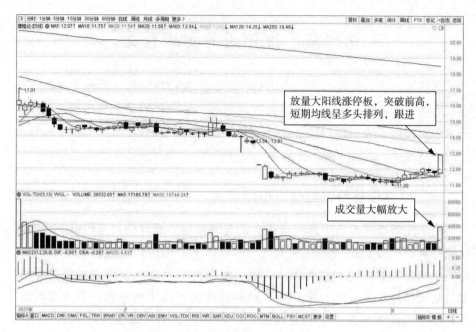

图 1-7

三、涨停板能够推动行情的飙升

涨停板既能够启动一波上涨行情，也能够推动行情的飙升。多数情况下，个股经过中期上涨行情之后，主力机构会进行较大幅度的调整洗盘，清洗获利盘和意志不坚定投资者，以拉高普通投资者的入场成本。洗盘调整到位后，主力机构会通过拉涨停板的方式，启动最后的拉升行情。此时，个股股价已经步入快速上升通道，绝大多数主力机构会以连续拉涨停板的方式，推动行情的飙升，股价几乎呈直线上升态势。普通投资者可以在主力机构中期调整洗盘结束后拉出第一个涨停板的当日（或次日），寻机跟庄进场买入筹码，待股价出现明显见顶信号时立马撤出。

图 1-8 是 601878 浙商证券 2020 年 7 月 9 日星期四下午收盘时的 K 线走势图。从该股 K 线走势可以看出，截图当日，主力机构已拉出 7 个涨停板，可谓是一波涨幅巨大的飙升行情。我们在软件上将该股整个 K 线走势图缩小后可以看出，该股上市后最高价上涨至 2017 年 9 月 5 日的 24.19 元，然后一路震荡下跌，至 2018 年 10 月 17 日的最低价 5.45 元止跌企稳，下跌时间长、跌幅大。此后，该股展开了大幅震荡盘升行情，主力机构主要操盘目的是收集筹码、洗盘吸筹，同时高抛低吸，降低成本，股价走势呈上升趋势。震荡

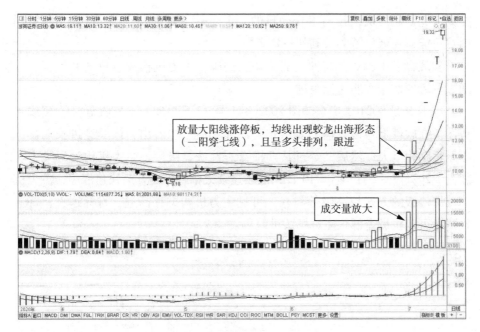

放量大阳线涨停板，均线出现蛟龙出海形态（一阳穿七线），且呈多头排列，跟进

成交量放大

图 1-8

盘升行情持续 1 年 8 个多月之后的 2020 年 7 月 1 日，主力机构突然拉出一个大阳线涨停板，一阳穿七线，均线蛟龙出海形态形成，成交量较前一交易日放大近 3 倍，均线呈多头排列，主力机构正式启动大幅飙升行情。

第三节 涨停板的分类及跟进

依据涨停后的 K 线形态、均线形态、成交量、涨停时间等因素，可以对涨停板进行各种分类。这里，我们只依据涨停板出现在个股走势中的不同位置来进行分类。涨停板出现在个股走势中的不同位置或不同阶段，体现出主力机构不同的操盘目的和意图，其涨停的性质截然不同。一般情况下，可将涨停板分为三大类型，即吸筹建仓型涨停板、洗盘补仓型涨停板和拉高出货型涨停板。

一、吸筹建仓型涨停板及跟进

出现在个股的上涨初期，主力机构用以拉高吸筹建仓所需的涨停板，属于吸筹建仓型涨停板。个股长时间大幅下跌（或主力机构打压洗盘）之后，主力机构开始慢慢吸筹建仓，达到一定仓位后，就会采取拉涨停板的方式来拉高建仓。主力机构拉高建仓的目的，主要是快速完成筹码的收集工作，同时尽可能避免低位筹码被其他投资者抢夺。

实战操盘中，对于这种上涨初期、仍属于主力机构成本价的涨停板，普通投资者要敢于大胆逢低跟进。

图1-9是002101广东鸿图2022年1月17日星期一下午收盘时的K线走势图。在软件上将该股整个K线走势图缩小后可以看出，该股经过长期震荡下跌，跌幅巨大；然后又经过长期横盘震荡洗盘吸筹，主力机构筹码集中度较高。2021年12月9日、10日，该股连续大幅跳空高开后快速涨停，主力机构以涨停板的方式拉高吸筹建仓。可见主力机构志存高远，目标远大，普通投资者可以积极逢低跟庄进场买进筹码。

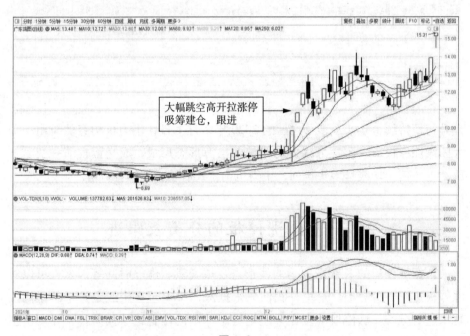

图1-9

二、洗盘补仓型涨停板及跟进

出现在个股的上涨中期，主力机构用以拉高洗盘补仓所需的涨停板，属于洗盘补仓型涨停板。一般情况下，个股经过初期上涨之后，主力机构会进行回调洗盘或震荡整理洗盘，高抛低吸，清洗获利盘，拉高普通投资者的入场成本。如大势较好，主力机构又感到洗盘不到位或不彻底，一般会通过拉涨停板且打开涨停板的方式洗盘吸筹，以达到清洗获利盘、增补仓位的目的。

实战操盘中，对于这种上涨中期的洗盘补仓型涨停板，要结合 K 线走势、涨停当日盘口分时走势（尤其是成交量是否有效放大），进行综合分析判断后，抓住涨停板打开时机快速跟进。

图 1-10 是 002077 大港股份 2022 年 8 月 17 日星期三下午收盘时的 K 线走势图。在软件上将该股整个 K 线走势图缩小后可以看出，该股经过长期震荡下跌，且长期横盘震荡洗盘（挖坑）后，展开初期上涨行情，主力机构不断收集筹码。初期上涨之后，该股展开小幅横盘洗盘补仓行情。其中 7 月 22 日、8 月 2 日，主力机构通过拉涨停板且打开涨停板的方式，开始洗盘补仓。

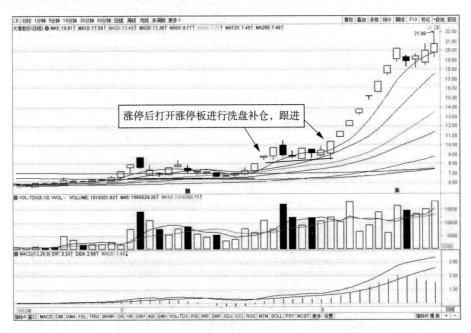

图 1-10

图 1-11 是 002077 大港股份 2022 年 7 月 22 日星期五下午收盘时的分时走势图。从当日该股的分时走势可以看出，主力机构采取大幅跳空高开的方式，瞬间封停，然后打开涨停板，进行洗盘补仓。上午该股的涨停板多次被打开，但打开时间都不长，每次的成交量也不大，明显是散户投资者在抛售，主力机构在接盘。

图 1-12 是 002077 大港股份 2022 年 8 月 2 日星期二下午收盘时的分时走势图。从当日该股的分时走势可以看出，主力机构采取低开、直接大幅回落洗盘的方式，吓唬欺骗普通投资者交出手中筹码，然后该股迅速拐头上行，直线上冲封上涨停板。10:46 该股打开涨停板展开洗盘补仓行情，10:51 封回涨停板直到收盘。不管是早盘低开回落，还是 10:46 涨停板被打开，该股成

交量都不大，明显是散户在抛售，主力机构在接盘。

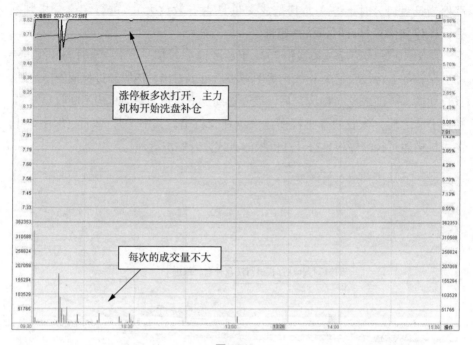

图 1-11

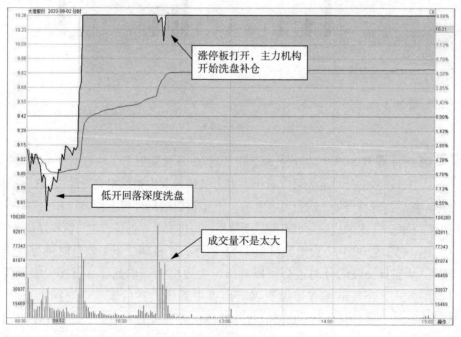

图 1-12

三、拉高出货型涨停板

出现在个股走势的高位或相对高位，主力机构用以拉出利润空间，引诱跟风盘，以便出货所需的涨停板，属于拉高出货型涨停板。主力机构高位拉出涨停板的操盘目的，主要是引起市场的关注，吸引人们的眼球，引诱普通投资者跟风接盘。

实战操盘中，对于这种上涨后期、主力机构以出货为主而拉出的涨停板，普通投资者最好别碰。股市功夫，唯快不破，如果是市场投资高手，可结合 K 线走势、涨停当日成交量情况，精准研判后，快速抢板、快进快出、速战速决。

图 1-13 是 002591 恒大高新 2022 年 7 月 27 日星期三下午收盘时的 K 线走势图。从 K 线走势可以看出，该股主力机构从 2022 年 7 月 11 日拉出一个大阳线涨停板开始，正式启动快速拉升行情。至 7 月 27 日截图当日，13 个交易日拉出了 10 个涨停板，涨幅惊人。7 月 27 日的涨停板为拉高出货型涨停板（当然，前期 7 月 19 日、21 日和 25 日的涨停板也都可以认定为拉高出货型涨停板），当日成交量较前一交易日明显放大，股价远离 30 日均线，该股下跌行情即将展开。

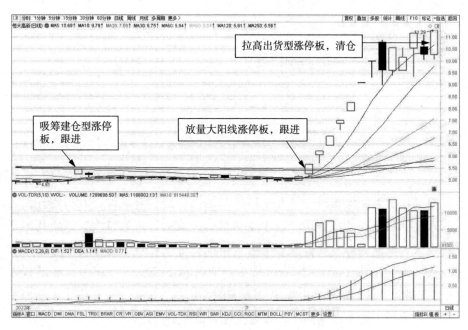

图 1-13

图 1-14 是 002591 恒大高新 2022 年 7 月 27 日星期三下午收盘时的分时走势图。从当日分时走势可以看出，早盘该股平开，股价回落，主力机构出了部分货，然后主力机构采用对敲的手法，配合场外资金快速向上推升股价，9:48 用两笔大买单封上涨停板，随后利用涨停价位撤换单，反复打开、封回等操盘手法开始派发出货。当日涨停板打开封回，再打开再封回，反复多次，打开时间长，主力机构出货量大，虽然当日仍以涨停报收，但盘口弱势特征已经非常明显。像这种情况，普通投资者如果手中还有筹码当日没有出完，次日一定要逢高清仓。

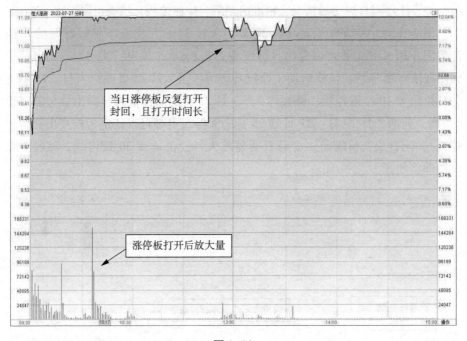

图 1-14

拉高出货型涨停板，除了在个股走势的高位或相对高位经常出现外，还会出现在下跌反弹的过程中。由于主力机构持有的筹码数量大，致使其出货难度也大，如遇大势不好或操盘失误等情况，可能导致大量筹码在高位派发不出去（甚至坐庄失败），主力机构多会通过在下跌反弹过程中拉涨停板方式，营造强势反弹氛围，以吸引人气，悄悄出货。对于这种下跌反弹过程中出现的涨停板，除非市场高手，普通投资者最好别去碰。

图 1-15 是 603029 天鹅股份 2022 年 3 月 4 日星期五下午收盘时的 K 线走势图。从 K 线走势可以看出，该股主力机构从 2022 年 2 月 14 日拉出一个大

阳线涨停板开始，正式启动快速拉升行情。至2月23日，8个交易日拉出了7个涨停板（其实从分时走势和成交量看，主力机构2月18日、21日和23日拉出的涨停板，都是拉高出货型涨停板），涨幅相当大。2月24日、25日，该股以跌停的方式开盘，主力机构盘中拉高出货；2月28日该股继续大幅低开，跌停收盘。股价从3月1日起开始小幅反弹，3月4日截图当日，主力机构拉出一个大阳线涨停板，虽然当日成交量较前一交易日放大近2倍，且中长期均线呈多头排列，但从该股前期涨幅和K线走势看，当日的涨停板只能认定为下跌反弹过程中的拉高出货型涨停板。

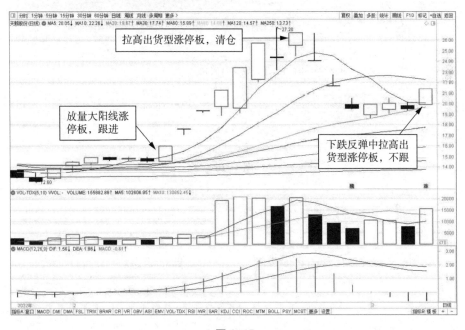

图 1-15

图1-16是603029天鹅股份2022年3月4日星期五下午收盘时的分时走势图。从当日分时走势可以看出，该股早盘高开、股价上冲，然后展开横盘震荡盘整走势，10:12股价分2个波次上冲封上涨停板但却瞬间打开，10:13股价再次上冲封上涨停板但又瞬间打开。当日涨停板打开封回，再打开再封回，反复多次，打开时间长，成交量放大，应该是主力机构利用盘中拉高和涨停手法，逐步派发前期没有出完的筹码。虽然当日该股仍以涨停报收，但盘口弱势特征明显。像这种情况，如有普通投资者在前期逢反弹跟进买入筹码，一定要在当日或次日逢高清仓。

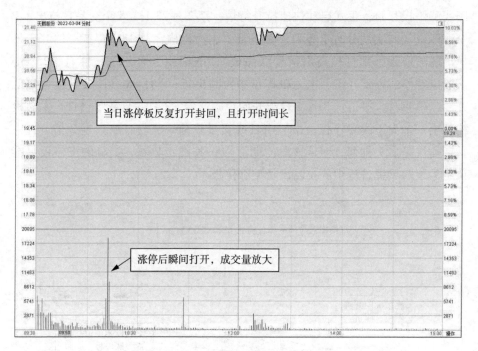

当日涨停板反复打开封回，且打开时间长

涨停后瞬间打开，成交量放大

图 1-16

第二章

涨停板封开板时机的把握

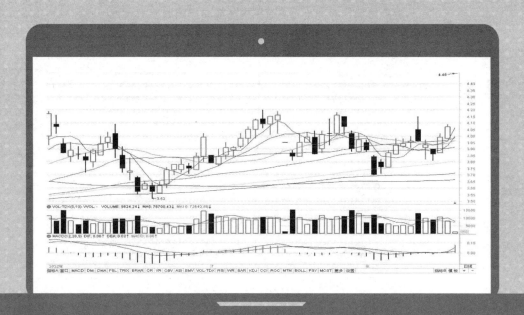

从涨停持续时间上来分析，我们可以把涨停板分为不开板的涨停板和开板的涨停板两种情况。不开板的涨停板又可以分为无量（缩量）封死型涨停板和放量封死型涨停板。开板的涨停板也可以分为瞬间打开的涨停板和长时间打开的涨停板，或者分为低位（底部）打开的涨停板和高位或相对高位打开的涨停板，抑或者分为吸筹建仓、洗盘补仓、拉高出货打开的涨停板等。从以上分析看，实战操盘中，判断把握好涨停板封板及开板时间，对跟庄进场（抢板）买入筹码、降低市场风险、赢得获利时机，具有重要的实战意义。

第一节　封板及跟进时机的把握

总的原则是，在封板后不开板的情况下，封板时间早的涨停板要比封板时间晚的涨停板更强势，后市继续涨停或上涨的概率更大，值得普通投资者跟庄进场（抢板）买入。

一、早盘 10 分钟内封板的涨停板

即 9:40 之前涨停的个股，包括一字涨停板个股。开盘即封停或开盘 10 分钟内就封停，直到收盘没开板（换手率越小越好），这是一种值得普通投资者追涨的特别强势的涨停板。主力机构能够在开盘后 10 分钟内封停且全天封板，说明主力机构资金实力雄厚、筹码集中度高、控盘到位，是一种提前运作、有预谋有计划的操盘行为，做多愿望强烈，后市连续涨停概率大。如个股处于上升趋势中，普通投资者可以在当日跟庄抢板，或在次日利用集合竞价挂买单排队等候买进，或利用涨停板短暂打开的时机，抢板买进。

图 2-1 是 002514 宝馨科技 2022 年 6 月 27 日星期一下午收盘时的 K 线走势图。在软件上将该股整个 K 线走势图缩小后可以看出，此时该股处于上升趋势中。股价从前期相对高位，即 2019 年 4 月 18 日的最高价 8.14 元，一路震荡下跌，至 2021 年 2 月 4 日的最低价 3.20 元止跌企稳，下跌时间长、跌幅大。然后主力机构开始大幅震荡盘升（挖坑）洗盘，高抛低吸赚取差价盈利

与洗盘吸筹并举。震荡盘升期间，主力机构拉出过 11 个涨停板，均可认定为吸筹建仓型涨停板。

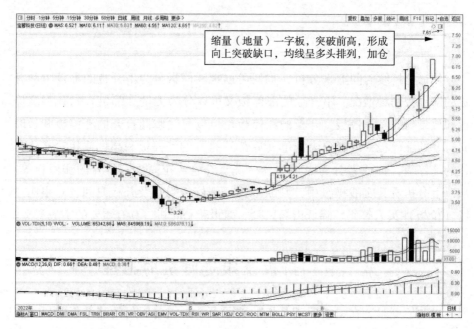

图 2-1

2022 年 6 月 27 日截图当日，该股涨停开盘，至收盘涨停板没打开，主力机构拉出一个一字涨停板，股价突破前高，在前一交易日留下向上突破缺口的基础上，再次留下向上突破缺口，成交量较前一交易日极度萎缩（地量），形成一字涨停 K 线形态。此时，短、中、长期均线呈多头排列，MACD、KDJ 等技术指标走强，股价的强势特征非常明显，后市持续上涨的概率大。像这种情况，普通投资者可以在当日抢板买进或在次日寻机加仓买进筹码。

图 2-2 是 002514 宝馨科技 2022 年 6 月 28 日星期二上午开盘后至 9：32 的分时截图。这是该股 6 月 27 日收出一字涨停板之次日开盘后 2 分多钟的分时截图。由于前一交易日是一字涨停板且成交量极度萎缩，普通投资者想抢板买进筹码的可能性较小。当日涨停开盘后，股价瞬间回落，成交量急速放大。从盘口看，左下方为开盘后成交量迅速放大的量柱，右边是 9：32 前的成交明细，从开盘后的成交明细可以看出，开盘后成交量迅速放大，9：31 封上涨停板之前，万手以上的大卖单成交不少，普通投资者只要在当天集合竞价时直接以涨停价挂买单排队或开盘后迅速挂买单跟进的话，成交的可能性非常大。这里就不再列示该股当日全天的分时走势图了。

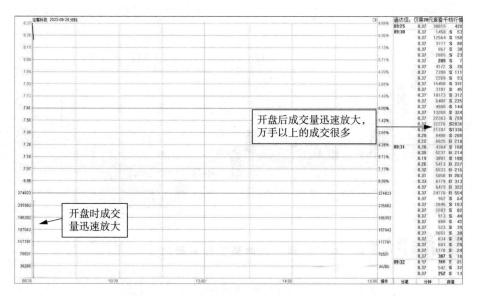

开盘后成交量迅速放大，
万手以上的成交很多

开盘时成交量迅速放大

图 2-2

二、早盘前 1 小时内封板的涨停板

即 9:40 至 10:30 之间涨停的个股，当然，其间越早封上涨停板越好。能在 1 小时内封上涨停板的个股，也是主力机构提前运作、有预谋有计划操盘的目标股票。这种个股的主力机构资金实力雄厚、筹码集中度高、控盘到位，目标长远，做多愿望强烈，后市继续涨停的概率大，是值得普通投资者追涨的强势涨停板。这类涨停个股一般都是当日的大幅高开个股，且此前已经拉出过涨停板（不止一个涨停板），当日的涨停板可以是小阳线涨停板，也可以是大阳线涨停板。如目标股票处于上升趋势中，普通投资者可以在当日跟庄抢板，或在次日择机买进筹码。

图 2-3 是 000863 三湘印象 2022 年 11 月 11 日星期五下午收盘时的 K 线走势图。在软件上将该股整个 K 线走势图缩小后可以看出，此时该股处于上升趋势中。股价从前期相对高位，即 2019 年 6 月 14 日的最高价 6.18 元，一路震荡下跌，至 2021 年 11 月 3 日的最低价 2.64 元止跌企稳，下跌时间长、跌幅大，然后主力机构开始大幅震荡盘升（挖坑）洗盘，高抛低吸赚取差价盈利与洗盘吸筹并举。震荡盘升期间，主力机构拉出过 17 个涨停板，多数为吸筹建仓型涨停板。

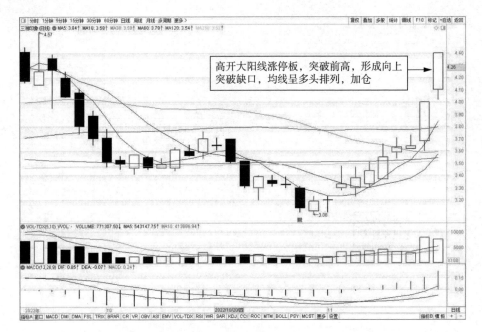

高开大阳线涨停板，突破前高，形成向上突破缺口，均线呈多头排列，加仓

图 2-3

　　2022 年 11 月 11 日截图当日，主力机构在前一交易日拉出一个大阳线涨停板的基础上，跳空高开，再次拉出一个大阳线涨停板，突破前高，留下向上突破缺口，成交量较前一交易日萎缩，形成大阳线涨停 K 线形态。此时，短、中、长期均线呈多头排列，MACD、KDJ 等技术指标走强，股价的强势特征特别明显，后市股价持续快速上涨的概率大。像这种情况，普通投资者可以在当日开盘后择机加仓买进筹码。

　　图 2-4 是 000863 三湘印象 2022 年 11 月 11 日星期五上午开盘后至 9:42 的分时截图。这是该股当日开盘后 11 分多钟的分时截图。由于前一交易日该股收出了一个放量大阳线涨停板，各项技术指标非常强势，普通投资者可以在当日集合竞价时做好跟庄抢板买进的准备。从这 11 分多钟的分时截图可以看出，当日该股向上跳空 2.5% 开盘，股价分 3 个波次快速冲高，于 9:41 封上涨停板。从盘口看，开盘后成交量急速放大，从左下方放大的成交量柱已经体现。从右边的成交明细也可以看出，9:41 涨停后，万手以上的大卖单成交不少，即使普通投资者在即将涨停的瞬间跟庄抢板买进，成交的可能性也非常大。这里就不再列示该股当日全天的分时走势图了。

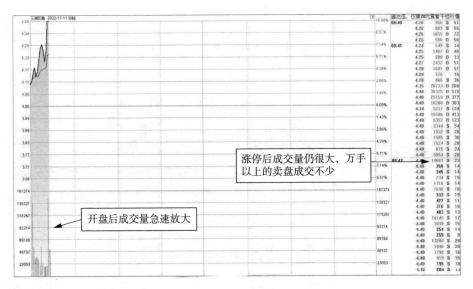

图 2-4

三、早盘后 1 小时内封板的涨停板

即 10:40 至 11:30 之间封死涨停板的个股。虽然这个时间段封死涨停板的个股，从时间上看，要比 10:30 之前封上涨停板的个股走势弱一些，但仍属于早盘封死涨停的个股，如果早盘跳空高开幅度较大，且在这个时间段内较早封上涨停板，是值得普通投资者积极参与的目标股票。这类个股，仍是主力机构提前运作、有预谋有计划实施其操盘意图的目标股票；该类个股此前已拉出过涨停板（甚至不止一个涨停板），主力机构筹码集中度高、控盘到位，做多愿望强烈，后市继续涨停的概率大。如目标股票处于上升趋势中，普通投资者可以在当日跟庄抢板，或在次日择机买进筹码。

图 2-5 是 000721 西安饮食 2022 年 11 月 4 日星期五下午收盘时的 K 线走势图。在软件上将该股整个 K 线走势图缩小后可以看出，此时该股处于上升趋势中。股价从前期相对高位，即 2020 年 6 月 9 日的最高价 6.12 元，一路震荡下跌，至 2021 年 11 月 2 日的最低价 3.52 元止跌企稳，下跌时间长、跌幅较大。然后主力机构开始大幅震荡盘升（挖坑）洗盘，高抛低吸赚取差价盈利与洗盘吸筹并举。震荡盘升期间，主力机构拉出过 12 个涨停板，多数为吸筹建仓型涨停板。

2022 年 11 月 4 日截图当日，该股在前一交易日收出一个大阳线涨停板的基础上，跳空高开，再次收出一个大阳线涨停板，突破前高，成交量较前一交易

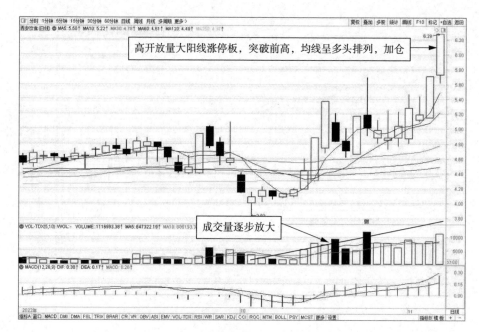

图 2-5

日明显放大，形成大阳线涨停 K 线形态。此时，短、中、长期均线呈多头排列，MACD、KDJ 等技术指标走强，股价的强势特征特别明显，后市持续快速上涨的概率大。像这种情况，普通投资者可以在当日开盘后择机逢低加仓买进筹码。

图 2-6 是 000721 西安饮食 2022 年 11 月 4 日星期五上午开盘后至 10:35 的分时截图。由于该股前一交易日拉出了一个放量大阳线涨停板，股价处于上升趋势中，且各项技术指标非常强势，普通投资者可以在当日集合竞价时做好跟庄进场买进筹码的准备。从这 65 分钟的分时截图可以看出，当日该股高开，股价快速冲高后很快回落并开始短暂震荡洗盘，然后再次冲高进行高位震荡洗盘，10:11 涨停后瞬间打开，10:13 封上涨停板，此时普通投资者可以考虑跟庄进场抢板（当然，普通投资者也可以在开盘后择机跟进）。10:33 涨停板再次被大卖单砸开，成交量急速放大，10:34 封回涨停板至收盘。从盘口看，10:13 涨停后跟庄进场抢板买进的普通投资者，在 10:33 涨停板再次被大卖单砸开后，基本都能成交。从盘口右边的成交明细看，10:34 再次封上涨停板后，千手以上的大卖单成交也不少，即使普通投资者在 10:34 涨停的瞬间跟庄进场抢板买进，成交的可能性也非常大。这里就不再列示该股当日全天的分时走势图了。

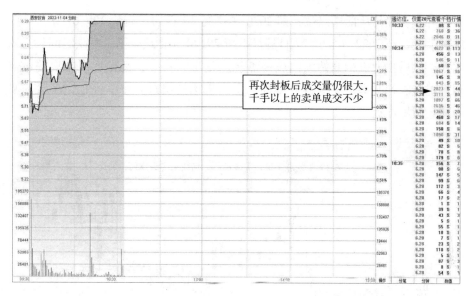

图 2-6

四、午盘后封板的涨停板

即 13:00 开盘后至 15:00 收盘前涨停的个股。这类午盘之后主力机构封上涨停板的股票（上午停牌、下午复牌的个股除外），多数是受突发利好消息的刺激，或大盘转好突然大涨而引发涨停的。除大盘转好突然大涨引发的涨停板，个股突发利好引发的涨停板，上午停牌、下午复牌的涨停板这 3 类涨停板外，其他下午封上涨停板的个股，后市持续上涨的概率较小，普通投资者要谨慎参与。

当然，主力机构的操盘手法和风格不同，其操盘目的和意图，普通投资者是很难猜透的。很多时候，主力机构操盘手往往会利用普通投资者的惯性思维，而采用逆向的操盘思路和手法。所以，对于下午涨停的个股，我们要辩证地分析研判。只要下午封停的个股处于上升趋势之中（处于初中期上涨阶段之中最好），且其他技术指标强势（尤其是该股此前已经拉过涨停板），普通投资者就可以在该股下午涨停时跟庄抢板买进，或在次日择机跟进买入筹码，注意盯盘跟踪。

但对于股价处于高位，主力机构在尾盘拉出涨停板的个股，普通投资者要谨慎对待，最好别碰。

图 2-7 是 600536 中国软件 2022 年 10 月 12 日星期三下午收盘时的 K 线走势图。在软件上将该股整个 K 线走势图缩小后可以看出，此时该股处于上

升趋势中。股价从前期高位，即 2020 年 7 月 10 日的最高价 129.67 元，一路震荡下跌，至 2022 年 4 月 27 日的最低价 29.70 元止跌企稳，下跌时间长、跌幅大，然后主力机构开始大幅震荡盘升（挖坑）洗盘，高抛低吸赚取差价盈利与洗盘吸筹并举。震荡盘升期间，主力机构拉出过 8 个涨停板，多数为吸筹建仓型涨停板。

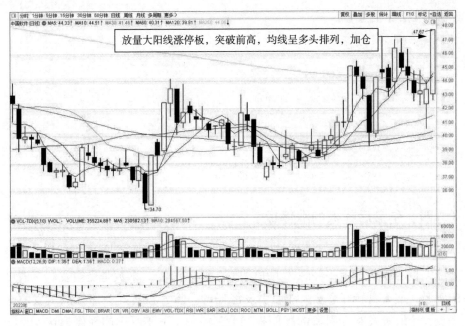

图 2-7

2022 年 10 月 12 日截图当日，该股低开，收出一个大阳线涨停板，突破前高，成交量较前一交易日放大近 2 倍，形成大阳线涨停 K 线形态。此时，均线（除 250 日均线外）呈多头排列，MACD、KDJ 等技术指标走强，股价的强势特征非常明显，后市快速上涨的概率大。像这种情况，普通投资者可以在当日涨停时跟庄抢板买进或在次日择机跟进买入筹码。

图 2-8 是 600536 中国软件 2022 年 10 月 12 日星期三 13:49 的分时截图。从该股 2 小时 49 分的分时走势可以看出，早盘略微低开后，展开短暂震荡洗盘走势，然后股价震荡盘升，成交量逐步放大；10:27 该股冲高回落展开高位横盘震荡整理洗盘走势，成交量呈萎缩状态；13:30 左右股价再次震荡走高，成交量同步放大，13:48 封上涨停板，至收盘涨停板没有打开。从盘口看，从早盘开盘后，分时价格线一直依托分时均价线上行（震荡走高），直到涨停，

股价都没有跌（刺）破分时均价线，虽然是下午封的涨停板，但封板结构较优，强势特征比较明显，做多氛围浓厚。像这种情况，在股价第二波震荡走高时，普通投资者就可以结合 K 线、均线走势等其他技术指标，快速分析判断后，确定是否跟庄进场买进筹码（当然，普通投资者也可以在开盘后择机跟进）。从盘口右边的成交明细看，13:48 封上涨停板后，卖单成交量仍是比较大的，普通投资者在即将涨停的瞬间跟庄进场抢板买进的话，成交的可能性也非常大。这里就不再列示该股当日全天的分时走势图了。

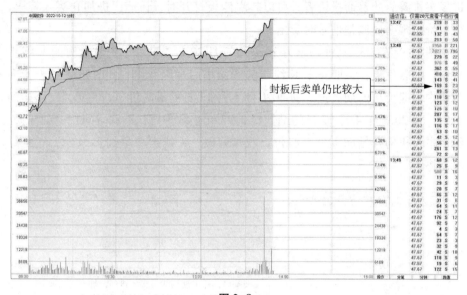

图 2-8

第二节　开板及跟进时机的把握

个股涨停后被打开的情况比较复杂，比如政策面、基本面、消息面、大盘下跌走弱以及股价即将见顶等，都可能导致涨停个股被打开的情况出现。实战操盘中，我们要辩证分析、区别对待各类涨停个股被打开的情况。这里，我们主要依据涨停个股在 K 线走势中所处位置以及成交量等情况，来分析研判涨停个股被打开的后市走向及跟进时机。

一、低位（底部）区域打开再封回的涨停板

一般情况下，个股经过较长时间、较大幅度的下跌（或主力机构打压洗

盘）之后，主力机构开始逐步吸筹建仓。达到一定仓位后，为避免低位筹码被其他投资者抢夺，同时实现尽快建仓的操盘意图，就会利用拉涨停板的方式来拉高股价建仓。涨停板封板期间，主力机构会有意打开涨停板，进行洗盘，恐吓诱骗其他投资者抛出手中筹码，此时成交量并不是特别大，这是主力机构拉高股价吸筹建仓的惯用伎俩，是一种典型的诱空行为。像这种低位（底部）区域出现的打开再封回的涨停板，普通投资者如果已经跟庄进场的，应该持股待涨，甚至可以趁涨停板打开之际，加仓买进筹码；之前没有跟庄进场买进筹码的普通投资者，可以趁涨停板打开时，快速跟进加仓买入筹码，待股价出现明显调整信号时卖出。

图 2-9 是 603530 神马电力 2022 年 6 月 20 日星期一下午收盘时的 K 线走势图。在软件上将该股整个 K 线走势图缩小后可以看出，此时该股处于上升趋势中。股价从前期高位，即 2020 年 5 月 13 日的最高价 36.85 元，一路震荡下跌，至 2022 年 4 月 27 日的最低价 8.83 元止跌企稳，下跌时间长、跌幅大。然后主力机构开始向上推升股价，收集筹码，K 线走势呈红多绿少、红肥绿瘦态势。

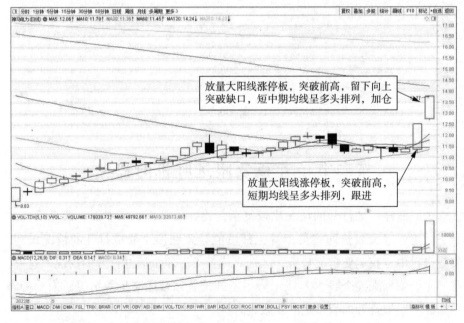

图 2-9

2022 年 6 月 17 日，该股低开，收出一个大阳线涨停板，突破前高，成交量较前一交易日放大 3 倍多，形成大阳线涨停 K 线形态。此时，短期均线呈多头排列，MACD、KDJ 等技术指标开始走强，股价的强势特征已经显现，后市上涨的概率大。像这种情况，普通投资者可以在当日跟庄抢板或在次日择机跟庄进场加仓买入筹码。

2022 年 6 月 20 日截图当日，该股跳空高开，再次收出一个大阳线涨停板（当日涨停板打开时间长），突破前高，留下向上突破缺口，成交量较前一交易日放大 5 倍多，形成向上突破缺口和大阳线涨停 K 线形态。此时，短中期均线呈多头排列，MACD、KDJ 等技术指标走强，股价的强势特征已经相当明显，后市持续快速上涨的概率大。像这种情况，普通投资者可以在当日或次日跟庄进场加仓买进筹码。

图 2-10 是 603530 神马电力 2022 年 6 月 20 日星期一下午收盘时的分时走势图。从该个股当日的分时走势可以看出，该股早盘高开，股价急速冲高（成交量逐步放大），然后展开短暂震荡盘升走势；9:43 股价再次快速冲高，于 9:47 涨停瞬间被打开，然后震荡回落展开高位横盘小幅强势整理走势，成交量呈萎缩状态。13:48 股价再次冲高，成交量同步放大，13:52 封上涨停板，14:17 涨停板又一次被打开，但此时成交量更加萎缩，14:20 封回涨停板（成交量也不是特别大）至收盘。

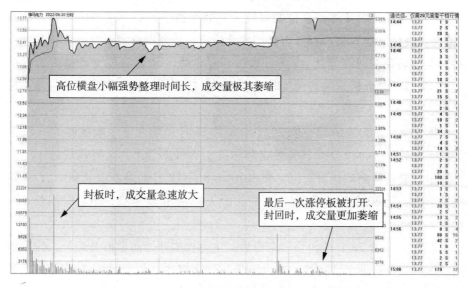

图 2-10

从当日分时盘口可以看出，该股早盘开盘后，股价冲高、成交量放大，尤其是冲高封板时，成交量急速放大，这是主力机构急速拉高（封板）时放的量；该股进行高位横盘小幅整理时，成交量持续萎缩，这个萎缩的量是普通投资者卖出筹码的量。14:17涨停板又一次被打开而成交稀少，以及14:20封回涨停板时成交也不大，那是因为主力机构已经高度控盘。所以，主力机构当日2次打开涨停板，且长时间高位横盘小幅整理，是主力机构故意为之，操盘目的是恐吓诱骗其他投资者抛出手中筹码，这是主力拉高股价进一步洗盘吸筹建仓的惯用伎俩，是一种典型的诱空行为。像这种低位区域涨停板的打开封回，普通投资者可将其看作是主力机构的最后一次洗盘，如果此前已经跟庄进场，应该持股待涨，也可以趁涨停板打开之际，再次加仓买进筹码；之前没有跟庄进场买进筹码的普通投资者，可以趁涨停板打开或横盘强势整理时，跟庄进场逢低加仓买入筹码，待股价出现明显见顶信号时再卖出。

二、中继回调（横盘震荡）洗盘之后打开再封回的涨停板

一般情况下，股价经过初期上涨之后，主力机构会进行回调洗盘（或横盘震荡洗盘），以清洗获利盘和前期套牢盘，拉高新进场投资者的入场成本，同时增补部分仓位，为后市拉升做准备。如大势向好，主力机构感到洗盘不到位或不彻底，一般会通过拉涨停板且打开涨停板的方式洗盘吸筹，以达到加速调整洗盘、增补部分仓位的目的。实战操盘中，对于这种中继回调洗盘（或横盘震荡洗盘）之后打开再封回的涨停板，普通投资者要结合此时K线走势（主要看是否回调确认）、当日盘口分时走势（主要看成交量是否有效放大），进行综合分析判断后，及时抓住涨停板打开的时机，快速跟庄进场买进筹码。

图2-11是000716黑芝麻2022年8月25日星期四下午收盘时的K线走势图。在软件上将该股整个K线走势图缩小后可以看出，此时该股处于上升趋势中。股价从前期相对高位，即2020年8月18日的最高价4.90元，一路震荡下跌，至2022年4月28日的最低价2.83元止跌企稳，下跌时间长、跌幅大。

2022年4月28日股价止跌企稳后，主力机构开始向上推升股价，收集筹码，该股展开初期上涨行情，K线走势呈红多绿少、红肥绿瘦态势（从5月31日起，主力机构连续拉出4个涨停板，涨幅较大）。

6月7日，该股大幅低开（向下跳空5.18%开盘），股价回落收出一根跌停阴K线，成交量较前一交易日明显放大，展开初期上涨之后的回调洗盘吸筹行情，此时普通投资者可以在当日先卖出手中筹码，待股价回调洗盘到位

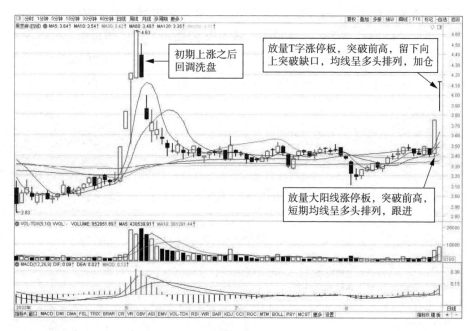

图 2-11

后再接回来。该股回调至 30 日均线附近时，再次展开横盘震荡整理洗盘吸筹（补仓）行情，均线系统由多头排列逐渐走平，然后逐渐缠绕交叉黏合，成交量呈萎缩状态。

8 月 24 日，该股高开，收出一个大阳线涨停板，突破前高（震荡整理平台），成交量较前一交易日放大 3 倍多，形成大阳线涨停 K 线形态。此时，均线呈多头排列，MACD、KDJ 等技术指标开始走强，股价的强势特征已经显现，后市上涨的概率大。像这种情况，普通投资者可以在当日跟庄抢板或在次日择机跟庄进场加仓买入筹码。

8 月 25 日截图当日，该股涨停开盘，收出一个 T 字涨停板（当日涨停板被打开），突破前高，留下向上突破缺口，成交量较前一交易日明显放大，形成向上突破缺口和 T 字涨停 K 线形态。此时，均线呈多头排列，MACD、KDJ 等技术指标走强，股价的强势特征已经非常明显，后市持续快速上涨的概率大。像这种情况，普通投资者可以在当日或次日跟庄进场加仓买进筹码。

图 2-12 是 000716 黑芝麻 2022 年 8 月 25 日星期四上午开盘后至 9:41 的分时截图。这是该股当日开盘后 11 分钟的分时截图。由于前一交易日该股收出了一个放量大阳线涨停板，各项技术指标非常强势，普通投资者可以在当日集合竞价时做好跟庄抢板买进的准备。从这 11 分钟的分时截图可以看出，

当日该股涨停开盘后，成交量迅速放大，9:39 涨停板被一笔 143000 多手的大卖单砸开（143000 多手的大卖单中，既有前期获利盘出逃的卖单，也有主力机构恐吓诱骗其他投资者卖出手中筹码的杀跌盘），9:40 一笔 28000 多手的买单将股价封回涨停板，之后成交量逐步萎缩，至收盘涨停板没再打开。

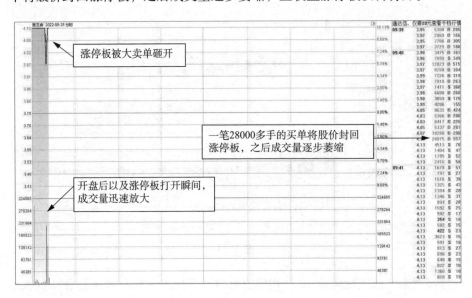

图 2-12

从当日分时盘口可以看出，早盘涨停开盘后，成交量迅速放大，普通投资者如果想跟庄进场抢板买进的话，还是有机会的。9:39 涨停板被大卖单砸开，这是前期获利盘出逃与主力机构盘中杀跌洗盘吸筹共同作用的结果，也是主力机构操盘计划之题中应有之义，是一种典型的诱空行为。像这种初期上涨回调洗盘（横盘震荡洗盘）之后打开的涨停板，普通投资者如果此前已经跟庄进场，应该持股待涨，也可以趁涨停板打开之际，再次加仓买进筹码；之前没有跟庄进场买进筹码的普通投资者，可以趁涨停板打开时，跟庄进场逢低买入筹码，待股价出现明显见顶信号时卖出。这里就不再列示该股当日全天的分时走势图了。

三、高位或相对高位区域打开再封回的涨停板

一般情况下，出现在个股走势的高位或相对高位，主力机构用以拉出利润空间、吸引跟风盘以便出货的涨停板，是拉高出货型涨停板。股价上涨至高位或相对高位后，多数主力机构会利用涨停诱多的方式出货，即采用对敲的操盘手法主动先买入部分筹码，以引起市场关注，吸引其他投资者的眼球，

引诱跟风盘，然后在市场买盘的推动下封上涨停板。股价涨停后，主力机构会通过撤换买一位置的买单、小单进大单出、大卖单打开涨停板等操盘手法派发出货，待市场人气低落时，主力机构会及时封回涨停板，以便次日高位再出货。

实战操盘中，对于这类高位或相对高位即上涨后期打开再封回的涨停板，普通投资者可以在当日果断以涨停价卖出手中筹码，或在次日及时逢高卖出手中筹码。对处于高位或相对高位涨停板打开没再封回的个股，后市风险较大，普通投资者最好在当日及时卖出手中筹码。

图 2-13 是 000755 山西路桥 2022 年 7 月 6 日星期三下午收盘时的 K 线走势图。在软件上将该股整个 K 线走势图缩小后可以看出，此时该股处于上升趋势中。股价从前期相对高位，即 2019 年 4 月 25 日的最高价 6.23 元，一路震荡下跌，至 2021 年 2 月 5 日的最低价 2.87 元止跌企稳，下跌时间长、跌幅大，然后主力机构开始大幅震荡盘升（挖坑）洗盘，高抛低吸赚取差价盈利与洗盘吸筹并举。震荡盘升期间，主力机构拉出过 3 个涨停板，均为吸筹建仓型涨停板。

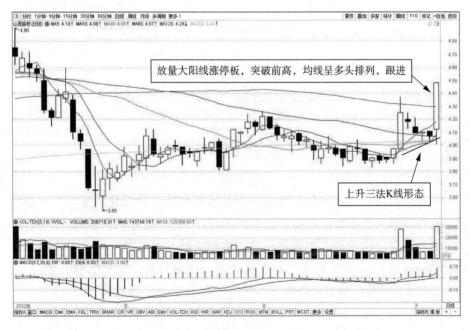

图 2-13

2022 年 7 月 6 日截图当日，该股高开，收出一个大阳线涨停板，突破前高，成交量较前一交易日放大 4 倍多，形成大阳线涨停 K 线形态，且当日大阳线涨停板与 6 月 29 日放量大阳线，形成变异的上升三法 K 线形态。此时，均线（除 120 日均线外）呈多头排列，MACD、KDJ 等技术指标走强，股价的强势特征非常明显，后市快速上涨的概率大。像这种情况，普通投资者可以在当日股价即将涨停时跟庄抢板买进，或在次日择机跟进买入筹码。

图 2-14 是 000755 山西路桥 2022 年 7 月 14 日星期四下午收盘时的 K 线走势图。从 K 线走势可以看出，7 月 6 日该股高开收出一个放量大阳线涨停板，突破前高，形成大阳线涨停 K 线形态，均线呈多头排列，加上上升三法 K 线形态，股价的强势特征非常明显。此后，主力机构快速向上拉升股价。

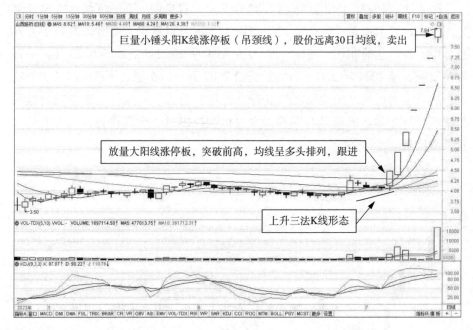

图 2-14

从拉升情况看，从 7 月 7 日起（当日该股收出一个低开放量大阳线涨停板，正是普通投资者跟庄进场买进筹码的好时机），主力机构依托 5 日均线，采取盘中洗盘、快速拔高的操盘手法，大幅直线拉升股价，至 7 月 14 日，6 个交易日，拉出了 6 根阳线，其中有 3 个一字涨停板、2 个小阳线涨停板、1 个大阳线涨停板，涨幅还是非常大的。

7 月 14 日截图当日，该股大幅跳空高开（向上跳空 7.06% 开盘），拉出一个小锤头阳 K 线涨停板（高位或相对高位的锤头线又称为上吊线或吊颈线），成交量较前一交易日放大 20 多倍。此时，股价远离 30 日均线且涨幅大，KDJ 等部分技术指标开始走弱，盘口的弱势特征已经显现。像这种情况，普通投资者如果手中还有筹码当天没有出完，次日应该逢高卖出。

图 2-15 是 000755 山西路桥 2022 年 7 月 14 日星期四下午收盘时的分时走势图。从当日该股的分时走势可以看出，早盘大幅高开，股价急速上冲封上涨停板，成交量同步急速放大。

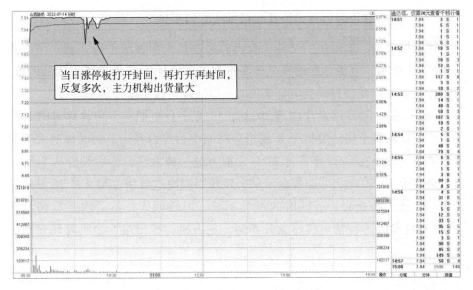

当日涨停板打开封回，再打开再封回，反复多次，主力机构出货量大

图 2-15

从 9:46 开始，主力机构采用撤换涨停价位买单、反复打开和封回涨停板等操盘手法，引诱跟风盘进场而在高位派发出货。当日涨停板打开封回，再打开再封回，反复多次，主力机构出货量大，虽然当日仍以涨停报收，但盘口弱势特征已经显现。像这种情况，如果普通投资者手中还有筹码当日没有出完，次日应该逢高卖出。

第三节　涨停板买点及后期走势的把握

涨停板是主力机构主导、市场资金共同推动而形成的，主力机构行为是关键。跟庄抢板（打板）前，普通投资者要对目标股票股价在 K 线走势中所处的位置、均线走势、量价关系等情况进行综合分析判断后，再做出跟庄抢板（打板）的决策。

一、涨停板买点的把握

涨停板买点的把握，是指当日跟庄抢板（打板）时机上的把握。一般情况下，跟庄抢板要把握以下追涨时机。

（一）集合竞价时以涨停价挂买单排队等候买进

实战操盘中，如果前一交易日收出的是放量大阳线涨停板（或小阳线涨停板），或缩量一字板，且均线呈多头排列、股价处于 K 线走势中较低位置，普通投资者可以在当日早盘集合竞价时，以涨停价挂买单排队等候买进。

图 2-16 是 000756 新华制药 2022 年 12 月 7 日星期三下午收盘时的 K 线走势图。在软件上将该股整个 K 线走势图缩小后可以看出，此时该股处于上升趋势中。该股在 2022 年 5 月 27 日之前有过一波大涨，然后股价从 5 月 30 日的最高价 40.70 元，一路震荡下跌，展开回调洗盘行情，至 9 月 26 日最低价 16.05 元止跌企稳，下跌时间虽然不长，但跌幅大，然后展开震荡盘升（挖坑）洗盘吸筹行情。震荡盘升期间，主力机构拉出过 5 个吸筹建仓型涨停板。

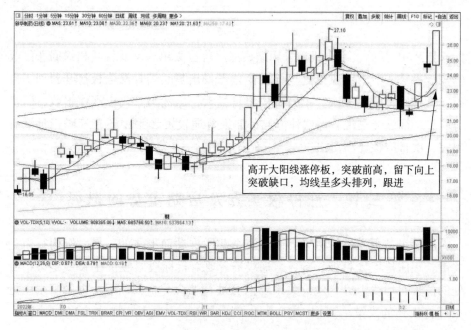

高开大阳线涨停板，突破前高，留下向上突破缺口，均线呈多头排列，跟进

图 2-16

12 月 7 日截图当日，该股高开，拉出一个大阳线涨停板，突破前高，留

下向上突破缺口，成交量较前一交易日萎缩（涨停的原因），形成向上突破缺口和大阳线涨停 K 线形态。此时，均线呈多头排列，MACD、KDJ 等技术指标走强，股价的强势特征非常明显，次日继续涨停且快速上涨的概率大。像这种情况，普通投资者可以在当日涨停时跟庄抢板买进，或在次日早盘集合竞价时以涨停价挂买单排队等候买进。

图 2-17 是 000756 新华制药 2022 年 12 月 8 日星期四下午收盘时的分时走势图。由于前一交易日该股收出了一个大阳线涨停板，各项技术指标非常强势，普通投资者可以在当日早盘集合竞价时以涨停价挂买单排队等候买进（视开盘情况而定）。从当日的分时走势可以看出，当日早盘该股大幅高开（向上跳空 7.57% 开盘），股价震荡盘升，成交量迅速放大。9:38 封上涨停板，9:46 涨停板被打开，10:03 封回涨停板，10:16 瞬间打开又封回，至收盘涨停板没有再被打开。

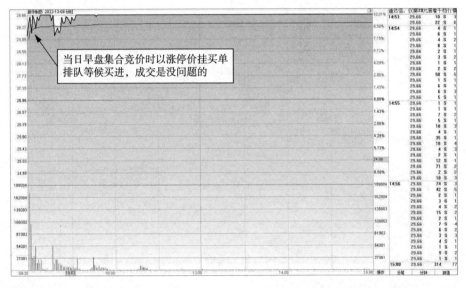

图 2-17

从当日分时盘口可以看出，涨停板反复打开封回，应该是有前期获利盘卖出，也有主力机构恐吓诱骗其他投资者的杀跌盘。普通投资者如果在当日早盘集合竞价时以涨停价挂买单排队等候买进，最后可能是以集合竞价 29.00 元成交，虽然当日最低价跌到了 28.38 元，但实际操盘跟庄中，普通投资者是不可能买到最低价的。买进后如果能拿住，待股价出现明显见顶信号时再卖出，收益还是不错的。

（二）最后一笔大买单封上涨停板前挂买单买进

并不是任何股票最后一笔大买单封上涨停板前，都可以挂买单买进。实战操盘中，如果目标股票处于上升趋势中，且前期已经有过涨停板，盘口强势特征明显，在当日最后一笔大买单即将封上涨停板前，普通投资者可以挂买单跟进。同理，也可以在最后 2 分钱的卖单快被买盘吃掉时快速下单买进。

图 2-18 是 002193 如意集团 2022 年 12 月 2 日星期五下午收盘时的 K 线走势图。在软件上将该股整个 K 线走势图缩小后可以看出，此时该股处于上升趋势中。股价从前期相对高位，即 2019 年 3 月 22 日的最高价 11.87 元，一路震荡下跌，至 2022 年 4 月 27 日的最低价 4.36 元止跌企稳，下跌时间长、跌幅大。之后，该股展开震荡盘升（挖坑）洗盘吸筹行情，其间，主力机构拉出过 4 个吸筹建仓型涨停板。

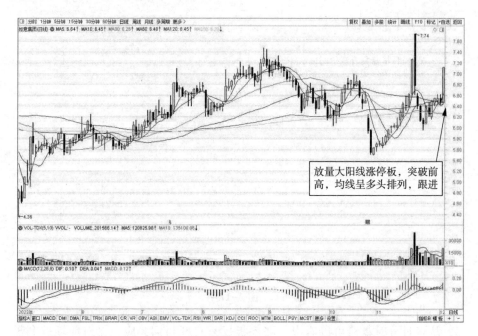

放量大阳线涨停板，突破前高，均线呈多头排列，跟进

图 2-18

2022 年 12 月 2 日截图当日，该股平开，收出一个大阳线涨停板，突破前高，成交量较前一交易日放大 3 倍多，形成大阳线涨停 K 线形态。此时，均线（除 250 日均线外）呈多头排列，MACD、KDJ 等技术指标走强，盘口的强势特征非常明显，股价次日继续涨停且快速上涨的概率大。像这种情况，普

通投资者可以在当日涨停时跟庄抢板买进，或在次日加仓买进筹码，既可在最后一笔大买单即将封上涨停板前，挂买单跟进，也可以在最后 2 分钱的卖单快被买盘吃掉（封上涨停板）前快速下单买进。

图 2-19 是 002193 如意集团 2022 年 12 月 5 日星期一上午开盘后至 9:40 的分时截图。这是该股在前一交易日拉出大阳线涨停板之次日的分时截图。从当日该股开盘后 10 分钟的分时截图看，当日早盘高开后，股价冲高回落，成交量快速放大，应该是前期获利盘正在卖出，股价在回落至前一交易日收盘价上方时拐头上冲，1 个波次封上涨停板。从分时盘口右边的成交明细可以看到，9:39 最后一笔 17286 手的大买单将股价封死在涨停板上。实战操盘中，普通投资者可以在最后一笔 17286 手的大买单将股价封死涨停板前，挂买单跟进，也可以在 9:38 倒数第二笔吃掉 7.80 元卖盘时，快速下单买进。这里就不再列示该股当日全天的分时走势图了。

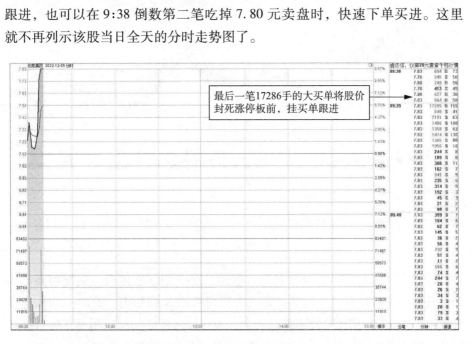

图 2-19

（三）涨停板打开时挂买单买进

实战操盘中，并不是任何打开涨停板的股票，都可以在打开时挂单买进。比如高位出货过程中打开的涨停板、下降通道中打开的涨停板等，是不能在涨停板打开时随意挂单买进的。而对于前期有过涨停，股价处于低位或相对低位、中期调整确认以及拉升初（中）期的涨停板，在涨停板打开时（或打开瞬间），投资者则可以积极跟庄进场挂买单买进筹码。

图 2-20 是 601858 中国科传 2022 年 11 月 23 日星期三下午收盘时的 K 线走势图。在软件上将该股整个 K 线走势图缩小后可以看出，股价从前期相对高位，即 2020 年 10 月 20 日最高价 12.38 元，一路震荡下跌，至 2022 年 4 月 27 日最低价 6.91 元止跌企稳，股价下跌时间长、跌幅大，然后主力机构开始横盘震荡（挖坑）洗盘，高抛低吸赚取差价盈利与洗盘吸筹并举。横盘震荡期间主力机构收出过一个大阳线涨停板，为吸筹建仓型涨停板。

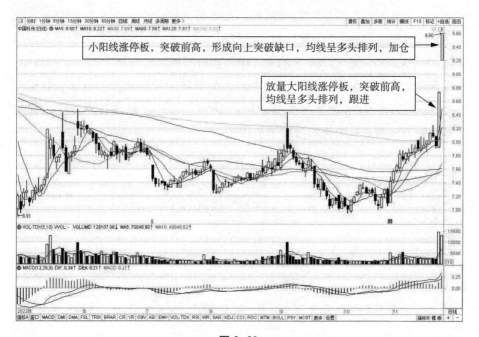

图 2-20

2022 年 11 月 22 日，该股低开，收出一个大阳线涨停板，突破前高，成交量较前一交易日放大 6 倍多，形成大阳线涨停 K 线形态。此时，均线呈多头排列，MACD、KDJ 等技术指标走强，股价的强势特征相当明显，后市持续快速上涨的概率大。像这种情况，普通投资者可以在当日跟庄抢板或在次日集合竞价时以涨停价挂买单排队等候买进。

11 月 23 日截图当日，该股大幅高开（向上跳空 5.38%开盘），拉出一个小阳线涨停板（从当日分时看，如果普通投资者在集合竞价时以涨停价挂买单排队等候买进的话，买进应该是没问题的），突破前高，留下向上突破缺口，成交量较前一交易日萎缩，形成向上突破缺口和小阳线涨停 K 线形态，均线呈多头排列，盘口的强势特征特别明显。像这种情况，普通投资者可以在次日集合竞价时以涨停价挂买单排队等候买进，或在涨停板打开时快速挂买单买进。

图 2-21 是 601858 中国科传 2022 年 11 月 24 日星期四上午开盘后至 9:42 的分时截图。这是该股在前 2 个交易日主力机构收出一个大阳线涨停板和一个小阳线涨停板之后第 3 日的分时截图。从当日开盘后 12 分钟的分时截图看，当日该股涨停开盘后，成交量快速放大，应该是前期获利盘卖出，当日在集合竞价时以涨停价挂买单排队等候买进的普通投资者，应该都能成交。从分时盘口看，从 10:34 开始，有千手以上大卖单卖出成交；10:40 最后一笔 20463 手大卖单把涨停板砸开，此后成交量持续放大，由于涨停板打开时间太短，买一位置买盘的单量大，所以我们看不到分时价格线砸出的小坑。但从右边的成交明细可以看到，10:40 最后一笔成交价格由涨停价 10.56 元跌到了 10:41 第一笔成交价格 10.45 元，随着卖盘的成交，股价最低跌到 10.25 元，在同 1 分钟内，主力机构封回涨停板。10:42 有卖盘将涨停板砸开，直到 10:43 主力机构才封死涨停板。实战操盘中，普通投资者如果注意盯盘的话，只要在 10:40 最后一笔 20463 手大卖单把涨停板砸开时，快速下单买进，成交的概率非常大。这里就不再列示该股当日全天的分时走势图了。

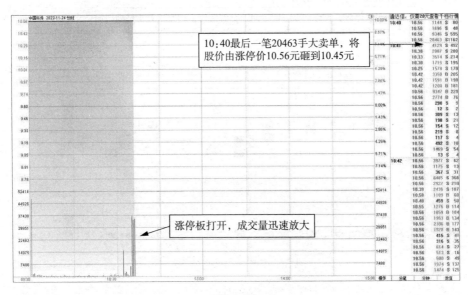

图 2-21

二、涨停板之后期走势的把握

只要普通投资者跟进的是股价处于低位或相对低位，或者中期调整确认之后，或者正在拉升初（中）期的涨停板，后市一般都有一波不错的上涨行情。但如果受到政策面、基本面利空消息冲击或大盘下跌的影响，目标股票次日的走势可能有走弱的现象。涨停板之后期的走势一般有以下 7 种情况。

（一）接续前一交易日的强势次日股价直接涨停开盘

像这种直接以强势涨停开盘的，一般当日都能拉出缩量一字板，普通投资者不但不要急于卖出手中筹码，而且应该在当日跟庄抢板，或在下一交易日跟庄进场再择机加仓买进筹码。

图 2-22 是 002613 北玻股份 2022 年 3 月 16 日星期三下午收盘时的 K 线走势图。在软件上将该股整个 K 线走势图缩小后可以看出，此时该股处于上升趋势中。股价从前期相对高位，即 2020 年 2 月 27 日最高价 7.59 元（此前有过一波大涨），大幅震荡下跌，至 2021 年 2 月 4 日最低价 2.92 元止跌企稳，下跌时间较长、跌幅大。此后，主力机构开始大幅震荡盘升（挖坑）洗盘，高抛低吸赚取差价盈利与洗盘吸筹并举，震荡盘升期间收出过 4 个涨停板，均为吸筹建仓型涨停板。

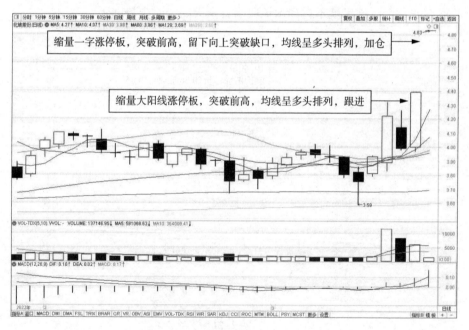

图 2-22

2022 年 3 月 15 日，该股高开，收出一个大阳线涨停板，突破前高，成交量较前一交易日萎缩（一是涨停的原因；二是主力机构高度控盘的原因），形成大阳线涨停 K 线形态。此时，均线呈多头排列，MACD、KDJ 等技术指标走强，股价的强势特征相当明显，后市持续快速上涨的概率大。像这种情况，普通投资者可以在当日跟庄抢板或在次日集合竞价时视情况以涨停价挂买单排队等候买进。

3月16日截图当日，该股涨停开盘，收出一个一字涨停板（当日在集合竞价时以涨停价挂买单排队等候买进的普通投资者，应该都能成交），突破前高，留下向上突破缺口，成交量较前一交易日大幅萎缩，形成向上突破缺口和一字涨停K线形态，盘口的强势特征特别明显，后市再次拉出涨停板的概率非常大。像这种情况，此前买进筹码的普通投资者可以持股待涨，也可以在次日集合竞价时视情况以涨停价挂买单排队等候加仓买进。

图2-23是002613北玻股份2022年3月17日星期四下午收盘时的分时走势图。当日早盘主力机构继续涨停开盘，至收盘涨停板没打开，再次拉出一个一字涨停板，成交量较前一交易日再度萎缩，后续连续涨停的概率仍很大。像这种情况，普通投资者可以在次日集合竞价时视情况以涨停价挂买单排队加仓买进筹码。

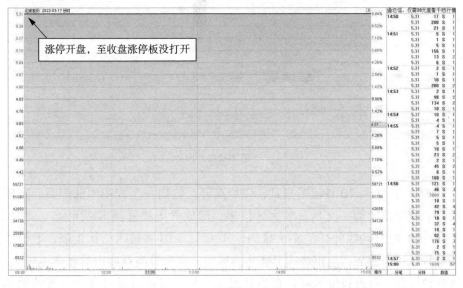

图 2-23

（二）接续前一交易日的强势次日股价高开高走

像这种高开高走的目标股票，当日一般能拉出小阳线或大阳线涨停板。如盘中股价不回调，或股价回调但不跌破前一交易日收盘价，盘口会留下向上突破缺口，强势特征依旧，普通投资者可继续持股，还可以择机加仓。

图2-24是000863三湘印象2022年11月10日星期四下午收盘时的K线

走势图。在软件上将该股整个 K 线走势图缩小后可以看出，此时该股处于上升趋势中。股价从前期相对高位，即 2019 年 6 月 14 日最高价 6.18 元，一路震荡下跌，至 2021 年 11 月 3 日最低价 2.64 元止跌企稳，下跌时间长、跌幅大，然后主力机构开始大幅震荡盘升（挖坑）洗盘，高抛低吸赚取差价盈利与洗盘吸筹并举，震荡盘升期间，主力机构拉出过 17 个涨停板，多数是吸筹建仓型涨停板。

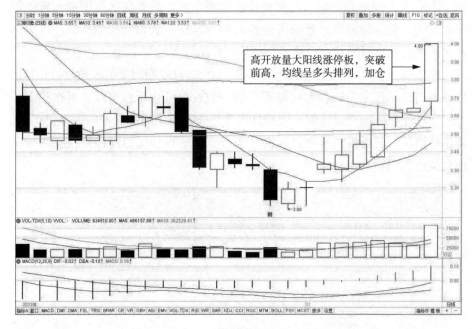

高开放量大阳线涨停板，突破前高，均线呈多头排列，加仓

图 2-24

2022 年 11 月 10 日截图当日，该股高开，收出一个大阳线涨停板，突破前高，成交量较前一交易日放大 2 倍多，形成大阳线涨停 K 线形态。此时，均线（除 30 日均线外）呈多头排列，MACD、KDJ 等技术指标走强，股价的强势特征相当明显，后市快速上涨的概率大，且次日高开高走的概率也很大。像这种情况，普通投资者可以在当日跟庄抢板或在次日集合竞价时视情况加仓买进筹码。

图 2-25 是 000863 三湘印象 2022 年 11 月 11 日星期五下午收盘时的分时走势图。这是该股在前一交易日收出一个大阳线涨停板之次日的分时截图。从分时盘口看，当日该股向上跳空 2.5%开盘，然后分 3 个波次快速冲高，成交量同步放大，于 9:41 封上涨停板，至收盘涨停板没有打开，K 线走势上留下向上突破缺口，成交量较前一交易日萎缩。盘口的强势特征十分明显。像这种情况，

普通投资者可以在次日集合竞价时视情况以涨停价挂买单排队加仓买进筹码。

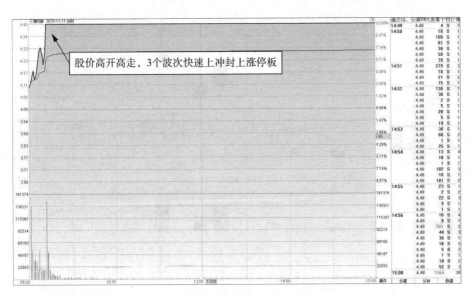

图 2-25

（三）接续前一交易日的强势次日股价高开低走

个股的这种开盘及走势，只要不是政策面、基本面、消息面利空或大盘下跌的原因，应该就是主力机构故意回调洗盘，如果股价回落（跌破前一交易日收盘价）不是太深，就拐头上行，仍以涨停报收，拉出大阳线涨停板，且当日成交量不是过大，可持股不动，并且可以逢低加仓买进筹码。

图 2-26 是 000721 西安饮食 2022 年 11 月 3 日星期四下午收盘时的 K 线走势图。在软件上将该股整个 K 线走势图缩小后可以看出，此时该股处于上升趋势中。股价从前期相对高位，即 2020 年 6 月 9 日的最高价 6.12 元，一路震荡下跌，至 2021 年 11 月 2 日的最低价 3.52 元止跌企稳，下跌时间长、跌幅较大，然后主力机构开始大幅震荡盘升（挖坑）洗盘，高抛低吸赚取差价盈利与洗盘吸筹并举，震荡盘升期间，主力机构拉出过 11 个涨停板，多数为吸筹建仓型涨停板。

2022 年 11 月 3 日截图当日，该股低开，收出一个大阳线涨停板，突破前高，成交量较前一交易日明显放大，形成大阳线涨停 K 线形态。此时，均线呈多头排列，MACD、KDJ 等技术指标走强，股价的强势特征十分明显，后市持续上涨的概率大。像这种情况，普通投资者可以在当日跟庄抢板或在次日择机加仓买进筹码。

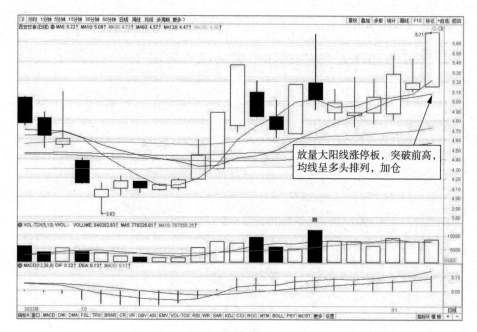

图 2-26

图 2-27 是 000721 西安饮食 2022 年 11 月 4 日星期五下午收盘时的分时走势图。这是该股在前一交易日收出一个大阳线涨停板之次日的分时截图。从分时盘口看，当日该股向上跳空 0.35% 开盘后，股价快速冲高回落，跌破前

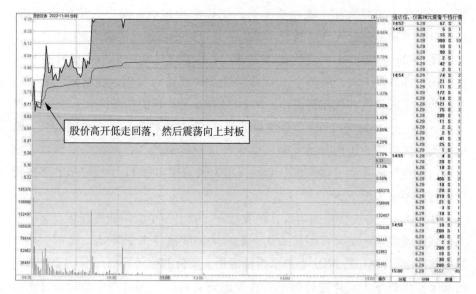

图 2-27

一交易日收盘价不深，迅速拐头向上穿过前一交易日收盘价，展开短暂整理洗盘走势，然后再次冲高展开高位震荡洗盘走势，10:11 封上涨停板。虽然之后涨停板被打开过 2 次，但 10:34 最后一次封上涨停板，至收盘再没打开。该股收出一个放量大阳线涨停板，股价的强势特征十分明显。像这种情况，普通投资者仍可在次日开盘后视情况加仓买进筹码。

（四）次日股价平开高走

像这种平开高走的强势目标股票，当日一般能拉出大阳线涨停板或大阳线。如果拉出大阳线涨停板，且当日成交量不是过大，仍可继续持股，并且可以在当日跟庄抢板或在次日择机加仓买进筹码。但如果收盘收出的是带上下影线的大阳线，且成交量较前一交易日明显放大，则可在第 3 日视情况逢高卖出手中筹码，以应对主力机构的回调洗盘。

图 2-28 是 000573 粤宏远 A 2022 年 9 月 2 日星期五下午收盘时的 K 线走势图。在软件上将该股整个 K 线走势图缩小后可以看出，此时该股处于上升趋势中。股价从前期相对高位，即 2018 年 1 月 12 日的最高价 5.85 元，一路震荡下跌，至 2021 年 2 月 8 日的最低价 2.33 元止跌企稳，下跌时间长、跌幅大，然后主力机构开始大幅震荡盘升（挖坑）洗盘，高抛低吸赚取差价盈利与洗盘吸筹并举，震荡盘升期间，主力机构拉出过 6 个涨停板，多数为吸筹建仓型涨停板。

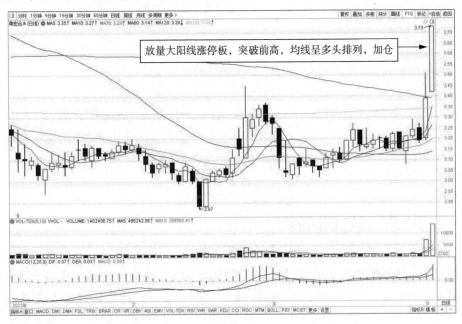

图 2-28

2022年9月2日截图当日，该股高开，收出一个大阳线涨停板，突破前高，成交量较前一交易日放大近2倍，形成大阳线涨停K线形态。此时，均线（除120日均线外）呈多头排列，MACD、KDJ等技术指标走强，股价的强势特征相当明显，后市快速上涨的概率大。像这种情况，普通投资者可以在当日跟庄抢板或在次日择机加仓买进筹码。

图2-29是000573粤宏远A 2022年9月5日星期一下午收盘时的分时走势图。这是该股在前一交易日收出一个大阳线涨停板之次日的分时截图。从分时盘口看，当日该股平开后，股价快速冲高，成交量同步放大，然后展开高位震荡盘整行情，主力机构清洗获利盘和套牢盘，拉高新进场投资者成本；13:11该股封上涨停板，至收盘没再打开，成交量较前一交易日萎缩。当日该股收出一个缩量大阳线涨停板，股价的强势特征十分明显。像这种情况，普通投资者仍可在次日集合竞价或开盘后视情况加仓买进筹码。

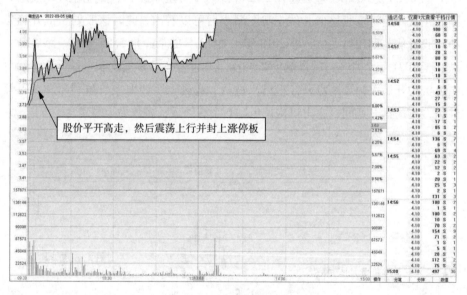

图2-29

（五）次日股价平开低走

如果股价回落跌破前一交易日收盘价太深，应该是该股即将展开洗盘回调行情，普通投资者可以在当日股价盘中反弹时或在次日逢高先卖出手中筹码，待股价调整到位后再将筹码接回来。当然，也可以持股再观察1~2个交易日，看看后面的走势再定。因为强势涨停板之后，就是调整也应该是强势调整，且时间不会太长。

图 2-30 是 603929 亚翔集成 2022 年 10 月 31 日星期一下午收盘时的 K 线走势图。在软件上将该股整个 K 线走势图缩小后可以看出，此时该股处于上升趋势中。股价从前期相对高位，即 2020 年 5 月 21 日的最高价 24.21 元，一路震荡下跌，至 2021 年 2 月 9 日的最低价 8.88 元止跌企稳，下跌时间虽然不是很长，但跌幅大，然后主力机构开始大幅震荡盘升（挖坑）洗盘，高抛低吸赚取差价盈利与洗盘吸筹并举，震荡盘升期间，主力机构拉出过 11 个涨停板，多数为吸筹建仓型涨停板。

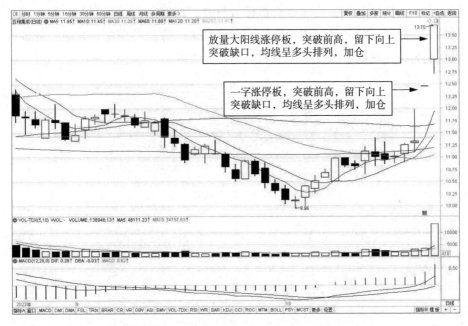

图 2-30

2022 年 10 月 28 日，该股涨停开盘，收出一个一字涨停板，突破前高，留下向上突破缺口，成交量较前一交易日略有放大，形成向上突破缺口和一字涨停 K 线形态。此时，均线呈多头排列，MACD、KDJ 等技术指标走强，股价的强势特征已经相当明显，后市快速上涨的概率大。像这种情况，普通投资者可以尝试在当日跟庄抢板或在次日集合竞价时视情况加仓买进筹码。

10 月 31 日截图当日，该股大幅高开，收出一个大阳线涨停板，突破前高，留下向上突破缺口，成交量较前一交易日放大 4 倍多，形成向上突破缺口和大阳线涨停 K 线形态，股价的强势特征仍然非常明显。像这种情况，普通投资者仍可在次日择机跟庄进场加仓买入筹码。

图 2-31 是 603929 亚翔集成 2022 年 11 月 1 日星期二下午收盘时的分时走势图。这是该股在前一交易日收出一个放量大阳线涨停板之次日的分时截图。从分时盘口看，当日该股平开后，直接回落展开下跌走势，跌幅较大。9:56股价快速冲高（成交量同步放大），分 3 个波次上冲、封上涨停板、瞬间打开，然后股价回落展开高位震荡盘整走势；11:07 再次封上涨停板、瞬间打开，此后股价在封板与打开之间反复，13:37 主力机构封上涨停板，至收盘没再打开，成交量较前一交易日放大 2 倍多。K 线走势虽然收出一个放量长下影线大阳线涨停板，但分时盘口涨停板打开、封回反复的时间长，加上成交量放大，后市该股展开强势调整行情的概率大。像这种情况，普通投资者可以持股先跟踪观察 1~2 个交易日再做出买卖决策。

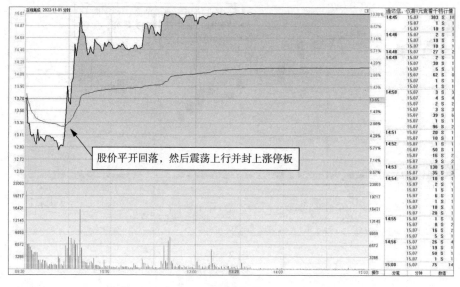

图 2-31

（六）次日股价低开高走（低开幅度不能太大）

如果股价低开高走向上穿过前一交易日收盘价上行，回调不再跌破前一交易日收盘价，收盘以涨停报收，拉出大阳线涨停板，且当日成交量不是过大，仍可继续持股。但如果收盘收出的是带上下影线的阳 K 线，且成交量较前一交易日明显放大，则可在第 3 日视情况逢高卖出手中筹码，以应对主力机构的回调洗盘。

图 2-32 是 000755 山西路桥 2022 年 7 月 6 日星期三下午收盘时的 K 线走势图。在软件上将该股整个 K 线走势图缩小后可以看出，此时该股处于上升趋势中。股价从前期相对高位，即 2019 年 4 月 25 日的最高价 6.23 元，一路震荡下跌，至 2021 年 2 月 5 日的最低价 2.87 元止跌企稳，下跌时间长、跌幅大，然后主力机构开始大幅震荡盘升（挖坑）洗盘，高抛低吸赚取差价盈利与洗盘吸筹并举。震荡盘升期间，主力机构拉出过 3 个涨停板，均为吸筹建仓型涨停板。

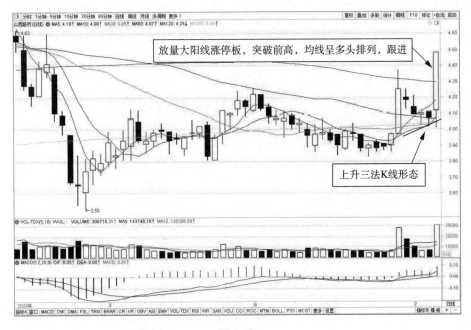

图 2-32

2022 年 7 月 6 日截图当日，该股高开，收出一个大阳线涨停板，突破前高，成交量较前一交易日放大 4 倍多，形成大阳线涨停 K 线形态，且当日大阳线涨停板与 6 月 29 日放量大阳线，形成变异的上升三法 K 线形态。此时，均线（除 120 日均线外）呈多头排列，MACD、KDJ 等技术指标走强，股价的强势特征非常明显，后市快速上涨的概率大。像这种情况，普通投资者可以在当日股价即将涨停时跟庄抢板买进，或在次日择机跟进买入筹码。

图 2-33 是 000755 山西路桥 2022 年 7 月 7 日星期四下午收盘时的分时走势图。这是该股在 7 月 6 日收出大阳线涨停板之次日的分时截图。从分时盘口看，当日该股低开，股价急速冲高后勾头回落，成交量同步放大，股

价回落跌破前一交易日收盘价后拐头上行，至开盘后的高点附近展开横盘震荡整理走势；10:28 主力机构 1 个波次拉升封上涨停板，至收盘涨停板没再打开。从盘口看，当日该股虽然低开，股价回落跌破了前一交易日收盘价，但由于回落幅度不大，加上封板时间较早，且封板后涨停板没再打开，成交量较前一交易日明显放大，涨停板的位置处于股价的低位，盘口的强势特征仍然非常明显。像这种情况，普通投资者仍可在次日集合竞价或开盘后视情况加仓买进筹码。

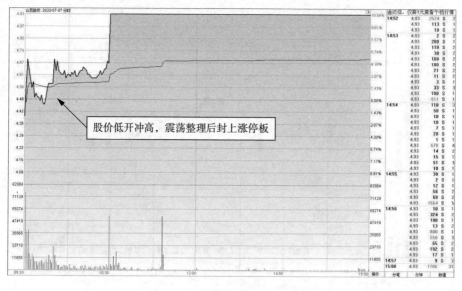

图 2-33

（七）次日股价低开低走

如果股价低开幅度较大，应该是主力机构回调洗盘，普通投资者可趁股价盘中反弹时先卖出手中筹码，待股价回调到位后再将筹码接回来。当然，也可以持股再观察 1~2 个交易日，看看后面的走势再做决策。因为强势涨停板之后，调整也是强势调整，且时间不会太长。

图 2-34 是 001219 青岛食品 2022 年 12 月 2 日星期五下午收盘时的 K 线走势图。在软件上将该股整个 K 线走势图缩小后可以看出，该股是 2021 年 10 月 21 日上市的次新股，此时个股走势处于高位下跌之后的反弹趋势中。该股从前期高位，即 2022 年 1 月 10 日的最高价 41.50 元，一路震荡下跌，至 2022 年 10 月 10 日的最低价 18.23 元止跌企稳，下跌时间虽然不是很长，但

跌幅大，然后展开小幅震荡盘升行情，主力机构开始收集筹码。

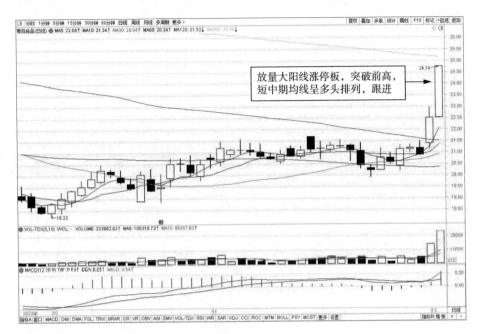

图 2-34

2022 年 12 月 2 日截图当日，该股高开，收出一个大阳线涨停板，突破前高，成交量较前一交易日明显放大，形成大阳线涨停 K 线形态。此时，短中期均线呈多头排列，MACD、KDJ 等技术指标走强，股价的强势特征已经显现，后市上涨的概率大。像这种情况，普通投资者可以在当日或次日择机跟庄进场买入筹码。

图 2-35 是 001219 青岛食品 2022 年 12 月 5 日星期一下午收盘时的分时走势图。这是该股在 12 月 2 日收出一个大阳线涨停板之后第 4 日的分时截图。从分时盘口看，当日该股大幅低开（向下跳空 4.00% 开盘），股价震荡回落，然后展开小幅横盘整理行情，至收盘涨幅为 -6.10%，成交量较前一交易日萎缩，明显是主力机构缩量强势调整洗盘。像这种情况，普通投资者可以在当日股价盘中反弹时或在次日，逢高先卖出手中筹码，待股价调整到位后再接回来。当然，也可以持股待涨，等股价回调到位并得到确认后，再加仓买入筹码。

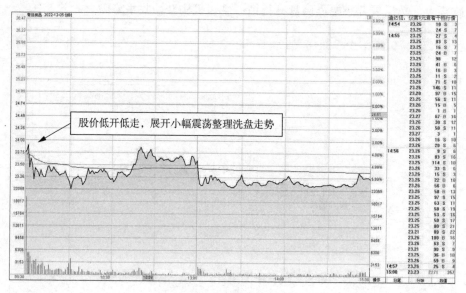

图 2-35

第三章

▼

涨停个股的选择

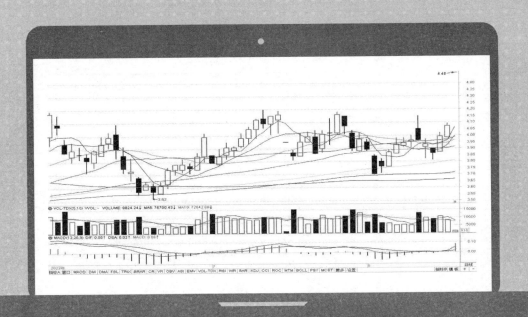

涨停板是重要的盘口语言之一，强势涨停板既可以立即启动一波行情，也可以立即推动一波行情的飙升。涨停板是强势股中最完美、最迷人的形态，不管是主力机构还是普通投资者，都很喜欢追逐涨停板。

股票不会无缘无故地涨停（当然也不会无缘无故地跌停），只有主力机构早就潜伏其中并且按照其计划目标谋划运作的个股才有机会涨停，每一只涨停个股的背后都有主力机构资金提前布局、精心设计操盘的痕迹，投资者要认真分析目标股票涨停的动因，谨慎跟庄进场。

第一节　一字涨停板个股的选择

一字涨停板，是指主力机构涨停开盘，至收盘涨停板没被打开的一种涨停 K 线形态。由于此种 K 线形态与汉字的"一"字相似，故称为一字涨停板。一字涨停板显然是最强势的涨停盘口，当然也是主力机构提前预知利好，通过精心谋划运作出来的。但由于各主力机构操盘思路和手法不尽相同，一字涨停板盘口情况复杂多样，尤其是一字涨停板之后的走势比较难把握，所以，普通投资者在一字涨停板个股的选择上要慎重。这里分析研究以下 3 种情况。

一、选择上涨初期的第一个一字涨停板

个股经过较长时间震荡下跌之后，展开初期上涨行情（或展开较长时间的震荡整理洗盘吸筹行情），主力机构借助突发利好（或建仓控盘到位之后），在某个交易日突然拉出一字涨停板（前期筑底期间或底部区域有过吸筹建仓型涨停板的最好），普通投资者可以在一字涨停板当日跟庄抢板或在次日寻机跟庄进场加仓买进筹码（如果是连续一字涨停板，可以在第二或第三个一字涨停板后出现跟庄进场买进机会时及时跟进）。

当然，个股一字涨停板之后，普通投资者经过分析研判确定有跟进必要时，也可以在一字涨停板次日集合竞价时以涨停价挂买单排队买入。普通投

资者跟庄进场买入筹码后不要急于卖出，目标股票一般都有3~5个交易日或更长时间的上涨（拉升）期，跟进当天个股一般都会涨停，有的甚至马上封停。后面的交易日就要盯紧盘口，关注成交量的变化，待出现高位放量、股价上涨乏力或明显见顶信号（比如均线拐头向下、大阴线或十字星或螺旋桨K线等信号）时，见好就收，快速出局，重新寻找其他强势个股进行跟踪观察、分析研判、跟庄进场买入筹码。

图3-1是002995天地在线2022年11月2日星期三下午收盘时的K线走势图。在软件上将该股整个K线走势图缩小后可以看出，此时该股处于长期下跌之后的反弹趋势中。股价从上市之后的高位，即2020年8月14日的最高价94.97元，一路震荡下跌，至2022年10月11日的最低价13.52元止跌企稳，下跌时间长、跌幅大。之后，主力机构开始大幅震荡盘升（挖坑）洗盘，主要目的是吸筹建仓。其间，主力机构拉出3个涨停板，均为吸筹建仓型涨停板。

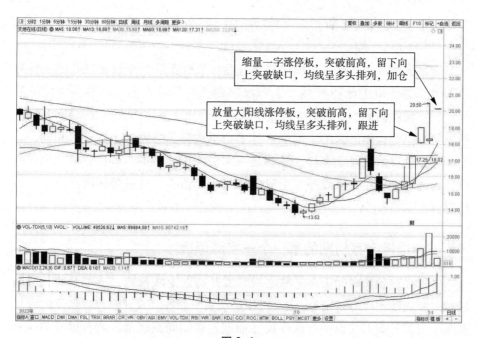

图3-1

2022年10月31日，该股大幅高开（向上跳空4.70%开盘），收出一个大阳线涨停板，突破前高，留下向上突破缺口，成交量较前一交易日放大近2倍，形成向上突破缺口和大阳线涨停K线形态。此时，均线（除250日均线外）呈多头排列，MACD、KDJ等技术指标走强，股价的强势特征相当明显，后市快速上涨的概率大。像这种情况，普通投资者可以在当日跟庄抢板或在次日跟庄进场加仓买入筹码。11 月 1 日，主力机构调整了一个交易日，回调没有回补前一交易日留下的向上突破缺口，正是普通投资者加仓买进筹码的好时机。

11 月 2 日截图当日，该股涨停开盘，拉出一个一字涨停板，突破前高，留下向上突破缺口，成交量较前一交易日大幅萎缩，形成向上突破缺口和一字涨停 K 线形态，盘口的强势特征特别明显，后市股价持续快速上涨的概率非常大。像这种情况，此前买进筹码的普通投资者可以持股待涨，也可以在当日跟庄抢板或在次日集合竞价时视情况以涨停价挂买单排队等候加仓买进。

图 3-2 是 002995 天地在线 2022 年 11 月 3 日星期四下午收盘时的分时走势图。从当日分时走势可以看出，早盘该股涨停开盘后，涨停板瞬间被大卖单砸开，成交量迅速放大，9:31 封回涨停板后又瞬间被大卖单砸开，9:34 封回涨停板至中午收盘没再打开；下午涨停板又反复被打开、封回多次，14:14 封回后没再打开。从成交量看，早盘涨停板被打开后的成交量比下午涨停板被打开后的成交量大，应该是前期获利盘出逃，当然也有主力机构恐吓诱骗其他投资者卖出手中筹码的杀跌盘。

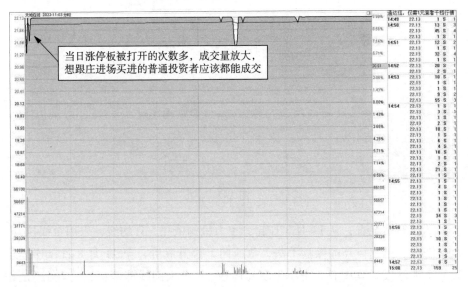

图 3-2

从分时盘口看，当日涨停板被打开的整体时间虽然不是很长，但次数较多，早盘在集合竞价时以涨停价挂买单排队等候买进的普通投资者，应该都能成交。当日主力机构拉出一个放量小 T 字涨停板。像这种初期上涨过程中一字板之后打开的涨停板，普通投资者如果此前已经跟庄进场，应该持股待涨，也可以趁涨停板打开之际，再次加仓买进筹码；之前没有跟庄进场买进筹码的普通投资者，可以趁涨停板打开时，跟庄进场逢低买入筹码，待股价出现明显见顶信号时再卖出。

图 3-3 是 002995 天地在线 2022 年 11 月 9 日星期三下午收盘时的 K 线走势图。从该个股的 K 线走势可以看出，11 月 2 日，该股收出一个缩量一字涨停板之后，11 月 3 日又收出一个放量小 T 字涨停板，突破前高，留下向上突破缺口，均线呈多头排列，股价的强势特征相当明显。此后，该股展开向上拉升行情。

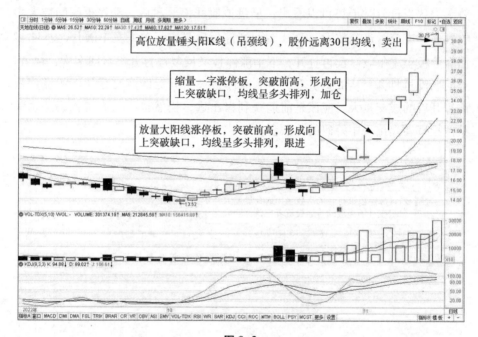

图 3-3

从拉升情况看，从 11 月 3 日起，主力机构依托 5 日均线，采用直线拉升、盘中洗盘、迅速拔高的操盘手法，急速向上拉升股价，至 11 月 8 日，连续拉出 4 个涨停板（其中有 3 个小 T 字涨停板、1 个大阳线涨停板），涨幅还是相当可观的。

11 月 9 日截图当日，该股低开，股价冲高回落，收出一根锤头阳 K 线，收盘涨幅 1.60%，当日成交量较前一交易日明显放大，显露出主力机构当日采用低开拉高、盘中大幅震荡的操盘手法，引诱跟风盘进场而大量派发出货的迹象。此时，股价远离 30 日均线且涨幅较大，KDJ 等部分技术指标开始走弱，盘口的弱势特征已经显现。像这种情况，普通投资者如果手中还有筹码当天没有出完，次日应该逢高卖出。

图 3-4 是 603399 吉翔股份 2022 年 1 月 7 日星期五下午收盘时的 K 线走势图。在软件上将该股整个 K 线走势图缩小后可以看出，此时该股处于上升趋势中。股价从前期相对高位，即 2018 年 6 月 8 日的最高价 21.05 元，一路震荡下跌，至 2021 年 2 月 8 日的最低价 3.24 元止跌企稳，下跌时间长、跌幅大。之后，主力机构快速推升股价，收集筹码，然后开始大幅震荡盘升（挖坑）洗盘，高抛低吸赚取差价盈利与洗盘吸筹并举，股价震荡盘升期间，主力机构拉出过 18 个涨停板，多数为吸筹建仓型涨停板。

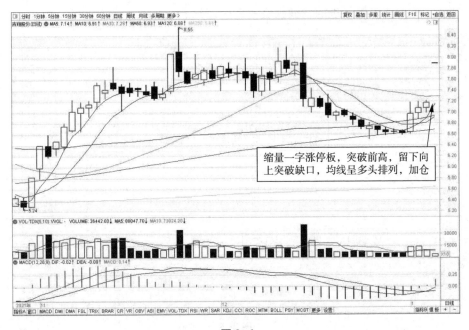

图 3-4

2022 年 1 月 7 日截图当日，该股涨停开盘，收出一个一字涨停板，突破前高，留下向上突破缺口，成交量较前一交易日大幅萎缩，形成向上突破缺口和一字涨停 K 线形态。此时，均线呈多头排列，MACD、KDJ 等技术指标走强，股价的强势特征相当明显，后市股价持续快速上涨的概率非常大。像这种情况，此前买进筹码的普通投资者可以持股待涨，也可以在当日跟庄抢板或在次日集合竞价时视情况以涨停价挂买单排队等候加仓买进。

图 3-5 是 603399 吉翔股份 2022 年 1 月 10 日星期一上午开盘后至 9:47 的

分时截图。这是该股在 1 月 7 日收出一个一字涨停板之次日的分时截图。从当日开盘后 17 分钟的分时截图看，当日该股以涨停价 8.68 元开盘，从 9:42 开始，成交量开始放大，千手以上大卖单在慢慢成交，9:43 大量千手以上大卖单快速成交（其中含有一笔 21518 手的大卖单），时间持续 1 分钟，此后成交量慢慢萎缩；从 9:46 开始，成交量又开始放大，千手以上大卖单在逐步成交，其中有 2 笔分别为 10114 手、14870 手的大卖单将涨停板砸开，从右边的成交明细可以看到，股价由涨停价 8.68 元跌到了 8.64 元，同 1 分钟内，主力机构封回涨停板，此后成交量慢慢萎缩。由于大卖单砸板时间短，买一位置买盘单量大且同 1 分钟内砸开又封回，所以我们看不到分时价格线上砸出的小坑，但 K 线显示当日最低价跌到了 8.59 元。当日只要在集合竞价时以涨停价挂买单排队等候买进的普通投资者，应该都能成交。

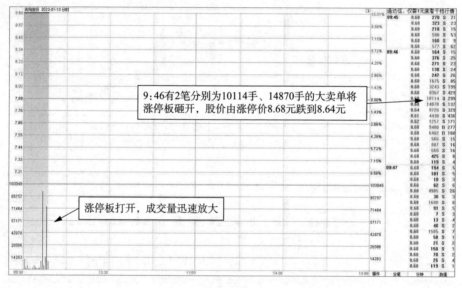

图 3-5

当日主力机构拉出一个放量小 T 字涨停板，像这种初期上涨一字涨停板开盘后被打开的个股，普通投资者如果此前已经跟庄进场，应该持股待涨，也可以趁涨停板打开之际，再次加仓买进筹码；之前没有跟庄进场买进筹码的普通投资者，可以趁涨停板被砸开放量时，跟庄进场买入筹码，待股价出现明显见顶信号时再卖出。这里就不再列示该股当日全天的分时走势图了。

图 3-6 是 603399 吉翔股份 2022 年 3 月 1 日星期二下午收盘时的 K 线走

势图。从该股的 K 线走势可以看出，2022 年 1 月 7 日，主力机构拉出一个缩量一字涨停板，突破前高，留下向上突破缺口，均线呈多头排列，股价的强势特征相当明显。此后，该股展开向上拉升行情。

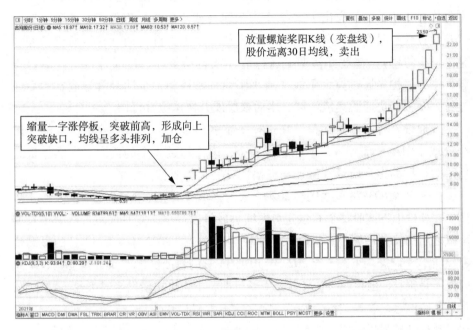

图 3-6

从拉升情况看，主力机构采用台阶式推升的操盘手法，依托 5 日均线开始拉升。因为股价从低位起来，主力机构筹码锁定比较好，采用台阶式拉升的操盘手法，主要是通过台阶式震荡整理，进一步清洗获利盘、调仓换筹、拉高新进场投资者的买入成本，以确保股价一个台阶一个台阶往上走。该股向上展开的 3 个台阶走势，每个台阶整理的时间都为 5~7 个交易日，且调整洗盘幅度也不大，基本没有跌破 10 日均线（即使向下刺破也很快拉回）。从 2 月 17 日开始，主力机构快速向上拉升股价。从 K 线走势看，整个上涨过程还是比较顺畅的，股价涨幅较大。

3 月 1 日截图当日，主力机构大幅高开，股价冲高回落，收出一根螺旋桨阳 K 线（高位或相对高位的螺旋桨 K 线又称为变盘线或转势线），成交量较前一交易日明显放大，显露出主力机构采用高开、盘中震荡拉高的操盘手法，引诱跟风盘进场而大量派发出货的迹象。此时，股价远离 30 日均线且涨幅大，KDJ 等部分技术指标开始走弱，盘口的弱势特征已经显现。像这种情况，普通投资者如果手中还有筹码当天没有出完，次日应该逢高卖出。

二、选择前一交易日为涨停板的一字涨停板

这里所说的前一交易日为涨停板的一字涨停板，是指主力机构在拉出一字涨停板之前，已经拉出了1~2个大阳线（或小阳线）涨停板。这种个股一般是经过较长时间的震荡下跌之后（下跌后期主力机构通过打压股价已经收集了不少筹码），在展开初期上涨行情（或震荡整理洗盘吸筹行情）的过程中，主力机构先通过拉大阳线（或小阳线）涨停板，加速吸筹建仓，然后通过拉一字板，快速脱离成本区，之后该股展开快速拉升行情。

普通投资者要注意的是，在选择一字涨停板时，一字涨停板之前的大阳线（或小阳线）涨停板，不能超过3个，因为超过3个的话，一字涨停板之后主力机构的拉升质量（涨速和涨幅）就有可能要打折扣了。

图3-7是603778乾景园林2022年11月11日星期五下午收盘时的K线走势图。在软件上将该股整个K线走势图缩小后可以看出，此时该股走势处于长期下跌之后的反弹趋势中。股价从前期相对高位，即2022年4月13日的最高价6.73元，一路震荡下跌，至2022年10月11日的最低价2.77元止跌企稳，下跌时间不是很长，但跌幅大，尤其是下跌后期，主力机构借助当时大盘下跌之势，加速杀跌洗盘，收集了不少筹码。之后，主力机构快速推升股价，继续收集筹码，然后开始强势整理，洗盘吸筹，K线走势呈红多绿少、红肥绿瘦态势。

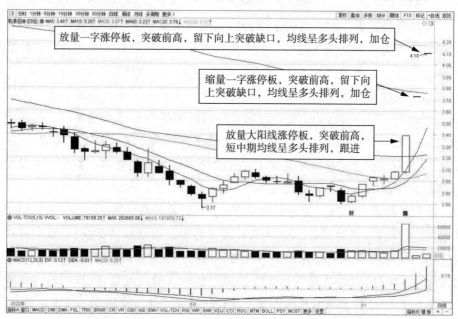

图 3-7

11月7日，该股平开，收出一个大阳线涨停板，突破前高，成交量较前一交易日放大近5倍，形成大阳线涨停K线形态。此时，短中期均线呈多头排列，MACD、KDJ等技术指标开始走强，股价的强势特征已经显现，后市上涨的概率大。像这种情况，普通投资者可以在当日跟庄抢板或在次日择机跟庄进场加仓买入筹码。

11月10日，该股涨停开盘，收出一个一字涨停板，突破前高，留下向上突破缺口，成交量较前一交易日大幅萎缩，形成向上突破缺口和一字涨停K线形态，短中期均线呈多头排列，股价的强势特征已经相当明显，后市上涨的概率大。像这种情况，普通投资者可以在当日跟庄抢板或在次日集合竞价时视情况以涨停价挂买单排队等候加仓买进。

11月11日截图当日，该股涨停开盘，再次拉出一个一字涨停板，突破前高，留下第二个向上突破缺口，成交量较前一交易日略有放大，形成向上突破缺口和一字涨停K线形态。此时，均线（除120日均线外）呈多头排列，MACD、KDJ等技术指标走强，股价的强势特征非常明显，后市持续快速上涨的概率非常大。像这种情况，普通投资者可以在当日跟庄抢板或在次日视情况加仓买入筹码（之前买进筹码的普通投资者可以持股待涨）。

图3-8是603778乾景园林2022年11月14日星期一下午收盘时的分时走势图。这是该股在前3个交易日主力机构分别拉出1个大阳线涨停板和2个一字涨停板之第4日的分时截图。从分时走势看，当日该股以涨停价4.51元开盘后，涨停板瞬间被大卖单砸开，成交量迅速放大，9:50涨停板被封回；10:01涨停板再次被大卖单砸开，成交量快速放大，10:04封回涨停板至收盘。当日只要在集合竞价时以涨停价挂买单排队等候买进或在开盘后择机跟庄进场买入的普通投资者，应该都能成交。

当日该股收出一个放量T字涨停板，像这种初期上涨一字涨停板开盘之后被打开的个股，普通投资者如果此前已经跟庄进场买入的，应该持股待涨，也可以趁涨停板打开之际，再次加仓买进筹码；之前没有跟庄进场买进筹码的普通投资者，可以趁涨停板被砸开放量时，跟庄进场买进筹码，待股价出现明显见顶信号时再卖出。

图3-9是603778乾景园林2022年12月5日星期一下午收盘时的K线走势图。从该股的K线走势可以看出，这是前一交易日已经收出一个大阳线涨停板之后出现的一字涨停板K线形态。11月10日、11日，主力机构连续拉出2个缩量一字涨停板之后，11月14日又拉出一个放量T字涨停板，突破前高，均线呈多头排列，股价的强势特征相当明显。此后，该股展开向上拉升行情。

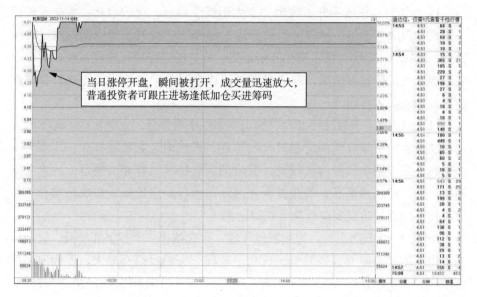

当日涨停开盘，瞬间被打开，成交量迅速放大，普通投资者可跟庄进场逢低加仓买进筹码

图 3-8

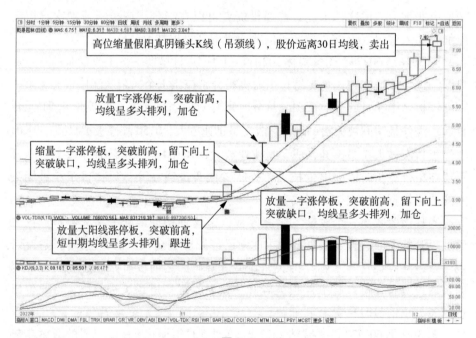

高位缩量假阳真阴锤头K线（吊颈线），股价远离30日均线，卖出

放量T字涨停板，突破前高，均线呈多头排列，加仓

缩量一字涨停板，突破前高，留下向上突破缺口，均线呈多头排列，加仓

放量一字涨停板，突破前高，留下向上突破缺口，均线呈多头排列，加仓

放量大阳线涨停板，突破前高，短中期均线呈多头排列，跟进

图 3-9

从拉升情况看，从 11 月 15 日起，主力机构依托 5 日均线，采用几乎直线拉升、盘中洗盘、迅速拔高的操盘手法，急速向上拉升股价，至 12 月 2 日，共 14 个交易日时间，收出了 10 根阳线，其中有 3 个涨停板，涨幅还是相当可观的。

12月5日截图当日，该股低开，股价冲高回落，收出一根假阳真阴锤头K线（高位假阳真阴，千万小心），收盘涨幅为-0.55%，当日成交量较前一交易日萎缩，显露出主力机构采用低开拉高、盘中大幅震荡的操盘手法，引诱跟风盘进场而大量派发出货的迹象。此时，股价远离30日均线且涨幅大，KDJ等部分技术指标开始走弱，盘口的弱势特征已经显现。像这种情况，普通投资者如果手中还有筹码当天没有出完，次日应该逢高卖出。

图3-10是000638万方发展2022年10月12日星期三下午收盘时的K线走势图。在软件上将该股整个K线走势图缩小后可以看出，此时该股处于上升趋势中。股价从前期相对高位，即2020年12月10日的最高价8.32元，一路震荡下跌，至2021年2月4日的最低价4.00元止跌企稳，下跌时间虽然不长，但跌幅大。此后，主力机构快速推升股价，收集筹码，然后开始大幅震荡盘升洗盘，高抛低吸赚取差价盈利与洗盘吸筹并举。

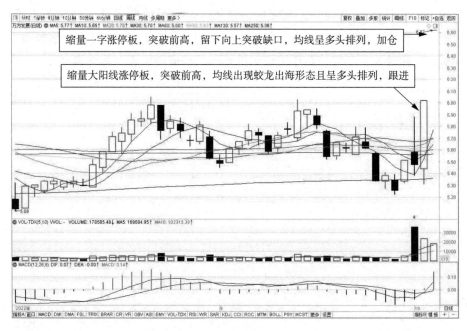

图3-10

2022年10月11日，该股低开，收出一个大阳线涨停板，突破前高，成交量较前一交易日萎缩（涨停的原因），形成大阳线涨停K线形态。当日股价向上穿过5日、10日、20日、30日、60日、90日和120日均线（一阳穿七线），250日均线在股价下方上行，均线蛟龙出海形态形成；此时，均线呈多头排列，MACD、KDJ等技术指标走强，股价的强势特征相当明显，后市快速上涨的概率大。像这种情况，普通投资者可以在当日跟庄抢板或在次日跟庄进场加仓买进筹码。

2022 年 10 月 12 日截图当日，该股涨停开盘，收出一个一字涨停板，突破前高，留下向上突破缺口，成交量较前一交易日大幅萎缩，形成向上突破缺口和一字涨停 K 线形态。此时，均线呈多头排列，MACD、KDJ 等技术指标走强，股价的强势特征相当明显，后市持续快速上涨的概率非常大。像这种情况，此前买进筹码的普通投资者可以持股待涨，也可以在当日跟庄抢板或在次日集合竞价时视情况以涨停价挂买单排队等候加仓买进。

图 3-11 是 000638 万方发展 2022 年 10 月 13 日星期四下午收盘时的分时走势图。这是该股在前 2 个交易日主力机构分别拉出 1 个大阳线涨停板和 1 个一字涨停板之第 3 日的分时截图。从分时走势看，早盘该股大幅高开快速冲高后震荡回落，成交量迅速放大，然后急速拐头上行，于 9:47 封上涨停板；9:49 涨停板被大卖单砸开，成交量迅速放大，此后该股展开高位震荡走势，幅度较大，成交量呈萎缩状态，13:04 封回涨停板至收盘，当日成交量较前一交易日大幅放大，只要想跟庄进场买进筹码的普通投资者，都能成交。

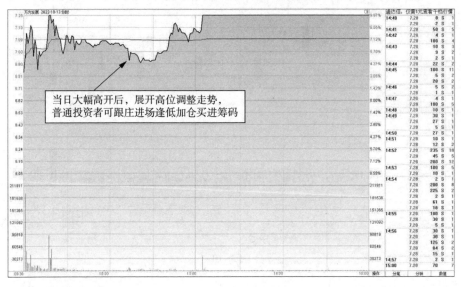

图 3-11

当日主力机构拉出放量大阳线涨停板，像这种初期上涨一字涨停板之后的大阳线涨停板，普通投资者如果此前已经跟庄进场，应该持股待涨，也可以趁涨停板打开之际，再次加仓买进筹码；之前没有跟庄进场买进筹码的普通投资者，可以趁上午股价调整之际，跟庄进场买进筹码，待股价出现明显见顶信号时再卖出。

图 3-12 是 000638 万方发展 2022 年 10 月 20 日星期四下午收盘时的 K 线走势图。从该股的 K 线走势可以看出，这是前一交易日已经收出一个大阳线涨停板之后出现一字涨停板的 K 线形态。10 月 12 日，主力机构拉出一个缩量一字涨停板之后，11 月 13 日又拉出一个放量大阳线涨停板，突破前高，均线呈多头排列，股价的强势特征相当明显。此后，该股展开向上拉升行情。

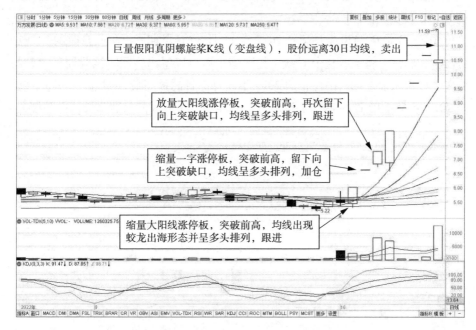

图 3-12

从拉升情况看，从 10 月 14 日起，主力机构依托 5 日均线，采用直线拉升、盘中洗盘、迅速拔高的操盘手法，急速向上拉升股价，至 10 月 19 日，4 个交易日时间，拉出了 4 个涨停板（其中有 1 个大阳线涨停板、3 个一字涨停板），涨幅还是相当可观的。

10 月 20 日截图当日，该股大幅低开，股价冲高回落，收出一根实体很小带长上下影线的假阳真阴螺旋桨 K 线，收盘涨幅为-1.50%，成交量较前一交易日放大 11 倍多，显露出主力机构采用低开拉高、盘中大幅震荡的操盘手法，引诱跟风盘进场而大量派发出货的迹象。此时，股价远离 30 日均线且涨幅大，KDJ 等部分技术指标开始走弱，盘口的弱势特征已经显现。像这种情况，普通投资者如果手中还有筹码当天没有出完，次日应该逢高卖出。

三、选择前期有过2个以上涨停板的一字涨停板要慎重

个股处于上升趋势中，已经有了不少涨幅，且前期已出现2个以上涨停板，主力机构通过拉一字涨停板拔高，不再让普通投资者有进场的机会，目的是拉出利润和出货空间，为后面出货（比如打压出货或横盘震荡出货）做准备，这种个股危险系数较大，普通投资者要谨慎选择。如已选择，一定要注意盯盘，关注K线走势、成交量、均线和其他技术指标的变化，出现见顶信号，立马出局。

图3-13是002420毅昌科技2022年11月30日星期三下午收盘时的K线走势图。在软件上将该股整个K线走势图缩小后可以看出，此时该股处于上升趋势中。股价从前期相对高位，即2019年3月7日的最高价5.41元，一路下跌，至2019年6月10日的最低价2.90元止跌企稳，下跌时间虽然不长，但跌幅大。

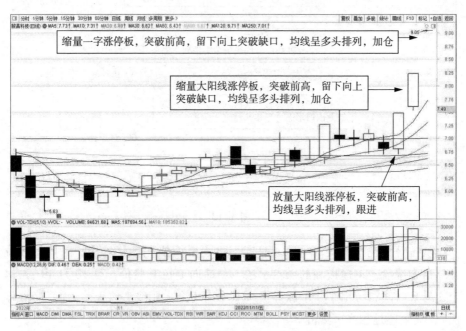

图3-13

2019年6月10日股价止跌企稳后，主力机构开始大幅震荡盘升洗盘行情，高抛低吸赚取差价盈利与洗盘吸筹并举。

2022年11月28日，该股平开，收出一个大阳线涨停板，突破前高，成交量较前一交易日放大2倍多，形成大阳线涨停K线形态。当日收盘价为

7.48 元，较之 2019 年 6 月 10 日止跌企稳时的最低价 2.90 元已大幅上涨。此时，均线呈多头排列，MACD、KDJ 等技术指标开始走强，股价的强势特征已经显现，后市上涨的概率大。像这种情况，普通投资者可以在当日跟庄抢板或在次日择机跟庄进场加仓买进筹码。

11 月 29 日，该股跳空高开，再次收出一个大阳线涨停板，突破前高，留下向上突破缺口，成交量较前一交易日明显萎缩，形成向上突破缺口和大阳线涨停 K 线形态，均线呈多头排列，股价的强势特征已经相当明显，后市快速上涨的概率大。像这种情况，普通投资者可以在当日跟庄抢板或在次日集合竞价时视情况以涨停价挂买单排队等候加仓买进。

11 月 30 日截图当日，该股涨停开盘，收出一个一字涨停板，突破前高，留下第 2 个向上突破缺口，成交量较前一交易日大幅萎缩，形成向上突破缺口和一字涨停 K 线形态。此时，均线呈多头排列，MACD、KDJ 等技术指标走强，股价的强势特征非常明显，后市股价持续快速上涨的概率非常大。像这种情况，普通投资者可以在当日跟庄抢板或在次日视情况加仓买进筹码。

图 3-14 是 002420 毅昌科技 2022 年 12 月 1 日星期四下午收盘时的分时走势图。这是该股在前 3 个交易日主力机构分别拉出 2 个大阳线涨停板和 1 个一字涨停板之第 4 日的分时走势。从分时截图看，当日该股涨停开盘，9:32 涨停板被大卖单砸开，成交量迅速放大，之后股价快速震荡回落，跌破前一交

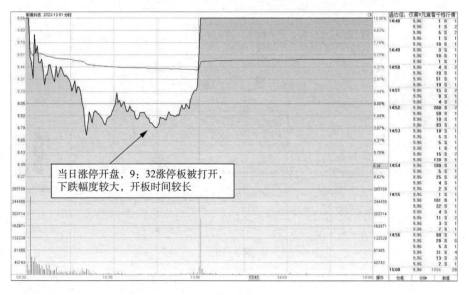

图 3-14

易日收盘价且在前一交易日收盘价下方展开震荡整理走势，成交量呈萎缩状态。下午开盘后股价急速上冲封回涨停板，至收盘没再打开，当日成交量较前一交易日放大15倍多。从分时走势看，只要当日想进场买进筹码的普通投资者，都能如愿以偿。

当日涨停板打开时间长达2小时，分时盘口留下一个大深坑，明显是主力机构通过打开涨停板出货，已经派发了大量筹码，当日涨停板封板结构脆弱，可以说是个烂板。

当日该股收出一个巨量长下影线T字涨停板，加上此前已经收出3个涨停板，股价的整体涨幅已经偏大，像这种情况，普通投资者后期操作就要注意安全了。

图3-15是002420毅昌科技2022年12月5日星期一下午收盘时的K线走势图。从该股的K线走势可以看出，这是在前面交易日已经收出2个大阳线涨停板之后出现的一字涨停板K线形态。11月30日，主力机构收出一个缩量一字涨停板之后，12月1日又收出一个巨量长下影线T字涨停板，此时股价的强势特征仍较为明显。

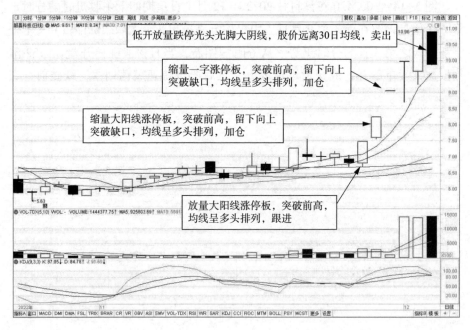

图3-15

12月2日，该股低开收出一个大阳线涨停板，突破前高，成交量较前一交易日略为萎缩。从当日分时走势看，该股早盘高开急速冲高，于9:41触及涨停瞬间回落,展开高位震荡走势,11:02 封回涨停板,至收盘没再打开。从早盘的成交量来看,开盘后该股触及涨停回落,展开高位震荡走势,主力机构的不少筹码在此期间已经出逃。

12月5日截图当日,该股低开,股价瞬间回落跌停,收出一根光头光脚大阴线,成交量较前一交易日略有放大,显露出主力机构打压股价出货的坚决态度(但主力机构手中筹码多,短短3个交易日,筹码是很难出完的,后期还得继续做盘)。此时,股价远离30日均线且涨幅大,KDJ 等部分技术指标已经走弱,盘口的弱势特征已经显现。像这种情况,普通投资者如果手中还有筹码当天没有出完,次日应该逢高卖出。

图 3-16 是 000678 襄阳轴承 2022 年 7 月 28 日星期四下午收盘时的 K 线走势图。在软件上将该股整个 K 线走势图缩小后可以看出,此时该股处于上升趋势中。股价从前期相对高位,即 2019 年 4 月 18 日的最高价 11.30 元,一路下跌,至 2022 年 4 月 27 日的最低价 4.06 元止跌企稳,卜跌时间长、跌幅大,其间有过多次反弹,且反弹幅度较大。

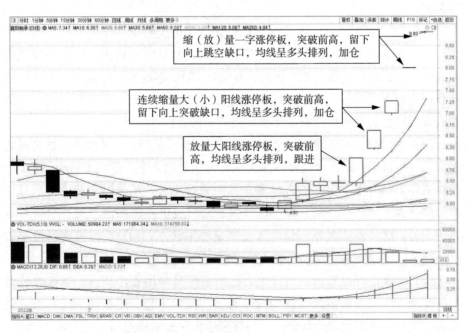

图 3-16

2022 年 4 月 27 日股价止跌企稳后,该股展开大幅震荡盘升(挖坑)洗盘吸筹行情,其间,主力机构拉出过 4 个大阳线涨停板,均为吸筹建仓型涨停板。

2022 年 7 月 22 日,该股平开,收出一个大阳线涨停板,突破前高,成交

量较前一交易日放大近 2 倍，形成大阳线涨停 K 线形态。当日涨停收盘价
6.01 元，较之 2022 年 4 月 27 日止跌企稳时最低价 4.06 元有了大幅上涨。此
时，均线（除 20 日均线外）呈多头排列，MACD、KDJ 等技术指标开始走强，
股价的强势特征已经显现，后市上涨的概率大。像这种情况，普通投资者可
以在当日跟庄抢板或在次日择机跟庄进场加仓买进筹码。

7 月 25 日、26 日，该股大幅跳空高开，连续收出 2 个涨停板（1 个大阳
线涨停板和 1 个小阳线涨停板），突破前高，留下 2 个向上突破缺口，成交量
呈萎缩状态，形成向上突破缺口和大（小）阳线涨停 K 线形态，均线呈多头
排列，股价的强势特征已经十分明显，后市连续快速上涨的概率大。像这种
情况，普通投资者可以在涨停当日跟庄抢板或在次日集合竞价时视情况以涨
停价挂买单排队等候加仓买进。

7 月 27 日，该股涨停开盘，收出一个一字涨停板，突破前高，留下向上
跳空缺口，成交量较前一交易日大幅萎缩，形成一字涨停 K 线形态，股价的
强势特征非常明显，普通投资者可以在当日跟庄抢板或在次日视情况加仓买
进筹码。

7 月 28 日截图当日，该股继续涨停开盘，再次收出一个一字涨停板，突
破前高，留下向上跳空缺口，成交量较前一交易日略有放大，形成一字涨停
K 线形态。此时，均线呈多头排列，MACD、KDJ 等技术指标走强，股价的强
势特征仍然十分明显，后市股价快速上涨的概率非常大。像这种情况，普通
投资者可以在当日跟庄抢板或在次日视情况加仓买进筹码。

图 3-17 是 000678 襄阳轴承 2022 年 7 月 29 日星期五下午收盘时的分时走
势图。这是该股在前 5 个交易日主力机构分别拉出 2 个大阳线涨停板、1 个小
阳线涨停板和 2 个一字涨停板之第 6 日的分时走势。从分时走势看，当日该
股涨停开盘瞬间回落，成交量迅速放大，之后股价震荡回落至前一交易日收
盘价上方，展开震荡盘整行情，成交量呈萎缩状态；14:56 封回涨停板至收
盘，当日成交量较前一交易日放大 26 倍多。

从分时盘口可以看出，当日主力机构主要是采用涨停开盘、高位震荡盘
整的操盘手法，引诱跟风盘进场而开始大量派发出货；尾盘拉回涨停板，也
是为了次日开盘出货卖个好价钱。当日涨停板封板结构脆弱，完全是个烂板。

当日该股收出一个巨量长下影线 T 字涨停板，加上此前已经收出 5 个涨
停板，股价的整体涨幅偏大，像这种情况，普通投资者后期操作一定要注意
安全。

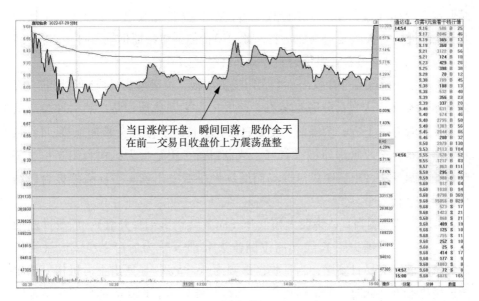

当日涨停开盘，瞬间回落，股价全天在前一交易日收盘价上方震荡盘整

图 3-17

图 3-18 是 000678 襄阳轴承 2022 年 8 月 2 日星期二下午收盘时的 K 线走势图。从该股的 K 线走势可以看出，这是在前面交易日已经收出 3 个大（小）阳线涨停板之后出现的一字涨停板 K 线形态。7 月 27 日、28 日，主力机构连

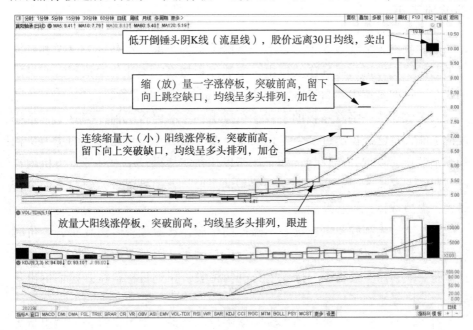

低开倒锤头阴 K 线（流星线），股价远离 30 日均线，卖出

缩（放）量一字涨停板，突破前高，留下向上跳空缺口，均线呈多头排列，加仓

连续缩量大（小）阳线涨停板，突破前高，留下向上突破缺口，均线呈多头排列，加仓

放量大阳线涨停板，突破前高，均线呈多头排列，跟进

图 3-18

续收出 2 个缩（放）量一字涨停板之后，7 月 29 日又收出一个巨量长下影线 T 字涨停板。从 K 线走势表面上看，此时股价的强势特征仍较为明显，但从 7 月 29 日的分时盘口看，股价的弱势特征已经开始显现。

8 月 1 日，该股平开收出一个大阳线涨停板，突破前高，成交量较前一交易日略为萎缩。从当日分时走势看，该股早盘平开急速回落，然后冲高至前一交易日收盘价上方，围绕前一交易日收盘价展开大幅震荡整理走势，14:41 封上涨停板，至收盘涨停板没打开。从盘口看，仍是主力机构利用高位震荡盘整的操盘手法，引诱跟风盘进场而继续大量派发出货。当日涨停板封板结构脆弱，烂板一个。

8 月 2 日截图当日，该股大幅低开（向下跳空 4.41% 开盘），股价冲高回落，收出一根倒锤头阴 K 线（高位倒锤头 K 线又称为射击之星或流星线），成交量较前一交易日萎缩，当日收盘涨幅为 -6.95%，显露出主力机构打压出货的坚决态度。此时，股价远离 30 日均线且涨幅大，KDJ 等部分技术指标已经走弱，盘口的弱势特征已经显现。像这种情况，普通投资者如果手中还有筹码当天没有出完，次日应该逢高卖出。

四、选择前期连续收出 5 个（含 5 个）以上一字涨停板的一字涨停板要小心

连续收出 5 个（含 5 个）以上一字涨停板的个股，都是因为重大利好消息的刺激，主力机构通过连续拉出一字涨停板拔高，不让普通投资者有进场的机会，目的是拉出利润和出货空间，为后面的出货做准备。

大多数连续一字涨停板的个股，在拉出一字涨停板之前，都有了一定幅度的上涨，且已经拉出过多个建仓型涨停板，说明"先知先觉"的主力机构和个别散户，早就开始谋划运作了。所以，在实战操盘中，对于主力机构连续拉出 5 个（含 5 个）以上一字涨停板的个股，普通投资者一定要全面分析研判，谨慎选择，小心操盘。

对于因重大利好消息连续一字涨停的个股，普通投资者想在集合竞价时以涨停价挂买单排队买入，也不是一件容易的事，因为主力机构在买一位置挂单量巨大，而卖盘稀少。待到主力机构将股价拉到目标价位开始悄悄出货时，风险已经来临了。

对于已经达到目标价位的连续一字涨停的个股，主力机构最初的出货方式，应该是通过撤换买一位置的单量，以及小单进大单出的操盘方式悄悄开

始派发，由于市场集聚了大量人气、买一位置单量大，分时盘口的分时价格线上是不会出现打开缺口的，即涨停板是不会打开的，但当日的成交量是放大的。接下来，主力机构就会通过打开一字涨停板的方式，大量派发手中筹码，使当日成交量极度放大，该股收出放量长下影线T字涨停板。

连续一字涨停的个股涨停板被打开后，意味着股价即将见顶。当然，主力机构手中筹码量大，一时半会儿出不完，后期股价还会震荡盘升，甚至拉出涨停板，但却无法再现之前的强势风光。如果普通投资者之前或一字板打开后有幸跟进，一定要注意盯盘，当股价出现明显见顶信号时，立马出局，以防被套。

当然，有的主力机构在连续拉出5个（含5个）以上一字涨停板后，因为大势不好或其他原因，导致出货困难，不得不开始调整洗盘，高抛低吸，待调整到位后，重拾升势，开始最后的派发出货。

图3-19是002613北玻股份2022年3月22日星期二下午收盘时的K线走势图。在软件上将该股整个K线走势图缩小后可以看出，此时该股处于上升趋势中。股价从前期相对高位，即2020年2月27日的最高价7.59元（此前有过一波大涨），大幅震荡下跌，至2021年2月4日的最低价2.92元止跌企稳。下跌时间较长、跌幅大。此后，主力机构开始大幅震荡盘升（挖坑）洗盘，高抛低吸赚取差价盈利与洗盘吸筹并举，其间收出过4个涨停板，均为吸筹建仓型涨停板。

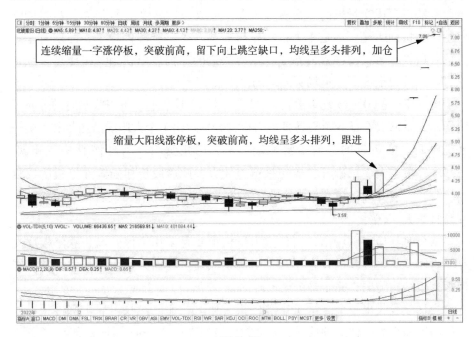

图 3-19

2022 年 3 月 15 日,该股高开,收出一个大阳线涨停板,突破前高,成交量较前一交易日萎缩(一是涨停的原因;二是主力机构高度控盘的原因),形成大阳线涨停 K 线形态。涨停原因为"玻璃+光伏"概念炒作,由于利好的助推,股价后市持续快速上涨的概率非常大。此时,均线呈多头排列,MACD、KDJ 等技术指标走强,股价的强势特征十分明显。像这种情况,普通投资者可以在当日跟庄抢板或在次日集合竞价时以涨停价挂买单排队等候买进。

从 3 月 16 日开始,主力机构以一字涨停板的方式,连续拉升股价,目的是不让普通投资者跟进买入,同时又可以吸引市场眼球。像这种情况,普通投资者可以在每个交易日早盘集合竞价时以涨停价挂买单排队等候买进,成交的可能性虽然不大,但希望还是有的。比如 3 月 18 日的一字涨停板,当日成交量就较前一交易日(17 日)放大 7 倍,换手率达到 12.95%,虽然从分时盘口看不到分时价格线上砸出的小坑,但 K 线走势显示当日最低价为 5.83 元,而当日一字涨停价是 5.84 元,说明有低于涨停价的卖盘成交,只要是早盘集合竞价时以涨停价挂买单排队等候买进的普通投资者,应该都能成交。

3 月 22 日截图当日,主力机构继续拉出一字涨停板,突破前高,留下向上跳空缺口,成交量较前一交易日放大,形成一字涨停 K 线形态,盘口的强势特征仍特别明显。这是主力机构拉出的第 5 个一字涨停板了,前期有幸跟进的普通投资者,要注意盯盘了,没有买进的,仍可以在当日跟庄抢板或在次日开盘后视情况跟庄进场买入筹码。

图 3-20 是 002613 北玻股份 2022 年 3 月 23 日星期三下午收盘时的分时走势图。这是该股在前 6 个交易日主力机构分别拉出 1 个大阳线涨停板和 5 个一字涨停板之第 7 日的分时走势截图。从分时走势看,当日该股涨停开盘,9:39涨停板被大卖单砸开,成交量迅速放大,此后股价伴随着涨停板的反复封板打开,展开高位震荡走势,14:02 封回涨停板至收盘,当日成交量较前一交易日放大 43 倍多。

从分时盘口可以看出,当日主力机构主要是采用涨停开盘、涨停板反复打开封回、高位震荡的操盘手法,引诱跟风盘进场而开始大量派发出货,涨停板封板结构脆弱,完全是个烂板。

当日该股收出一个巨量 T 字涨停板,加上此前已经收出 6 个涨停板,股价的整体涨幅大,像这种情况,普通投资者后期操作一定要注意安全。

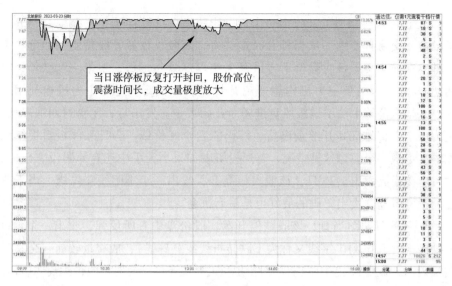

当日涨停板反复打开封回，股价高位震荡时间长，成交量极度放大

图 3-20

图 3-21 是 002613 北玻股份 2022 年 3 月 28 日星期一下午收盘时的 K 线走势图。从该股的 K 线走势可以看出，这是在前面交易日已经收出 1 个大阳线涨停板之后连续收出 5 个一字涨停板的 K 线形态。3 月 23 日，主力机构拉出一个巨量小 T 字涨停板，从 K 线走势表面上看，此时股价的强势特征仍较为明显，但从 3 月 23 日的分时盘口看，股价的弱势特征已经显现。

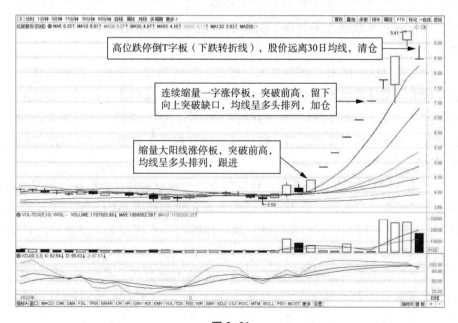

高位跌停倒T字板（下跌转折线），股价远离30日均线，清仓

连续缩量一字涨停板，突破前高，留下向上突破缺口，均线呈多头排列，加仓

缩量大阳线涨停板，突破前高，均线呈多头排列，跟进

图 3-21

3月24日，该股低开收出一个长下影线大阳线涨停板，突破前高，成交量较前一交易日萎缩。从当日分时走势看，该股早盘低开股价震荡回落，全天基本在前一交易日收盘价下方展开大幅震荡盘整走势，下午一度跌停、时间达20分钟，尾盘主力机构急速拉升封回涨停板，明显是主力机构利用低开、大幅震荡等手法引诱跟风盘进场而开始大量派发出货；尾盘封回涨停板，是为了下一交易日高开继续出货、筹码能卖个好价钱，当日涨停板封板结构脆弱，烂板一个。像这种情况，普通投资者如果当天手中还有筹码没有出完，次日应该逢高卖出。25日，该股大幅高开，收出一个小阳线涨停板，当天是普通投资者逢高卖出筹码的最好也是最后机会。

3月28日截图当日，该股跌停开盘，股价盘中有所反弹，收出一个倒T字跌停板（高位倒T字线又称为下跌转折线或墓碑线），成交量较前一交易日大幅萎缩，显露出主力机构打压股价出货的坚决态度。此时，股价远离30日均线且涨幅大，MACD、KDJ等技术指标已经走弱，盘口的弱势特征已经显现。像这种情况，普通投资者如果手中还有筹码当天没有出完，次日应该逢高清仓。

图3-22是002150通润装备2022年12月2日星期五下午收盘时的K线走势图。在软件上将该股整个K线走势图缩小后可以看出，此时该股处于上升趋势中。股价从前期相对高位，即2017年3月17日的最高价18.00元，一路震荡下跌，至2019年8月12日的最低价4.90元止跌企稳，下跌时间长、跌幅大。之后，主力机构开始大幅震荡盘升（挖坑）洗盘，高抛低吸赚取差价盈利与洗盘吸筹并举，其间收出过14个涨停板，多数为吸筹建仓型涨停板。

2022年11月16日，该股高开，收出一个大阳线涨停板，突破前高，成交量较前一交易日放大2倍多，形成大阳线涨停K线形态。此时，均线呈多头排列，MACD、KDJ等技术指标开始走强，股价的强势特征已经显现。像这种情况，普通投资者可以在当日跟庄抢板或在次日集合竞价时以涨停价挂买单排队等候买进。

11月17日，江苏通润装备科技股份有限公司董事会关于筹划公司控制权变更事项停牌的公告称，公司股票通润装备（证券代码002150），自2022年11月17日（星期四）开市起停牌，预计停牌时间不超过2个交易日。11月22日通润装备公告称，正泰电器及其一致行动人拟收购公司29.99%的股份，正泰电器将成为公司的控股股东，公司股票23日起复牌，并将通过协议转让的方式将其持有的公司1.07亿股股票（占公司总股本的29.99%）以总价10.2亿元转让给浙江正泰电器股份有限公司（简称"正泰电器"）及其一致

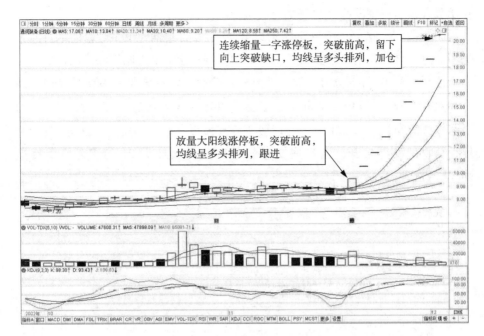

连续缩量一字涨停板，突破前高，留下向上突破缺口，均线呈多头排列，加仓

放量大阳线涨停板，突破前高，均线呈多头排列，跟进

图 3-22

行动人温州卓泰企业管理合伙企业（有限合伙）。公司主营业务为金属工具箱柜业务、机电钣金、输配电控制设备业务，公司的产品是家用储能柜的金属外壳和钣金件。公司目前生产的农机主要是微耕机。公司控股子公司通润开关，通过与远景能源成功合作陆上风机平台主控制系统、海上风机平台主控制系统、风场一次调频控制系统等项目，已被列入远景 A 级供应商行列。

从 11 月 23 日起，由于"正泰入主+储能+风电+农机概念"利好的助推，主力机构以一字涨停的方式，连续拉升拔高，目的是不让普通投资者跟进买入，同时又可以吸引市场眼球。像这种情况，普通投资者可以在每个交易日早盘集合竞价时以涨停价挂买单排队等候买进，成交的可能性虽然不大，但希望还是有的。比如 11 月 30 日的一字板，当日成交量就较前一交易日（29日）放大 13 倍，换手率达到 3.64%，从当日开盘后分时盘口右边的成交明细看，成交量还是非常大的，千（万）手以上的大卖单成交不少，只要是早盘集合竞价时以涨停价挂买单排队等候买进的普通投资者，还是有成交希望的。

12 月 2 日截图当日，主力机构继续拉出一字涨停板，股价突破前高，留下向上跳空缺口，成交量较前一交易日放大，形成一字涨停 K 线形态，盘口的强势特征特别明显。这是主力机构拉出的第 8 个一字涨停板了，前期有幸跟进的普通投资者，要注意盯盘了，没有买进的，仍可以在当日跟庄抢板或在次日开盘后视情况跟庄进场加仓买进筹码。

图 3-23 是 002150 通润装备 2022 年 12 月 5 日星期一下午收盘时的分时走势图。这是该股在前 9 个交易日主力机构分别拉出 1 个大阳线涨停板和 8 个一字涨停板之第 10 日的分时走势。从分时走势看，当日该股大幅高开（向上跳空 8.40% 开盘），股价急速回落，成交量迅速放大，然后拐头上行，9:45 封上涨停板瞬间被大卖单砸开，此后股价反复封板，打开再封回。13:48 封回涨停板至收盘没再打开，当日成交量较前一交易日放大 21 倍多，换手率达到 29.18%。

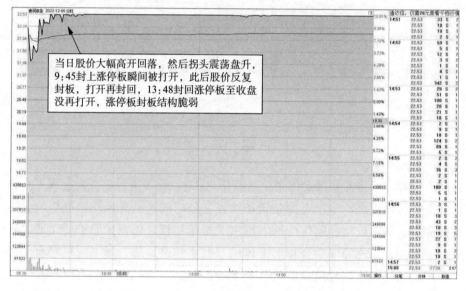

当日股价大幅高开回落，然后拐头震荡盘升，9:45 封上涨停板瞬间被打开，此后股价反复封板，打开再封回，13:48 封回涨停板至收盘没再打开，涨停板封板结构脆弱

图 3-23

从分时盘口可以看出，当日主力机构主要是采用大幅高开、涨停板反复打开封回、高位小幅震荡的操盘手法，引诱跟风盘进场而开始大量派发出货。

当日该股收出一个巨量锤头阳 K 线涨停板，封板结构脆弱。加上此前已经收出 9 个涨停板，股价的整体涨幅大，像这种情况，普通投资者后期操作一定要注意安全。

图 3-24 是 002150 通润装备 2022 年 12 月 8 日星期四下午收盘时的 K 线走势图。从该股的 K 线走势可以看出，这是在前面交易日已经收出 1 个大阳线涨停板之后连续收出 8 个一字涨停板的 K 线形态。12 月 5 日，主力机构拉出一个巨量锤头阳 K 线涨停板，当日成交量较前一交易日放大 21 倍多，涨停板封板结构脆弱。

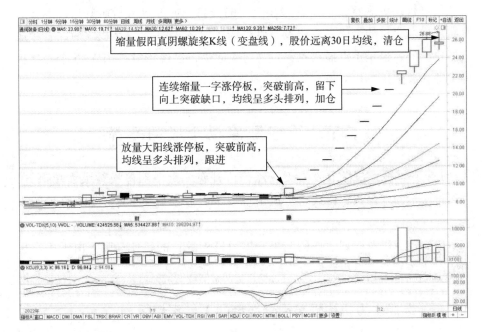

图 3-24

12 月 6 日，该股高开，收出一个带下影线大阳线涨停板，突破前高，成交量较前一交易日萎缩。从当日分时走势看，该股早盘高开后股价震荡盘升，10:50 封上涨停板，10:54 涨停板被打开，此后涨停板反复封板，打开再封回，14:35 封回涨停板至收盘没再打开。当天封板时间晚，且涨停板反复被打开，尾盘再封回，涨停板封板结构非常脆弱。像这种情况，普通投资者如果当天手中还有筹码没有出完，次日应该逢高卖出。12 月 7 日，该股低开，收出一根带上下影线的大阳线（收盘涨幅为 4.92%），当天是普通投资者逢高卖出筹码的最好时机。

12 月 8 日截图当日，该股低开，股价冲高回落，收出一根实体较小的假阳真阴螺旋桨 K 线，收盘涨幅为-1.19%，成交量较前一交易日萎缩，显露出主力机构采用低开拉高、盘中大幅震荡的操盘手法，引诱跟风盘进场而大量派发出货的迹象。此时，股价远离 30 日均线且涨幅大，KDJ 等部分技术指标开始走弱，盘口的弱势特征已经显现。像这种情况，普通投资者如果手中还有筹码当天没有出完，次日应该逢高清仓。

在平衡市或疲软市，一字涨停板个股的选项相对较少，普通投资者可以利用每天收盘后或周六周日的时间，做好目标股票的寻找、甄选和跟踪工作。注重寻找那些前期有过涨停，位置不是太高、首次出现一字板的股票，加入自选股进行跟踪观察，重点要关注公司的公告。如经过分析研判后，能在次日跟庄进场买进的个股，要积极寻机进场；如在 2~3 个一字板之后，有跟庄进场机会的，也是重点捕获对象。为保险起见，已经连续拉出 3~5 个一字板的个股，要谨慎分析对待。

第二节　Ｔ字涨停板个股的选择

T 字涨停板，是指个股当天以涨停价开盘，盘中涨停板被大卖单砸开，之后再次封回涨停板，K 线走势上出现一个类似于英文字母"T"的 K 线形态。能够涨停开盘，之后又能把涨停板砸开，砸开之后又能再次封回，这是主力机构控盘以及谋划运作的结果。主力机构的目的是什么呢？由于 T 字板的情况比较复杂，这里我们分析研究以下 3 种情况。

一、选择主力机构强势震仓洗盘的Ｔ字涨停板

目标股票下跌时间较长、跌幅较大，止跌企稳后或展开震荡盘升或横盘震荡整理洗盘吸筹走势；K 线走势表现为小阴小阳、红多绿少、红肥绿瘦，且底部逐渐抬高，短中期均线逐渐形成多头排列；在收出涨停板之前，潜伏其中的主力机构已经悄悄收集大量筹码，控盘比较到位。某日突然拉出大阳线或小阳线涨停板（抑或一字板），到第二个或第三个涨停板时收出 T 字涨停板，这就可能是主力机构再次强势震仓洗盘（或试盘）的 T 字涨停板。

主力机构强势震仓洗盘的目的，是清洗获利盘和前期套牢盘（也可认为是放任获利盘和前期套牢盘出逃），在清洗意志不坚定投资者的同时，允许急于入场的其他投资者跟进，以拉高市场平均成本，减轻后期拉升压力。

普通投资者在浏览或跟踪过程中发现这类处于低位或相对低位的 T 字涨停板个股，可以作为立即跟庄进场买入的最佳选择对象。因为 T 字涨停板之前，股价没有大幅快速拉升过，加上前期股价震荡盘升时间较长，主力机构筹码锁定程度较高、控盘比较到位，已经或即将启动快速拉升行情。

图 3-25 是 002374 中锐股份 2021 年 11 月 29 日星期一下午收盘时的 K 线走势图。在软件上将该股整个 K 线走势图缩小后可以看出，此时该股处于上升趋势中。股价从前期相对高位，即 2018 年 7 月 4 日的最高价 6.19 元，一路震荡下跌，至 2021 年 1 月 13 日的最低价 1.99 元止跌企稳，下跌时间长、跌幅大，其间有过多次较大幅度的反弹。

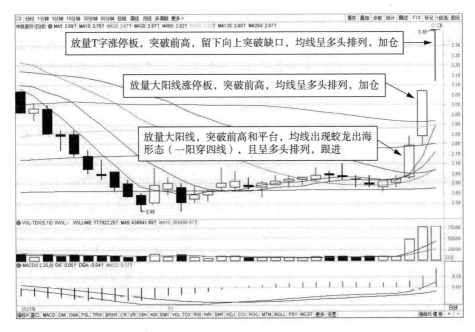

图 3-25

2021 年 1 月 13 日股价止跌企稳后，主力机构快速推升股价，收集筹码，然后开始大幅震荡盘升（挖坑）洗盘，高抛低吸赚取差价盈利与洗盘吸筹并举，其间收出过 5 个涨停板，均为吸筹建仓型涨停板。

11 月 25 日，该股高开，收出一根大阳线（收盘涨幅为 6.49%），突破平台和前高，成交量较前一交易日放大 5 倍多，股价向上突破 5 日、10 日、30 日和 120 日均线（一阳穿四线），20 日、250 日均线在股价下方上行，60 日均线在股价上方下行，90 日均线在股价上方上行，均线呈蛟龙出海形态。此时，均线（除 30 日、60 日均线外）呈多头排列，MACD、KDJ 等技术指标开始走强，股价的强势特征已经显现，后市上涨的概率大。像这种情况，普通投资者可以在当日或次日跟庄进场逢低买进筹码。

11 月 26 日，该股跳空高开，收出一个大阳线涨停板，突破前高，成交量较前一交易日明显放大，形成大阳线涨停 K 线形态。涨停原因为"包装印刷+污水处理+区块链+贵宴樽酒业"概念炒作。一是公司的主营业务为铝板复合型防伪印刷和防伪瓶盖的生产、销售及相关业务。二是公司积极在河道治理、海绵城市建设、黑臭水体治理、小型污水处理站运营、生态环境修复等方面进行研发及投入，实现技术与业务的双重突破。三是公司大力推进二维码战略，通过"瓶盖+二维码"方式，搭建防伪追溯、积分促销、会员互动、广告发布的移动互联终端，提高终端消费者黏性，增加瓶盖附加值。四是中锐股份旗下贵宴樽酒业成立，切入酒业赛道，推出白酒新品，并合作波波匠酒业，为未来的股权层面合作、注入上市公司等预期打下坚实基础。像这种情况，普通投资者可以在当日跟庄抢板或在次日集合竞价时以涨停价挂买单排队等候买进。

11月29日截图当日，由于"包装印刷+污水处理+区块链+贵宴樽酒业"概念利好的助推，该股涨停开盘，收出一个T字涨停板，突破前高，留下向上跳空突破缺口，成交量较前一交易日略有放大，形成向上突破缺口和T字涨停K线形态。此时，均线呈多头排列，MACD、KDJ等技术指标持续走强，股价的强势特征已经十分明显，后市持续快速上涨的概率非常大。像这种情况，普通投资者如果当日没能跟庄进场买入筹码（从当天分时走势看，开盘后涨停板被打开长达9分钟，普通投资者还是有充足的时间跟庄进场买入筹码的），可以在次日集合竞价时以涨停价挂买单排队等候加仓买进，持股待涨，待股价出现明显见顶信号时再撤出。

图3-26是002374中锐股份2021年11月29日星期一下午收盘时的分时走势图。从分时走势看，当天该股涨停开盘，股价瞬间回落，9:39封回涨停板至收盘没再打开，其间成交量迅速放大，分时盘口留下一个坑，明显是主力机构的强势震仓洗盘行为，放任前期获利盘和套牢盘出逃，清洗意志不坚定投资者，以拉高市场平均成本，减轻后期拉升压力。

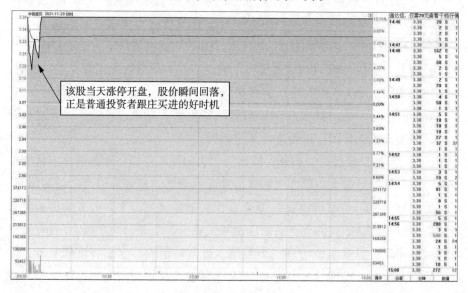

图 3-26

　　从盘口看，由于封回涨停板较早，且打开涨停板的时间不是很长，盘口的强势特征仍十分明显。在当天涨停板被打开的 9 分钟里，坚持在集合竞价时以涨停价挂买单排队等候跟庄进场的普通投资者，应该都买进了。这也是前一交易日大阳线涨停板之后，没有来得及进场的普通投资者最好的进场时机。当然，反应快的普通投资者，在当日涨停开盘、瞬间被打开后，也能快速跟庄进场买入筹码。

　　图 3-27 是 002374 中锐股份 2021 年 12 月 31 日星期五下午收盘时的 K 线走势图。从该股的 K 线走势可以看出，11 月 29 日，该股涨停开盘，收出一个 T 字涨停板，股价的强势特征已经相当明显，此后主力机构开启了快速拉升行情。

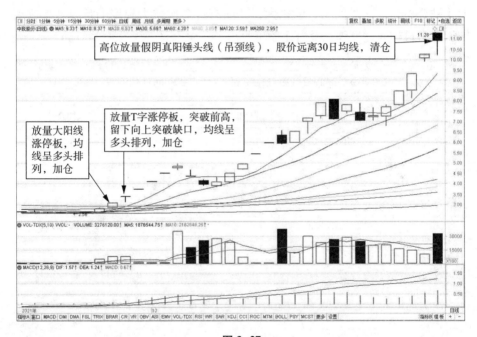

图 3-27

　　从拉升情况看，主力机构依托 5 日均线开始快速拉升，其间有过 2 次强势回调洗盘行为，股价回调跌（刺）破 10 日均线马上收回，10 日均线对股价起到了较强的支撑作用，整个上涨走势比较干净顺畅。从 11 月 29 日至 12 月 31 日共 25 个交易日，一共拉出了 15 个涨停板（其中有 5 个一字板、1 个 T 字板、3 个小阳线涨停板、6 个大阳线涨停板），涨幅相当可观。

　　12 月 31 日截图当日，该股涨停开盘，收出一根假阴真阳锤头 K 线，成交量较前一交易日放大 3 倍多。从分时走势看，该股当日涨停开盘，瞬间被大卖单砸开，成交量迅速放大，此后涨停板反复打开、封回多次。9:55涨停板再次被砸开后，股价一路震荡回落，尾盘有所拉高，明显是主力机构利用涨停开盘（涨停诱多）、涨停板反复打开封回以及盘中拉高等操盘手法，引诱跟风盘进场而开始高位出货。此时，股价远离30日均线且涨幅很大，KDJ等部分技术指标开始走弱，盘口的弱势特征已经显现。像这种情况，普通投资者如果手中还有筹码当天没有出完，次日一定要逢高清仓。

图3-28是000957中通客车2022年5月16日星期一下午收盘时的K线走势图。在软件上将该股整个K线走势图缩小后可以看出，此时该股走势处于高位大幅下跌之后的反弹趋势中。股价从前期相对高位，即2020年12月24日的最高价10.16元，一路震荡下跌，至2022年4月27日的最低价3.85元止跌企稳，下跌时间长、跌幅大，其间有过多次较大幅度的反弹。下跌后期，主力机构通过反弹以及打压股价收集了不少筹码。

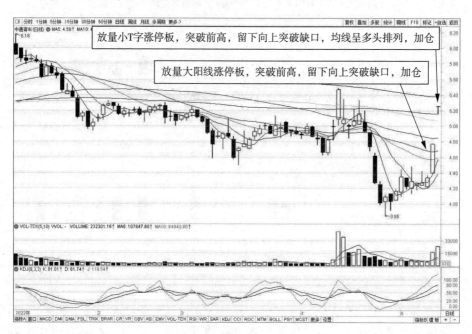

图3-28

2022年4月27日股价止跌企稳后，主力机构快速推升股价，收集筹码，K线走势呈红多绿少、红肥绿瘦态势，底部逐渐抬高。

5月13日，该股跳空高开，收出一个大阳线涨停板，突破前高，留下向上突破缺口，成交量较前一交易日放大3倍多，形成向上突破缺口和大阳线涨停K线形态。涨停原因为"汽车整车+核酸检测"概念炒作。一是据媒体报道，汽车下乡政策有望于 6 月初出台，鼓励车型为 15 万元以内的汽车（含燃油车及新能源汽车），每辆车补贴范围或为 3000~5000 元。二是公司以客车为主兼顾零部件产品的开发、制造和销售。客车产品涵盖从 5 米到 18 米不同系列各种档次。三是中通客车今年最新研发的 13 米核酸检测车一次性交付了 18 台，投入市场使用，以其日检 10000 管的能力，按照 10：1 的混检标准，单日可达 100000 人次，极大提升了检测效率。当日股价向上突破 5 日、20 日和 30 日均线（一阳穿三线），10 日均线在股价下方上行，60 日、90 日、120 日和 250 日均线在股价上方下行，均线呈蛟龙出海形态。此时，均线系统表现较弱，但 MACD、KDJ 等技术指标开始走强，股价的强势特征开始显现，加上利好消息的刺激，后市持续快速上涨的概率大。像这种情况，普通投资者可以在当日跟庄抢板或在次日集合竞价时以涨停价挂买单排队等候加仓买进。

5 月 16 日截图当日，由于"汽车整车+核酸检测"概念利好的助推，该股涨停开盘，收出一个小 T 字涨停板，突破前高，留下向上跳空突破缺口，成交量较前一交易日略有放大，形成向上突破缺口和 T 字涨停 K 线形态。此时，均线（除 90 日和 250 日均线外）呈多头排列，MACD、KDJ 等技术指标持续走强，股价的强势特征已经相当明显，后市持续快速上涨的概率非常大。像这种情况，普通投资者如果当日没能跟庄进场买入筹码的，可以在次日集合竞价时以涨停价挂买单排队等候加仓买进，然后持股待涨，待股价出现明显见顶信号时再撤出。

图 3-29 是 000957 中通客车 2022 年 5 月 16 日星期一上午开盘后至 10:37 的分时截图。从分时截图看，当天该股涨停开盘，从 10:36 开始，有大量千（万）手以上的大卖单开始砸板（其中最大一笔为 49846 手），随着千（万）手以上大卖单成交，涨停板被砸开，成交量迅速放大。从右边的成交明细可以看到，股价由涨停价 5.25 元跌到了 5.19 元，同 1 分钟内，主力机构封回涨停板；10:37 涨停板再次被砸开，股价由涨停价 5.25 元跌到 5.21 元，同 1 分钟内，主力机构再次封回涨停板，此后涨停板没有再被砸开。由于大卖单砸板时间短且在同 1 分钟内，盘口买一位置买盘单量大，所以我们看不到分时价格线上砸出的小坑，但当日 K 线显示最低价跌到了 5.16 元。从分时成交看，很明显是主力机构的强势震仓洗盘行为，放任前期获利盘和套牢盘出逃，清洗意志不坚定投资者，以拉高市场平均成本，减轻后期拉升压力。当然，当日只要在集合竞价时以涨停价挂买单排队等候买进的普通投资者，都能如愿以偿成交。

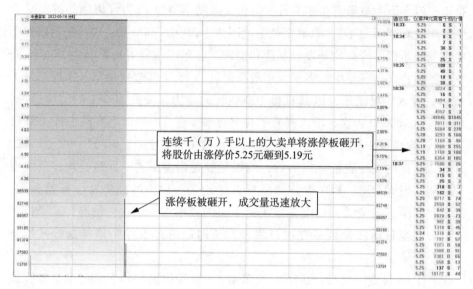

连续千（万）手以上的大卖单将涨停板砸开，将股价由涨停价5.25元砸到5.19元

涨停板被砸开，成交量迅速放大

图 3-29

当日该股收出一个放量小 T 字涨停板，像这种低位且有利好消息助推的 T 字板，普通投资者如果此前已经跟庄进场，应该持股待涨，也可以趁涨停板打开之机，再次加仓买进筹码；之前没有跟庄进场买进筹码的普通投资者，可以趁涨停板被砸开放量时，跟庄进场买入筹码，待到股价出现明显见顶信号时再卖出。这里就不再列示该股当日全天的分时走势图了。

图 3-30 是 000957 中通客车 2022 年 7 月 6 日星期三下午收盘时的 K 线走势图。从该股的 K 线走势可以看出，5 月 16 日，该股涨停开盘，收出一个小 T 字涨停板，股价的强势特征已经相当明显，此后主力机构开启了快速拉升行情。

从拉升情况看，主力机构依托 5 日均线，采用直线拉升、盘中洗盘、迅速拔高的操盘手法，急速向上拉升股价，整个上涨走势干净利落顺畅。从 5 月 16 日至 6 月 21 日共 21 个交易日，一共拉出了 19 根阳线，其中 14 个涨停板（3 个一字板、3 个 T 字板、4 个小阳线涨停板、4 个大阳线涨停板），涨幅巨大。

7 月 6 日截图当日，该股停牌核查后复牌，跌停开盘，股价盘中有所反弹，收出一个倒 T 字跌停板（高位倒 T 字线又称为下跌转折线或墓碑线），成交量较前一交易日大幅萎缩，显露出主力机构打压股价出货的坚决态度。此时，股价远离 30 日均线且涨幅大，MACD、KDJ 等技术指标已经走弱，盘口的弱势特征已经显现。像这种情况，普通投资者如果手中还有筹码当天没有

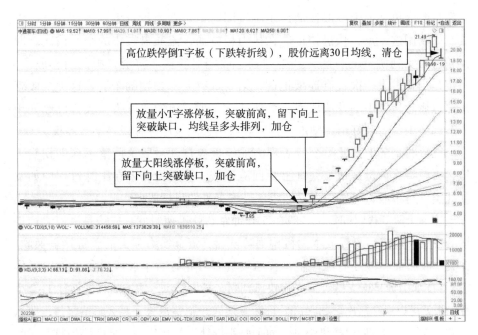

图 3-30

出完，次日一定要逢高清仓。

　　普通投资者需要注意的是，像这种较低位置出现的震仓洗盘型 T 字板大牛股，实际操盘中还是很难遇见的，多数是数个涨停板之后出现的 T 字涨停板。对于数个涨停板之后出现的 T 字涨停板（T 字涨停板之前的大阳线涨停板加一字涨停板最好不超过 3 个），投资者可以选择那些开板时间不长，没有反复打开且放量不大的 T 字涨停板个股跟进，这样的个股要安全些，且盈利的概率也要大些。如果普通投资者已经跟进的 T 字涨停板，当日或次日出现成交量迅速放大，或很快出现明显见顶信号，则要在次日择机逢高清仓。

二、选择游资接盘通吃的 T 字涨停板

　　游资（热钱）打板手法变化多样，不拘一格。比如前一交易日针对大幅高开的热点龙头或利好个股，游资可能采用自主直线拉升快速封板或助力快速封板的操盘手法，大额买进，次日或第 3 日即开始高位派发，快进快出，获利出局。这种游资打板的 T 字涨停板，也是普通投资者可以作为立即跟庄进场买入的目标股票选择对象。

　　一般情况下，游资打板喜欢套利板和接力板。在套利板方面，如果有利

好消息配合再加上个股股性活，是游资同时也是普通投资者的最佳选择，游资刚好利用这一点，快进快出。在接力板方面，流通盘较小的个股或次新股比较容易受到游资的青睐，其中连板个股相对较多。游资打板的目标股票，一定是当日进去，次日有连板把握，第3日有大涨预期的个股。这种个股就是热点概念板块中的龙头股或强势股或次新股，流通盘不大，股价已经处于上升趋势中，有利好消息助推，且已经收出过阳线涨停板或一字涨停板。

在分时走势上，此类个股表现为涨停板被打开后股价回落不深即拐头上行，大单特大单迅速成交，马上封回涨停板。普通投资者在跟踪过程中如发现此类分时个股，可以作为立即跟庄进场买进的目标股票。

这种个股开板时间短，一般在5分钟左右就迅速封回，应该是涨停之前进场的庄家大户获利出局或主力机构强势洗盘，资金实力强大的游资接盘通吃。此类个股后面一般还有涨停板，普通投资者可先查看个股股价所处位置（形态）、技术指标是否支持等，进行快速判断，择机跟进，跟进后如能抓住1~2个涨停板就可以逢高撤出。如跟进后目标股票展开调整走势，要么坚持坚持，要么先撤出等回调到位后再择机跟进。如个股股价处于较高位置，且涨停板打开时间长或打开后放大量，或反复打开后再涨停，就不要盲目跟进了，防止被套。

图3-31是002178延华智能2021年12月20日星期一下午收盘时的K线走势图。在软件上将该股整个K线走势图缩小后可以看出，此时该股处于上升趋势中。股价从前期相对高位，即2020年4月23日的最高价5.65元，震荡下跌，至2021年2月8日的最低价2.51元止跌企稳，下跌时间不是很长，但跌幅大，下跌期间有过1次较大幅度的反弹。

2021年2月8日股价止跌企稳后，主力机构快速推升股价，收集筹码。然后该股展开大幅震荡盘升行情，主力机构高抛低吸赚取差价与洗盘吸筹并举，其间收出过8个涨停板，多数为吸筹建仓型涨停板。

12月17日，该股跳空高开，收出一个大阳线涨停板，突破前高，成交量较前一交易日明显放大，形成大阳线涨停K线形态。涨停原因为"东数西算+数据中心+养老+智慧城市"概念炒作，尤其以"东数西算"概念广受投资者热捧。此时，该股均线呈多头排列，MACD、KDJ等技术指标走强，股价的强势特征已经非常明显，后市快速上涨的概率大。像这种情况，普通投资者可以在当日跟庄抢板或在次日跟庄进场加仓买进筹码。

12月20日截图当日，由于"东数西算+数据中心+养老+智慧城市"概念利好的助推，主力机构涨停开盘，收出一个T字涨停板，突破前高，留下向上突破缺口，成交量较前一交易日放大2倍多，形成向上突破缺口和T字涨

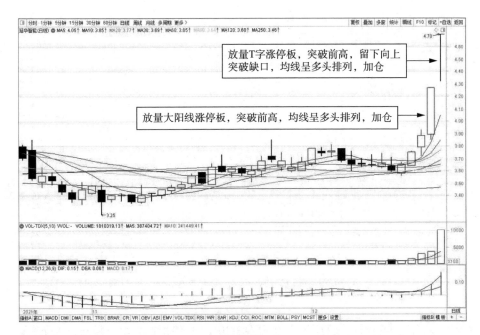

放量T字涨停板，突破前高，留下向上突破缺口，均线呈多头排列，加仓

放量大阳线涨停板，突破前高，均线呈多头排列，加仓

图 3-31

停 K 线形态。此时，均线呈多头排列，MACD、KDJ 等技术指标持续走强，股价的强势特征已经十分明显，后市持续快速上涨的概率非常大。像这种情况，普通投资者如果当日没能跟庄进场买入筹码（从当天分时走势看，当日涨停板分别在10:28、11:16 被打开，成交量急速放大，想买进的普通投资者还是有机会的），可以在次日跟庄进场加仓买进，待股价出现明显见顶信号时再撤出。

图 3-32 是 002178 延华智能 2021 年 12 月 20 日星期一上午开盘后涨停板第一次被打开、封回时的分时截图。从分时走势看，当日该股涨停开盘，从10:27 开始，千手以上大卖单开始成交，成交量逐渐放大；10:28 大量千（万）手以上大卖单开始砸板（其中最大一笔为97672 手），随着千（万）手以上大卖单成交，涨停板被砸开，成交量快速放大。从右边的分时成交明细可以看到，股价由涨停价 4.70 元跌到了 4.37 元，10:31 封回涨停板。从盘口看，涨停板被打开的时间比较短，应该是前期进场的庄家大户获利出局（其中包括主力机构打压洗盘），游资进场快速买入直线封板，短线炒作。当日在集合竞价时以涨停价挂买单排队等候买进的普通投资者，或者是在涨停板打开时马上下单跟进的普通投资者都能如愿以偿成交。

图 3-33 是 002178 延华智能 2021 年 12 月 20 日星期一下午收盘时的分时走

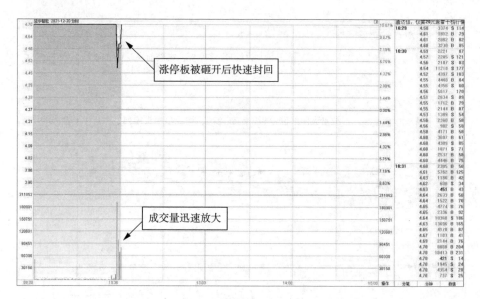

图 3-32

势图。从分时走势看，该股当天涨停开盘，10:28 涨停板被大卖单砸开，成交量瞬间放大，10:31 封回涨停板；11:16 涨停板又一次被大卖单砸开，成交量迅速放大，11:17 封回涨停板，至收盘没再打开，分时盘口留下 2 个大小不一的坑。虽然 2 次涨停板被打开的时间都比较短，但只要在早盘集合竞价时以涨停价挂买单排队等候买进，或在涨停板打开时马上下单跟进的普通投资者，都能如愿以偿成交。

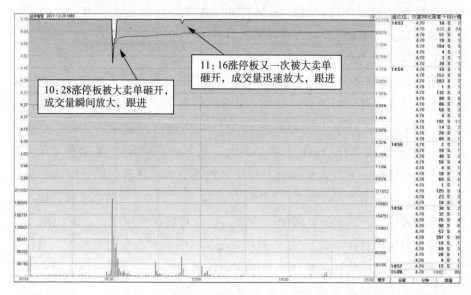

图 3-33

当日主力机构拉出一个放量长下影线 T 字涨停板（K 线显示最低价跌到了 4.32 元），像这种低位且有利好消息助推的 T 字板，普通投资者如果此前已经跟庄进场，应该持股待涨，也可以趁涨停板打开之机，再次加仓买进筹码；之前没有跟庄进场买进筹码的普通投资者，可以趁涨停板被砸开放量时，跟庄进场买入筹码，待到股价出现明显见顶信号时再卖出。

图 3-34 是 002178 延华智能 2021 年 12 月 27 日星期一下午收盘时的 K 线走势图。从该股 K 线走势可以看出，12 月 20 日，该股涨停开盘，收出一个放量 T 字涨停板，形成 T 字涨停 K 线形态，股价的强势特征已经十分明显，此后主力机构启动了快速拉升行情。

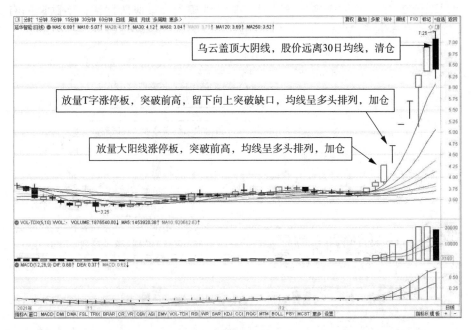

图 3-34

从拉升情况看，主力机构依托 5 日均线，采用盘中洗盘的操盘手法，几乎是直线向上快速拉升。从 12 月 20 日至 12 月 24 日共 5 个交易日，主力机构一共拉出了 5 个涨停板（其中有 1 个一字板、2 个 T 字板、2 个大阳线涨停板），涨幅还是非常大的。

12 月 27 日截图当日，该股跳空高开，收出一根乌云盖顶大阴线（乌云盖顶阴线，是常见的看跌反转信号），成交量较前一交易日大幅萎缩，收盘涨幅为-7.26%。从当日分时走势看，该股跳空高开震荡回落跌停，盘中多次拉起、冲高后再跌停，13:35 左右，主力机构快速拉高后再次震荡走低至收盘。

当日整个分时走势在前一交易日收盘价下方大幅震荡，明显是主力机构利用高开、盘中拉高等手法开始诱多出货。此时，股价远离30日均线且涨幅大，MACD、KDJ等技术指标开始走弱，盘口的弱势特征已经显现。像这种情况，普通投资者如果手中还有筹码当天没有出完，次日一定要逢高清仓，可跟踪观察。

图3-35是002689远大智能2022年8月17日星期三下午收盘时的K线走势图。在软件上将该股整个K线走势图缩小后可以看出，此时股价处于上升趋势中。股价从前期相对高位，即2020年3月11日的最高价5.80元（前期有过一波大涨，拉出了6个涨停板），一路震荡下跌，至2022年4月28日的最低价2.75元止跌企稳，下跌时间长、跌幅大。该股股性活，下跌期间有过4次较大幅度的反弹。

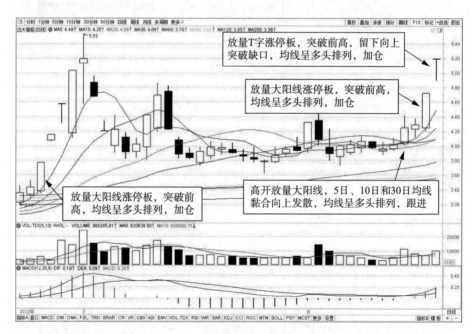

图 3-35

2022年4月28日股价止跌企稳后，主力机构快速推升股价，收集筹码，K线走势呈红多绿少、红肥绿瘦态势，底部逐渐抬高。

6月27日，该股低开，收出一个大阳线涨停板，突破前高，成交量较前一交易日明显放大，形成大阳线涨停K线形态。涨停原因为"机器人+风电+航空"概念炒作。此时，均线呈多头排列，MACD、KDJ等技术指标走强，股价的强势特征已经非常明显。像这种情况，普通投资者可以在当日跟庄抢板或在次日跟庄进场加仓买进筹码。6月28日、29日、30日，主力机构连续拉出3个涨停板。

7月1日，该股高开，股价冲高回落，收出一根长上下影线螺旋桨阳K线，展开回调洗盘行情。回调洗盘期间，K线走势仍呈红多绿少、红肥绿瘦态势，且主力机构拉出过2个大阳线涨停板，洗盘与吸筹补仓并举，可见该股股性之活。像这种情况，普通投资者也可适当逢低增补部分仓位。

8月12日，该股高开，收出一根大阳线（涨幅为5.72%），突破前高，成交量较前一交易日放大2倍多。此时，5日、10日、30日均线黏合向上发散，均线呈多头排列，MACD、KDJ等技术指标走强，股价的强势特征已经显现，后市快速上涨的概率大。像这种情况，普通投资者可以在当日或次日跟庄进场逢低加仓买进筹码。8月15日，该股低开，收出一颗阳十字星，正是普通投资者跟庄进场买入筹码的好时机。

8月16日，该股低开，收出一个大阳线涨停板，突破前高，成交量较前一交易日萎缩（涨停的原因），形成大阳线涨停K线形态。此时，均线呈多头排列，MACD、KDJ等技术指标走强，股价的强势特征已经非常明显，后市持续快速上涨的概率大。像这种情况，普通投资者可以在当日跟庄抢板或在次日跟庄进场加仓买进筹码。

8月17日截图当日，该股涨停开盘，收出一个T字涨停板，突破前高，留下向上突破缺口，成交量较前一交易日放大，形成向上突破缺口和T字涨停K线形态。此时，均线呈多头排列，MACD、KDJ等技术指标持续走强，股价的强势特征已经十分明显，后市持续快速上涨的概率非常大。像这种情况，普通投资者如果当日没能跟庄进场买入筹码（从当天分时走势看，当日涨停板被短暂打开过2次，成交量急速放大，想买进的普通投资者还是有机会的），可以在次日跟庄进场加仓买进，待股价出现明显见顶信号时再撤出。

图3-36是002689远大智能2022年8月17日星期三下午开盘后涨停板第一次被打开封回时的分时截图。从分时走势看，当日该股涨停开盘，从13:32开始，千（万）手以上大卖单开始成交，其中一笔244389手的大卖单，将涨停板砸开，将股价由涨停价5.19元砸到了5.02元，成交量快速放大。从右边的分时成交明细可以看到，随着大卖单的不断成交，股价跌到了4.94元，13:34封回涨停板。从盘口看，涨停板被打开的时间比较短，应该是前期进场的庄家大户获利出局（其中包括主力机构打压洗盘），游资进场快速买入直线封板，短线炒作。当日在集合竞价时以涨停价挂买单排队等候买进的普通投资者，或者是涨停板打开时马上下单跟进的普通投资者都能如愿以偿成交。

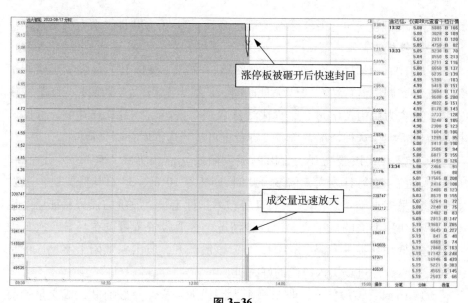

图 3-36

　　图 3-37 是 002689 远大智能 2022 年 8 月 17 日星期三下午收盘时的分时走势图。从分时走势看，该股当天涨停开盘，13:32 涨停板被大卖单砸开，成交量瞬间放大，13:34 封回涨停板；13:37 涨停板又一次被大卖单砸开，13:38 封回涨停板，至收盘没再打开，分时盘口留下 2 个大小不一的坑。虽然 2 次涨停板被打开的时间都比较短，但只要在早盘集合竞价时以涨停价挂买单排队等候买进，或在涨停板打开时马上下单跟进的普通投资者，都能如愿以偿成交。

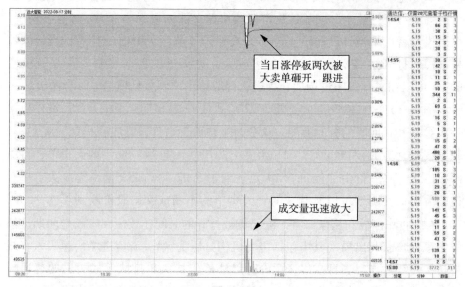

图 3-37

当日该股收出一个放量长下影线 T 字涨停板（K 线显示最低价跌到了 4.90 元），像这种相对低位且有利好消息助推的 T 字板，普通投资者如果此前已经跟庄进场，应该持股待涨，也可以趁涨停板打开之机，再次加仓买进筹码；之前没有跟庄进场买进筹码的普通投资者，可以趁涨停板被砸开放量时，跟庄进场加仓买入筹码，待到股价出现明显见顶信号时卖出。

图 3-38 是 002689 远大智能 2022 年 8 月 23 日星期二下午收盘时的 K 线走势图。从该股 K 线走势可以看出，8 月 17 日涨停开盘，收出一个放量 T 字涨停板，形成 T 字涨停 K 线形态，股价的强势特征十分明显，此后主力机构启动了快速拉升行情。

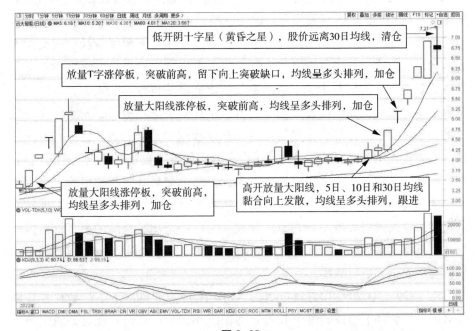

图 3-38

从拉升情况看，主力机构依托 5 日均线，采用盘中洗盘的操盘手法，几乎是直线向上快速拉升。从 8 月 17 日至 8 月 22 日共 4 个交易日，拉出了 4 个涨停板（其中有 1 个 T 字板、2 个小阳线涨停板、1 个大阳线涨停板），涨幅还是挺大的。

8 月 23 日截图当日，该股低开，收出一颗阴十字星（高位或相对高位十字星又称为黄昏之星），成交量较前一交易日萎缩，收盘涨幅为-3.04%。从当日分时走势看，该股低开快速回落，然后展开大幅震荡行情，显露出主力机构采用低开拉高、盘中大幅震荡的操盘手法，引诱跟风盘进场而大量派发出货的迹象。此时，股价远离 30 日均线且涨幅大，KDJ 等部分技术指标开始走弱，盘口的弱势特征已经显现。像这种情况，普通投资者如果手中还有筹码当天没有出完，次日一定要逢高清仓。

三、选择主力机构诱多出货的 T 字涨停板要谨慎

一般情况下，高位 T 字涨停板被认定为主力机构诱多出货型涨停板。在这种 T 字涨停板之前，主力机构已经拉出了多个阳线涨停板或一字涨停板，获利丰厚，此时拉出 T 字涨停板是主力机构拉升结束的表现，也是股价即将见顶或已经见顶的象征。这种 T 字涨停板不是普通投资者的目标选择。当然，股市高手或胆子大的普通投资者，跟庄进场买入，也一定要慎之又慎。

高位 T 字涨停板，如果当日盘中打开的次数多、下影线较长、成交量大幅放大，可以确认是主力机构在高位大量派发出货。如果当日收出的 T 字涨停板，盘中打开的次数少、下影线不长、成交量放得也不是太大，也应该认定为是主力机构在高位派发出货，主力机构在封上涨停板后，先撤换买一位置的买单派发了部分筹码，然后再打开涨停板派发部分筹码，这是一种涨停诱多的表现。不管是哪一种情况，手中有筹码的普通投资者都应该逢高出局，见好就收。当然，由于主力机构筹码多，一两个交易日时间是很难出完手中筹码的，后市应该还有涨停或者震荡走高或者盘整或者调整后继续向上拉升的可能，普通投资者就不要在意或计较，这已经是比较危险的事了，可以另选主力机构准备启动拉升行情的其他强势个股，分析研判后，择机逢低跟进，应该会更安全、更可靠些。

图 3-39 是 002093 国脉科技 2022 年 10 月 19 日星期三下午收盘时的 K 线走势图。在软件上将该股整个 K 线走势图缩小后可以看出，此时该股走势处于高位大幅下跌之后的反弹趋势中。股价从前期相对高位，即 2020 年 3 月 13 日的最高价 12.55 元，一路震荡下跌，至 2022 年 4 月 27 日的最低价 4.71 元止跌企稳，下跌时间长、跌幅大，其间有过多次较大幅度的反弹。

2022 年 4 月 27 日股价止跌企稳后，主力机构快速推升股价，收集筹码，然后开始横盘震荡洗盘，其间拉出过一个涨停板，为吸筹建仓型涨停板。

10 月 10 日，该股高开，收出一个大阳线涨停板，突破前高，成交量较前一交易日放大 3 倍多，形成大阳线涨停 K 线形态。涨停原因为"数字经济+职业教育+5G"概念炒作。一是公司主营业务为物联网技术服务、物联网咨询与设计服务、物联网科学园运营与开发服务、教育服务。二是公司独资全资

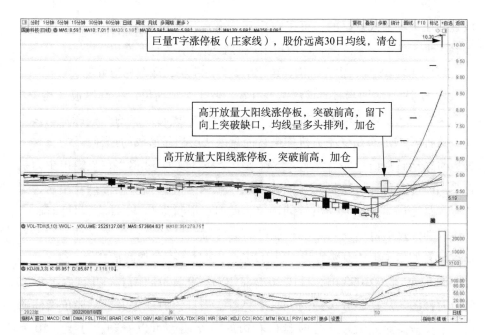

图 3-39

子公司福州海峡职业技术学院是中国通信企业协会授予的中国通信网络运维
南方培训基地。三是公司始终聚焦 5G、物联网发展战略，运用 20 余年的技术
积累为政府、电信、交通、医疗、教育、金融等不同行业客户提供技术服务，
参与数字福建、数字中国项目建设，主动服务国家战略、积极融入数字经济
建设。四是公司为专业第三方电信服务提供商，主要为电信运营商提供电信
网络技术服务（包括电信设备系统维护、电信咨询服务和软件业务）及系统
集成业务，其中电信网络技术服务为核心业务，位列全国纳税排行榜计算机
服务业第十一位（电信技术服务领域企业第一位）。此时，该股均线系统表现
较弱，但 MACD、KDJ 等技术指标开始走强，股价的强势特征开始显现，加
上利好消息的刺激，后市持续快速上涨的概率大。像这种情况，普通投资者
可以在当日跟庄抢板或在次日集合竞价时以涨停价挂买单排队等候加仓买进。

　　10 月 11 日，由于"数字经济+职业教育+5G"概念利好的助推，主力机
构大幅跳空高开（向上跳空 3.59% 开盘），拉出一个大阳线涨停板，突破前高
（坑口），留下向上跳空突破缺口，成交量较前一交易日略有放大，形成向上
突破缺口和大阳线涨停 K 线形态（从当日分时走势看，该股大幅跳空高开后
瞬间涨停，成交量急速放大，在早盘集合竞价时以涨停价挂买单排队等候买
进的普通投资者，应该都能如愿以偿成交）。此时，股价的强势特征已经相当
明显，后市持续快速上涨的概率非常大。像这种情况，普通投资者如果当日

没能跟庄进场买入筹码的，可以在次日集合竞价时以涨停价挂买单排队等候加仓买进，然后持股待涨，待股价出现明显见顶信号时再撤出。

10月12—18日，主力机构连续拉出5个一字板，涨幅相当可观。

10月19日截图当日，该股涨停开盘，收出一个高位T字涨停板（高位T字线又称为庄家线，是主力机构为了掩护高位出货而拉出的一种涨停诱多K线，这种K线形态是受主力机构操盘控盘手法影响而形成的一种骗线），是一种股价见顶转势信号。当日成交量较前一交易日放大39倍多，显露出主力机构采用涨停开盘、反复打开封回涨停板、撤换买一位置买单等操盘手法，引诱跟风盘进场而大量派发出货的迹象。此时，股价远离30日均线且涨幅大，KDJ等部分技术指标开始走弱，盘口的弱势特征已经显现。像这种情况，普通投资者如果手中还有筹码当天没有出完，次日一定要逢高清仓。

图3-40是002093国脉科技2022年10月19日星期三上午开盘后至9∶32的分时截图。从这2分多钟的分时走势看，当日该股涨停开盘，股价瞬间回落，成交量急速放大。从分时盘口右边的成交明细可以看到，万手（10万手）以上大卖单密集成交（开盘后最大的2笔卖单分别为145453手、145123手），随着大卖单的不断成交，股价从涨停价10.30元瞬间跌到了10.11元。从开盘后瞬间砸出的万手（10万手）以上的大卖单数量看，一定是主力机构（应该也包括一些庄家大户的获利盘）趁开盘涨停急速出了一大部分货，因为普通投资者手中是不可能有这么大数量筹码的。

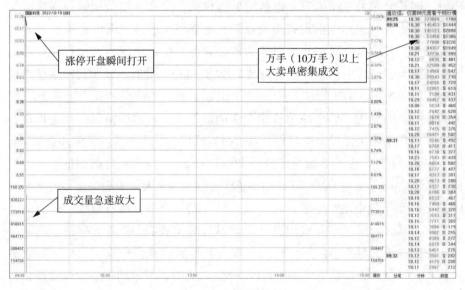

图 3-40

图 3-41 是 002093 国脉科技 2022 年 10 月 19 日星期三下午收盘时的分时走势图。从当天的分时走势看，该股早盘涨停开盘，股价瞬间急速回落，成交量迅速放大，股价回落至 10.01 元左右（涨幅为 7% 左右）展开震荡整理走势，成交量仍持续大幅放大，9:54 封回涨停板；9:58 涨停板再次被大卖单砸开，10:03 封回涨停板，至收盘没再打开，分时盘口留下 2 个大小不一的坑。涨停板被打开的时间较长，成交量巨大，明显是主力机构采用涨停开盘、打开涨停板以及高位震荡的操盘手法，引诱跟风盘进场而大量派发出货。从当天巨大的成交量以及分时盘口右边的成交明细来看，第二次封回涨停板至收盘，主力机构仍一直在利用撤换买一位置买单的手法，开始逐步出货。

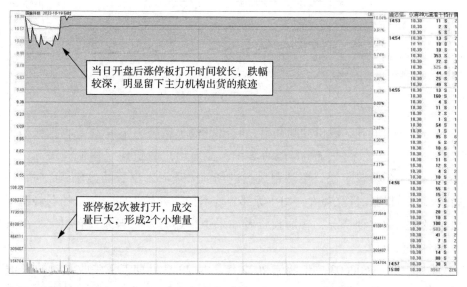

图 3-41

当日主力机构拉出一个巨量 T 字涨停板（K 线显示最低价跌到了 9.93 元），这个巨量 T 字板明显是主力机构高位诱多出货型 T 字涨停板。像这种情况，普通投资者如果当天手中还有筹码没有出完，次日一定要逢高清仓。

图 3-42 是 002093 国脉科技 2022 年 10 月 20 日星期四下午收盘时的 K 线走势图。从 K 线走势可以看出，该股从 10 月 10 日收出一个大阳线涨停板之后，主力机构连续拉出了 7 个涨停板（其中 1 个大阳线涨停板、5 个一字涨停板和 1 个 T 字涨停板），涨幅巨大。前一交易日（10 月 19 日）收出的巨量 T 字涨停板，明显是高位诱多出货型 T 字涨停板。

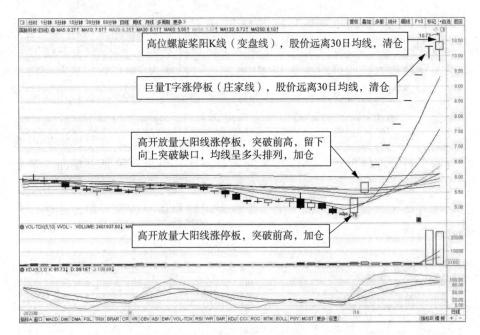

图 3-42

当日该股低开，股价冲高回落，收出一根小螺旋桨阳K线，收盘涨幅为1.46%，成交量较前一交易日略有萎缩，显露出主力机构采用低开拉高、盘中大幅震荡的操盘手法，引诱跟风盘进场而大量派发出货的迹象。此时，股价远离30日均线且涨幅大，KDJ等部分技术指标开始走弱，盘口的弱势特征已经显现。像这种情况，普通投资者如果手中还有筹码当天没有出完，次日一定要清仓出局。

图 3-43 是 600603 广汇物流 2022 年 7 月 29 日星期五下午收盘时的 K 线走势图。在软件上将该股整个 K 线走势图缩小后可以看出，此时该股处于上升趋势中。股价从前期相对低位，即 2022 年 3 月 16 日的最低价 3.27 元，一路震荡盘升，至 2022 年 7 月 27 日收出一个小 T 字涨停板（涨停收盘价为8.86 元），股价从低位上涨以来，已经有了较大幅度的涨幅。从分时走势看，7 月 27 日该股涨停开盘，股价瞬间回落，成交量急速放大，9:34 封回涨停板，至收盘涨停板没再打开。当日成交量较前一交易日略有放大，应该是主力机构（包括部分前期获利的庄家大户和其他投资者）趁涨停开盘逢高出了一部分货。

7 月 28 日，该股涨停开盘（涨停价为 9.75 元），再次收出一个小 T 字涨停板，成交量较前一交易日萎缩，K 线显示当日最低价跌到了 9.55 元。从当

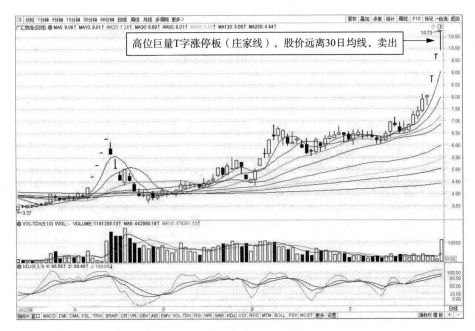

高位巨量T字涨停板（庄家线），股价远离30日均线，卖出

图 3-43

日分时走势看，由于大卖单砸板时间短，且买一位置买盘单量大，所以我们看不到分时价格线上砸出的小坑，但从当日的成交明细可以看出，主力机构通过撤换买一位置的买单，当日以涨停价又派发了不少筹码。

7月29日截图当日，该股集合竞价涨停开盘，收出一个高位T字涨停板，是一种股价见顶转势信号。当日成交量较前一交易日放大8倍多，显露出主力机构采用涨停开盘、长时间开板、高位震荡等操盘手法，引诱跟风盘进场而大量派发出货的迹象。此时，股价远离30日均线且涨幅大，KDJ等部分技术指标开始走弱，盘口的弱势特征已经显现。像这种情况，普通投资者如果手中还有筹码当天没有出完，次日应该逢高卖出。

图3-44是600603广汇物流2022年7月29日星期五下午收盘时的分时走势图。从分时走势可以看出，当日该股集合竞价涨停开盘，股价瞬间回落，成交量迅速放大，之后股价震荡回落至前一交易日收盘价上方，展开震荡盘整行情，成交量呈萎缩状态。下午开盘后股价开始震荡走高，成交量逐渐放大，14:40封回涨停板至收盘，当日成交量较前一交易日放大8倍多。

从分时盘口可以看出，当日涨停板开板时间长，尾盘才封回涨停板，涨停板封板结构脆弱，完全是个烂板，显露出主力机构利用涨停开盘、高位震荡、尾盘封板的操盘手法，引诱跟风盘进场而开始大量派发出货的痕迹。

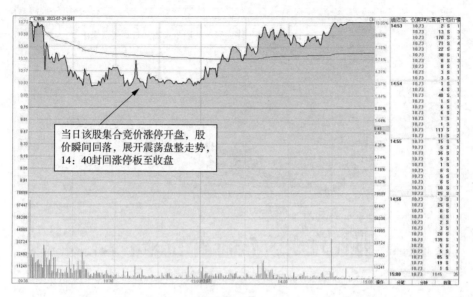

当日该股集合竞价涨停开盘，股价瞬间回落，展开震荡盘整走势，14：40封回涨停板至收盘

图 3-44

当日该股收出一个巨量长下影线 T 字涨停板，加上此前已经收出 2 个小 T 字涨停板，且股价的整体涨幅偏大，像这种情况，已经获利的普通投资者最好在次日逢高卖出手中筹码。

图 3-45 是 600603 广汇物流 2022 年 8 月 1 日星期一下午收盘时的 K 线走势图。从 K 线走势可以看出，该股上一个交易日收出了一个高位 T 字涨停板，成交量较前一交易日巨额放大，明显是主力机构在高位诱多出货，是一种股价见顶或即将见顶的转势信号。

8 月 1 日截图当日，该股低开，股价冲高回落，收出一根螺旋桨阳 K 线，收盘涨幅为 5.13%，成交量较前一交易日萎缩，显露出主力机构采用低开拉高、盘中震荡回落的操盘手法，引诱跟风盘进场而派发出货的迹象。此时，股价远离 30 日均线且涨幅大，KDJ 等部分技术指标开始走弱，盘口的弱势特征已经显现。像这种情况，已经获利的普通投资者如果手中还有筹码当天没有出完，次日应该逢高卖出手中筹码。

由于该股流通盘大，主力机构筹码多，出货困难，短时间是很难将筹码出完的，后市应该还有涨停或者震荡走高或者盘整或者调整后继续上涨的可能，已经获利的普通投资者应该逢高卖出筹码，见好就收，另选其他强势股票操作。当然，股市高手或胆子大的普通投资者，可以继续持股，但也要注意安全，盯紧盘口，谨慎操作。

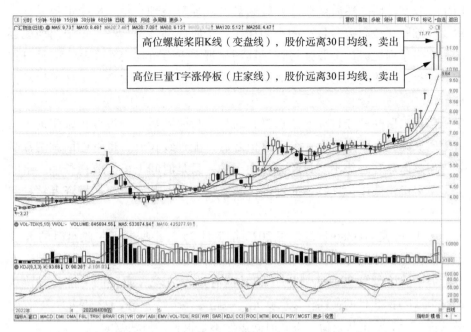

图 3-45

第三节　其他涨停板个股的选择

除一字涨停板、T字涨停板之外的其他涨停个股，是指主力机构在对目标股票控盘（或基本控盘）的情况下，对政策面、消息面、大盘、量价时空及其他技术指标等因素，进行综合分析研判后，不以涨停开盘的方式拉出涨停板的个股。

主力机构操作股票的目的只有一个，那就是盈利，但其运作股票时却是诡计多端、心狠手辣。有的建仓完成后直接拉升甚至拉出涨停板，到一定高度后或横盘震仓或打压洗盘，然后继续拉升；有的建仓完成后不急不缓，小阴小阳慢慢抬高底部，什么时候拉出涨停板，只有主力机构自己心里清楚。普通投资者如果想在操盘过程中实现盈利的可能性大一些、速度快一些，在选择目标股票时，最好选择个股股价已经处于上升趋势中，且前期已经拉出过涨停板的个股（有利好或利好预期的个股更好）。这里分拆研究两种情况。

一、选择股价处于低位或相对低位的第一（或第二）个涨停板

个股经过较长时间、较大幅度的下跌，止跌企稳后，主力机构快速推升

股价，收集筹码。然后该股展开震荡盘升或强势整理行情，K 线走势呈红多绿少、红肥绿瘦态势，且小阴小阳居多，个股底部逐渐抬高，短中期均线逐步呈多头排列之势，个股强势特征逐渐显现。主力机构突然在某个交易日拉出涨停板，目的应该是拉高其他投资者进场成本或尽快脱离成本区或启动上涨行情。普通投资者在操盘过程中发现此类个股，可以作为除一字涨停板和 T 字涨停板之后的最佳目标股票选择，通过分析研判后，积极寻机跟庄进场买进筹码。此类个股拉出第一个涨停板之后可能连续拉升，也可能回调洗盘吸筹，但整体盘升态势不变，趋势是向上的，只是时间上可能要稍长些。事实上，主力机构操作一只股票的过程，其实也是折磨和考验普通投资者精神和意志的过程。

图 3-46 是 603286 日盈电子 2022 年 7 月 25 日星期一下午收盘时的 K 线走势图。在软件上将该股整个 K 线走势图缩小后可以看出，此时该股处于上升趋势中。该股在 2021 年 11 月 24 日前有过一波较大幅度的上涨，股价从 2021 年 11 月 25 日的最高价 26.30 元，一路震荡下跌，至 2022 年 4 月 28 日的最低价 12.51 元止跌企稳，下跌时间虽然不是很长，但跌幅大。

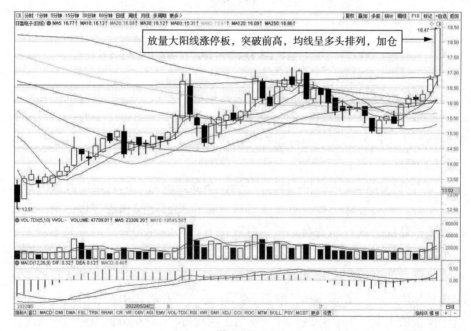

图 3-46

2022 年 4 月 28 日股价止跌企稳后，该股快速展开震荡盘升（挖坑）洗盘吸筹行情，K 线走势呈红多绿少、红肥绿瘦的上升趋势。

7月25日截图当日，该股高开，收出一个大阳线涨停板，突破前高，成交量较前一交易日明显放大，形成大阳线涨停K线形态。涨停原因为"汽车零部件+汽车电子+芯片"概念炒作。一是公司主要从事汽车洗涤系统、汽车精密注塑件及小线束、汽车电子及摩托车线束等零部件的研发、生产和销售。二是公司为国内少数几家具备高端汽车电子产品开发能力的企业。此时，该股均线呈多头排列，MACD、KDJ等技术指标开始走强，股价的强势特征开始显现，后市快速上涨的概率大。像这种情况，普通投资者可以在当日跟庄抢板或在次日跟庄进场逢低加仓买进筹码。

图3-47是603286日盈电子2022年7月25日星期一下午收盘时的分时走势图。从分时走势可以看出，当日该股高开，股价略回调后展开震荡盘升行情，成交量持续稳步放大，10:48封上涨停板至收盘。从分时盘口右边的成交明细可以看到，10:48最后一笔3971手的大买单将股价封死在涨停板上，普通投资者可以在最后一笔3971手大买单将股价封死在涨停板前，迅速挂买单跟进，当然也可以在股价放量上涨的过程中，逢低跟庄进场买入筹码。

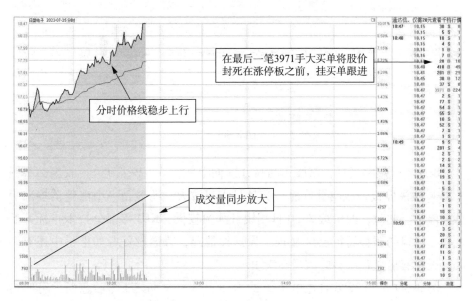

图 3-47

从盘口看，早盘高开后，分时价格线稳步上行，成交量同步放大，10:48封上涨停板后至收盘都没开板，分时盘口强势特征十分明显，做多氛围浓厚，短期续涨概率大，后市可看多做多。这里就不再列示该股当日全天的分时走势图了。

图 3-48 是 603286 日盈电子 2022 年 8 月 3 日星期三下午收盘时的 K 线走势图。从 K 线走势可以看出，7 月 25 日，该股收出一个大阳线涨停板，突破前高，形成大阳线涨停 K 线形态。7 月 26 日、27 日，股价连续调整了 2 个交易日，正是普通投资者跟庄进场买入筹码的好时机。从 7 月 28 日起，由于利好助推，主力机构连续拉出 5 根阳线，其中有 4 个涨停板。

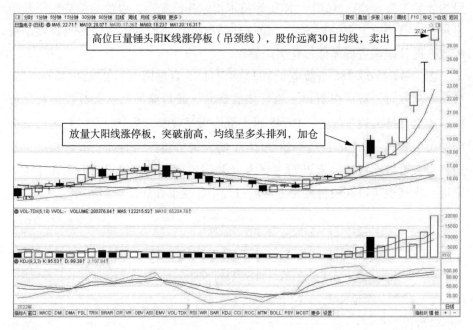

图 3-48

8 月 3 日截图当日，该股大幅高开（向上跳空 6.62% 开盘），收出一个锤头阳 K 线涨停板，成交量较前一交易日大幅放大，明显是一个涨停诱多出货型涨停板。此时，股价远离 30 日均线且涨幅较大，KDJ 等部分技术指标开始走弱，盘口的弱势特征已经显现。像这种情况，普通投资者如果手中还有筹码当天没有出完，次日应该逢高卖出。

图 3-49 是 603286 日盈电子 2022 年 8 月 3 日星期三下午收盘时的分时走势图。从分时走势看，该股当日大幅跳空高开（向上跳空 6.62% 开盘），股价急速回落，然后拐头上行，成交量快速放大，分 2 个波次于 9:35 封上涨停板。13:30 涨停板被大卖单砸开，13:31 封回涨停板瞬间又被大卖单砸开，股价急速回落，成交量大幅放大，13:44 封回涨停板；14:42 涨停板第三次被大卖单砸开，股价急速回落，成交量迅速放大，14:50 封回涨停板至收盘。当日

分时盘口留下 2 个大坑，且涨停板打开的时间较长，跌幅较深，成交量较前一交易日大幅放大，明显是主力机构利用大幅跳空高开、涨停板反复打开封回等操盘手法而开始诱多出货。像这种情况，普通投资者如果手中还有筹码当天没有出完，次日应该逢高卖出。

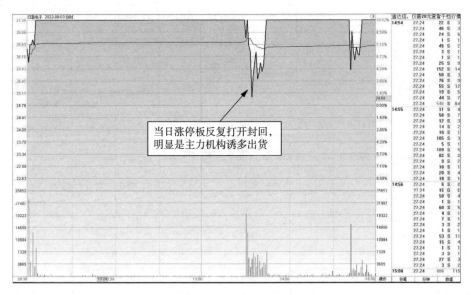

图 3-49

图 3-50 是 003005 竞业达 2022 年 9 月 28 日星期三下午收盘时的 K 线走势图。在软件上将该股整个 K 线走势图缩小后可以看出，此时股价处于高位大幅下跌之后的反弹走势中。股价从上市后的最高价，即 2020 年 9 月 28 日的最高价 64.50 元，一路震荡下跌，至 2022 年 9 月 21 日的最低价 15.62 元止跌企稳，下跌时间长、跌幅大，其间有过多次较大幅度的反弹。下跌后期，主力机构通过反弹、打压股价等手法收集了大量筹码。

2022 年 9 月 21 日该股止跌企稳后，展开强势整理行情，主力机构继续收集筹码。

9 月 28 日，该股低开，收出一个大阳线涨停板，突破前高，成交量较前一交易日放大 9 倍多，形成大阳线涨停 K 线形态。涨停原因为"信创+国产软件+职业教育+虚拟现实"概念炒作。一是公司主营业务为面向教育信息化、城市轨道交通安防和智慧城市领域提供行业信息化产品和解决方案。二是公司子公司北京竞业达工程技术研究院有限公司，主营工程和技术研究与试验发展，应用软件服务、基础软件服务。三是公司已布局职业实训业务，围绕

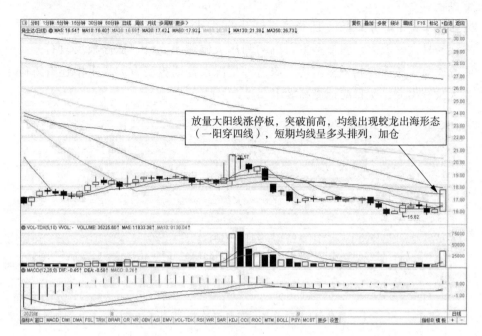

放量大阳线涨停板，突破前高，均线出现蛟龙出海形态（一阳穿四线），短期均线呈多头排列，加仓

图 3-50

汽车装配制造、城市轨道交通、智能制造等职业教育专业实训教学，为高职高专院校和行业企业提供实训装备、资源、实训室、实训基地建设等产品和服务。四是公司已在进行部分系统应用软件（信创版）开发工作，目前智慧招考业务已研发了"网上巡查产品——信创系列"。当日股价向上突破 5 日、10 日、20 日和 30 日均线（一阳穿四线），60 日、90 日、120 日和 250 日均线在股价上方下行，均线呈蛟龙出海形态。此时，短期均线呈多头排列，MACD、KDJ 等技术指标开始走强，股价的强势特征开始显现，加上利好消息的刺激，后市持续快速上涨的概率大。像这种情况，普通投资者可以在当日跟庄抢板或在次日集合竞价时以涨停价挂买单排队等候加仓买进。

图 3-51 是 003005 竞业达 2022 年 9 月 29 日星期四上午开盘后至 9:32 的分时截图。这是该股在 9 月 28 日主力机构拉出一个大阳线涨停板之次日的分时截图。从分时走势可以看出，当日该股高开（向上跳空 2.59% 开盘），股价急速上冲，成交量迅速放大，于 9:31 封上涨停板，至收盘涨停板没打开。前一交易日没能跟庄进场买入筹码的普通投资者，只要是在当日集合竞价时，以涨停价挂买单排队等候的，都能如愿以偿成交。当然，普通投资者也可以在 9:31 第一笔 4762 手大买单将股价封死在涨停板之前，快速下单跟进，买入的可能性应该还是有的。

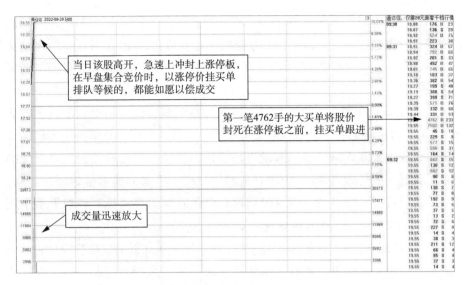

当日该股高开，急速上冲封上涨停板，在早盘集合竞价时，以涨停价挂买单排队等候的，都能如愿以偿成交

第一笔4762手的大买单将股价封死在涨停板之前，挂买单跟进

成交量迅速放大

图 3-51

图 3-52 是 003005 竞业达 2022 年 11 月 4 日星期五下午收盘时的 K 线走势图。从该股的 K 线走势可以看出，9 月 28 日，主力机构拉出一个放量大阳线涨停板，突破前高，形成大阳线涨停 K 线形态，均线出现蛟龙出海形态，短期均线呈多头排列，股价的强势特征相当明显。此后，该股展开向上快速拉升行情。

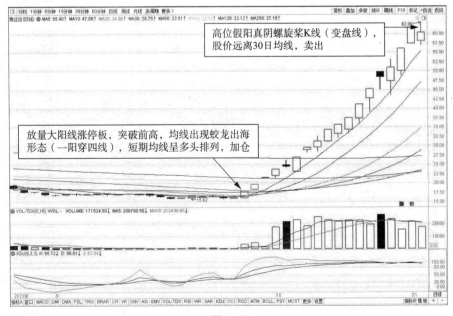

高位假阳真阴螺旋桨K线（变盘线），股价远离30日均线，卖出

放量大阳线涨停板，突破前高，均线出现蛟龙出海形态（一阳穿四线），短期均线呈多头排列，加仓

图 3-52

从拉升情况看，从9月29日起，主力机构依托5日均线，采用直线拉升、盘中洗盘、迅速拔高的操盘手法，急速向上拉升股价，至11月3日，连续拉出16根阳线（其中有2根为假阴真阳K线），其中有10个涨停板，涨幅巨大。

11月4日截图当日，该股低开，股价冲高回落，收出一根假阳真阴螺旋桨K线，收盘涨幅为-2.11%，成交量较前一交易日萎缩，显露出主力机构采用低开、盘中震荡走高然后回落的操盘手法，引诱跟风盘进场而派发出货的迹象。此时，股价远离30日均线且涨幅大，KDJ等部分技术指标开始走弱，盘口的弱势特征已经显现。像这种情况，已经获利的普通投资者如果手中还有筹码当天没有出完，次日应该逢高卖出。

图3-53是003005竞业达2022年11月4日星期五下午收盘时的分时走势图。从分时走势看，当日该股大幅低开（向下跳空5.83%开盘）后，股价基本在前一交易日收盘价下方缓慢震荡盘升，14:04股价快速上行突破前一交易日收盘价，随后急速拐头震荡走低至收盘，明显是主力机构利用先大幅低开，然后盘中震荡走高等手法，吸引跟风盘进场而派发出货，尾盘先拉高股价然后再打压出货，整个分时盘口弱势特征比较明显。像这种情况，普通投资者如果手中还有筹码当天没有出完，次日应该逢高卖出。

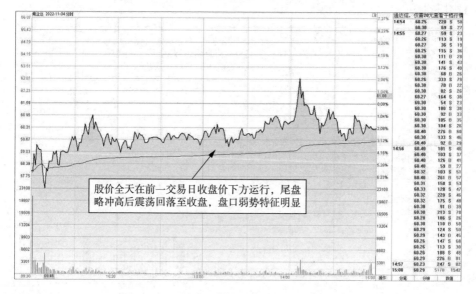

图3-53

二、选择中期洗盘调整之后的第一个涨停板

个股经过初期上涨之后，有了一定幅度的涨幅，积累了不少获利盘，主力机构利用大盘调整等时机，通过强势横盘震荡整理洗盘或回调洗盘等手法，来消化获利盘（包括前期套牢盘），拉高新进场普通投资者的入场成本，减轻后市拉升压力。

洗盘调整结束后，随着成交量的放大和 K 线、均线形态以及其他各项技术指标的走强，主力机构拉出洗盘调整之后的第一个涨停板。

此类目标股票在此次涨停之前，已经拉出过涨停板，甚至拉出过多个涨停板，股价已处于相对高位。普通投资者在浏览和跟踪过程中发现类似个股，可以作为目标股票选择，经过分析研判后，积极寻机跟庄进场逢低买入筹码。

一般情况下，中期调整洗盘之后，个股走势已步入快速拉升环节，主力机构后期的拉升目标应该是比较明确的。普通投资者跟庄进场后就要盯紧盘口，注意跟踪观察盘口主力机构操盘动向、量能变化、均线排列及大盘走势等情况，做好随时出局的准备。

图 3-54 是 002719 麦趣尔 2022 年 12 月 21 日星期三下午收盘时的 K 线走势图。在软件上将该股整个 K 线走势图缩小后可以看出，此时该股处于上升趋势中。股价从前期相对高位，即 2021 年 12 月 15 日的最高价 12.55 元，一路震荡下跌，至 2022 年 7 月 15 日的最低价 6.47 元止跌企稳，下跌时间较长、跌幅大，其间有过 1 次较大幅度的反弹。下跌后期，主力机构通过反弹、打压股价等手法收集了大量筹码。

2022 年 7 月 15 日该股止跌企稳后，展开初期上涨行情，主力机构拉升股价，继续收集筹码，K 线走势呈红多绿少、红肥绿瘦态势。8 月 10 日、11 日、12 日，主力机构连续拉出 3 个大阳线涨停板，股价整体涨幅已经较大，累积了不少获利盘。8 月 15 日，该股大幅高开（向上跳空 4.78% 开盘），股价冲高至 11.24 元回落跌停，收出一根看跌吞没跌停大阴线，成交量较前一交易日放大，展开中期回调洗盘行情。像这种情况，普通投资者可以在当日或次日逢高先卖出手中筹码，待回调洗盘到位后再将筹码接回来。

10 月 11 日，该股低开，收出一颗十字星，股价探至当日最低价 6.77 元止跌企稳，成交量较前一交易日略有萎缩，此时普通投资者可以开始逢低分批买进筹码。此后，主力机构快速推升股价，收集筹码，K 线走势呈红多绿少、红肥绿瘦态势，成交量逐步放大。

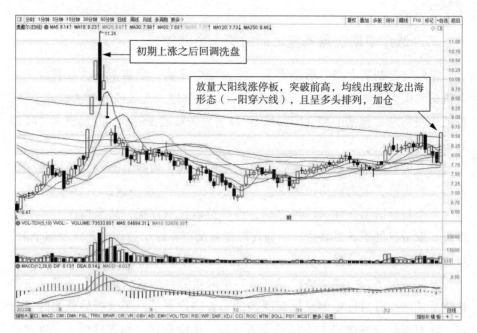

初期上涨之后回调洗盘

放量大阳线涨停板，突破前高，均线出现蛟龙出海形态（一阳穿六线），且呈多头排列，加仓

图 3-54

12 月 21 日截图当日，该股低开，收出一个大阳线涨停板，突破前高，成交量较前一交易日放大 2 倍多，形成大阳线涨停 K 线形态。涨停原因为"乳业+食品饮料+新疆振兴"概念炒作。当日股价向上突破 10 日、20 日、30 日、60 日、90 日和 250 日均线（一阳穿六线），5 日、120 日均线在股价下方上行，均线呈蛟龙出海形态。此时，均线（除 250 日均线外）呈多头排列，MACD、KDJ 等技术指标开始走强，股价的强势特征已经显现，加上利好消息的刺激，后市持续快速上涨的概率大。像这种情况，普通投资者可以在当日跟庄抢板或在次日集合竞价时以涨停价挂买单排队等候加仓买进。

图 3-55 是 002719 麦趣尔 2022 年 12 月 22 日星期四上午开盘后至 9:34 的分时截图。这是该股在 12 月 21 日主力机构收出一个大阳线涨停板之次日的分时截图。从这 4 分多钟的分时走势可以看出，当日该股高开（向上跳空2.80%开盘），股价分 2 个波次急速上冲，成交量迅速放大，于 9:33 封上涨停板，至收盘涨停板没打开。前一交易日没能跟庄进场买入筹码的普通投资者，只要是在当日集合竞价时，以涨停价挂买单排队等候买进的，都能如愿以偿成交。当然，普通投资者也可以在 9:33 最后一笔 2435 手大买单将股价封死在涨停板之前，快速下单跟进，买入的可能性应该还是有的。

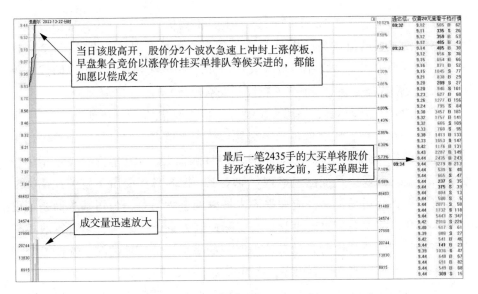

图 3-55

图 3-56 是 002719 麦趣尔 2022 年 12 月 29 日星期四下午收盘时的 K 线走势图。从该股的 K 线走势可以看出，12 月 21 日，主力机构收出一个放量大阳线涨停板，突破前高，形成大阳线涨停 K 线形态，均线呈多头排列，股价的强势特征相当明显。此后，该股展开向上快速拉升行情。

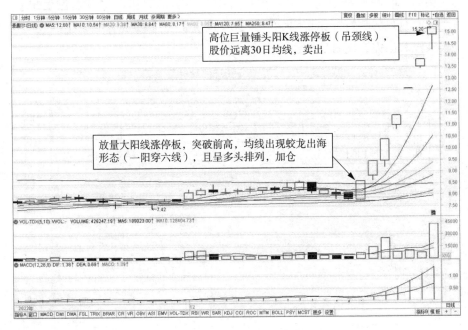

图 3-56

从拉升情况看，从 12 月 22 日起，主力机构依托 5 日均线，采用直线拉升、盘中洗盘、迅速拔高的操盘手法，急速向上拉升股价，至 12 月 29 日，连续拉出 6 根阳线，均为涨停板（其中有 1 个一字涨停板、2 个小阳线涨停板、2 个大阳线涨停板、1 个长下影线阳线涨停板），涨幅非常大。

12 月 29 日截图当日，该股大幅高开（向上跳空 7.74% 开盘），收出一个锤头阳 K 线涨停板，成交量较前一交易日放大 5 倍多，明显是一个涨停诱多出货型涨停板。此时，股价远离 30 日均线且涨幅大，KDJ 等部分技术指标开始走弱，盘口的弱势特征已经显现。加上 12 月 28 日深交所下发关注函，要求麦趣尔确认公司是否存在应披露而未披露的重大信息，公司基本面是否发生重大变化，并说明公司控股股东及实际控制人是否计划对公司进行股权转让、资产重组以及其他对公司有重大影响的事项。像这种情况，普通投资者如果手中还有筹码当天没有出完，次日应该逢高卖出。

图 3-57 是 002719 麦趣尔 2022 年 12 月 29 日星期四下午收盘时的分时走势图。从分时走势看，当日该股大幅高开（向上跳空 7.74% 开盘）后，股价快速冲高回落，随后急速拐头上冲，分 2 个波次于 9:36 封上涨停板后瞬间打开，股价快速回落至当日开盘价附近，展开震荡整理走势，9:47 封回涨停板。下午涨停板打开封回反复多次，成交量放大。从盘口看，明显是主力机构利用大幅高开，涨停板反复打开、封回等手法，引诱跟风盘进场而派发出货，整个分时盘口弱势特征比较明显。像这种情况，普通投资者如果手中还有筹码当天没有出完，次日应该逢高卖出。

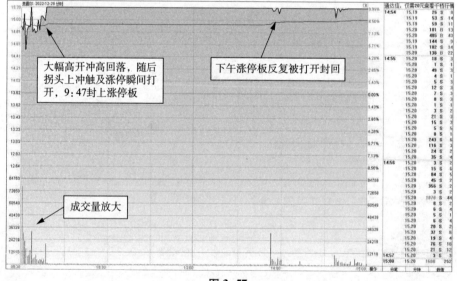

图 3-57

图 3-58 是 002181 粤传媒 2022 年 11 月 16 日星期三下午收盘时的 K 线走势图。在软件上将该股整个 K 线走势图缩小后可以看出，此时该股处于上升趋势中。股价从前期相对高位，即 2020 年 1 月 3 日的最高价 6.75 元，一路震荡下跌，至 2022 年 4 月 27 日的最低价 3.27 元止跌企稳，下跌时间较长、跌幅大，其间有过多次较大幅度的反弹。

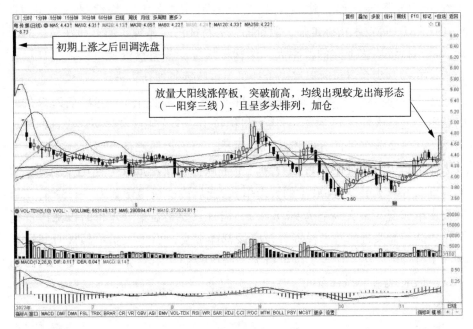

图 3-58

2022 年 4 月 27 日该股止跌企稳后，展开初期上涨行情，主力机构拉升股价，继续收集筹码，K 线走势呈红多绿少、红肥绿瘦态势。5 月 26 日、27 日、30 日、31 日和 6 月 1 日，主力机构连续拉出 5 个涨停板，股价整体涨幅已经较大，累积了不少获利盘。

6 月 2 日，该股大幅高开（向上跳空 9.48% 开盘），股价冲高至 6.73 元（触及涨停）回落（触及跌停），收出一根假阴真阳长下影线锤头 K 线（收盘涨幅 2.12%），成交量较前一交易日放大 5 倍多，展开中期回调洗盘行情。像这种情况，普通投资者可以在当日或次日逢高先卖出手中筹码，待回调洗盘到位后再将筹码接回来。

10 月 11 日，该股高开，收出一根中阳线，成交量较前一交易日放大，股价回调探至当日最低价 3.60 元止跌企稳，此时普通投资者可以开始逢低分批买进筹码。此后，主力机构快速推升股价，收集筹码，K 线走势呈红多绿少、

123

红肥绿瘦态势，成交量逐步放大。

11月16日截图当日，该股低开，收出一个大阳线涨停板，突破前高，成交量较前一交易日放大3倍多，形成大阳线涨停K线形态。涨停原因为"视觉技术+互联网彩票+文化传媒+网络游戏"概念炒作。当日股价向上突破5日、10日和120日均线（一阳穿三线），20日、30日、60日、90日和250日均线在股价下方上行，均线呈蛟龙出海形态。此时，均线呈多头排列，MACD、KDJ等技术指标走强，股价的强势特征已经显现，加上利好消息的刺激，后市持续快速上涨的概率大。像这种情况，普通投资者可以在当日跟庄抢板或在次日集合竞价时以涨停价挂买单排队等候加仓买进。

图3-59是002181粤传媒2022年11月17日星期四上午开盘后至9:32的分时截图。这是该股在11月16日主力机构拉出一个大阳线涨停板之次日的分时截图。从这2分多钟的分时走势可以看出，当天该股涨停开盘，成交量迅速放大。从右边的成交明细可以看到，千手以上大卖单成交有4笔（其中有2笔分别为68477手、14400手的大卖单），此后成交量慢慢萎缩，9:52有几笔较大卖单成交（最大一笔为9018手），当日只要是在集合竞价时以涨停价挂买单排队等候买进的普通投资者，应该都能成交。由于大卖单砸板时间短且在同1分钟内，买一位置买盘单量大，所以我们看不到分时价格线上砸出的小坑，但K线显示当日最低价跌到了5.21元（当日涨停价为5.23元）。

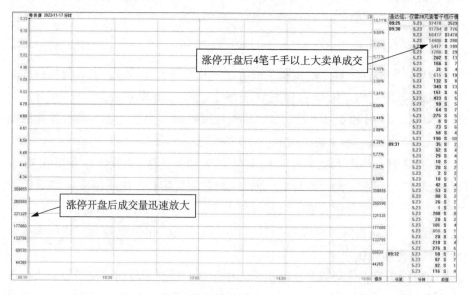

图3-59

当日主力机构拉出一个一字涨停板，像这种经过初期上涨回调洗盘且又横盘震荡洗盘之后的一字涨停板，普通投资者如果此前已经跟庄进场，应该持股待涨；之前没有跟庄进场买进筹码的普通投资者，可以在当日集合竞价时以涨停价挂买单排队等候买进，或在次日跟庄进场寻机买入筹码，待股价出现明显见顶信号时再卖出。这里就不再列示该股当日全天的分时走势图了。

图 3-60 是 002181 粤传媒 2022 年 11 月 23 日星期三下午收盘时的 K 线走势图。从 K 线走势可以看出，11 月 16 日，该股低开收出一个放量大阳线涨停板，突破前高，均线呈多头排列，股价的强势特征相当明显。此后，该股展开向上快速拉升行情。

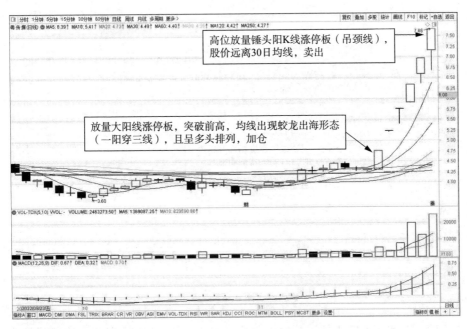

图 3-60

从拉升情况看，从 11 月 17 日起，主力机构依托 5 日均线，采用直线拉升、盘中洗盘、迅速拔高的操盘手法，急速向上拉升股价，至 11 月 23 日，连续拉出 5 根阳线，均为涨停板（其中有 1 个一字涨停板、1 个 T 字涨停板、2 个大阳线涨停板、1 个长下影线阳线涨停板），涨幅相当可观。

12 月 23 日截图当日，该股高开（向上跳空 2.73% 开盘），收出一个锤头阳 K 线涨停板，成交量较前一交易日放大近 2 倍，明显是一个涨停诱多出货型涨停板。此时，股价远离 30 日均线且涨幅大，像这种情况，普通投资者如果当天手中还有筹码没有出完，次日应该逢高卖出。

图 3-61 是 002181 粤传媒 2022 年 11 月 23 日星期三下午收盘时的分时走势图。从分时走势看，当日该股高开后，股价急速回落，跌破前一交易日收盘价下探幅度较深，然后急速拐头向上，展开高位震荡盘整走势，14:42 封上涨停板瞬间被打开，之后股价反复涨停、打开，临收盘（14:56）封回涨停板。从盘口看，当日股价高位震荡时间长，尾盘才封的板，明显是主力机构利用高开，盘中拉高，高位大幅震荡，尾盘涨停板反复打开、封回等手法，引诱跟风盘进场而派发出货，整个分时盘口弱势特征明显，烂板一个。像这种情况，普通投资者如果手中还有筹码当天没有出完，次日应该逢高卖出。

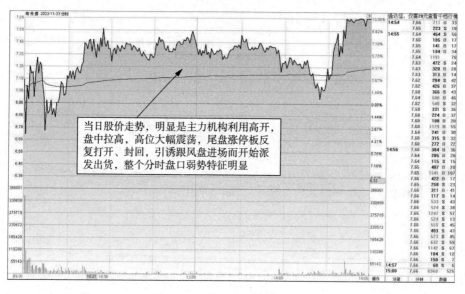

当日股价走势，明显是主力机构利用高开，盘中拉高，高位大幅震荡，尾盘涨停板反复打开、封回，引诱跟风盘进场而开始派发出货，整个分时盘口弱势特征明显

图 3-61

除一字板、T 字板外，其他涨停个股的选项还是比较多的，普通投资者平时要做好目标股票的寻找、选择和跟踪工作，每天对收盘涨停的个股一一进行翻看分析，把走势强于大盘、已经走出底部或已经展开中期洗盘吸筹行情、均线多头排列且放量涨停的个股，加入自选股进行跟踪观察，做好随时跟庄进场买入筹码的准备。

第四章

强势涨停分时形态实战技法

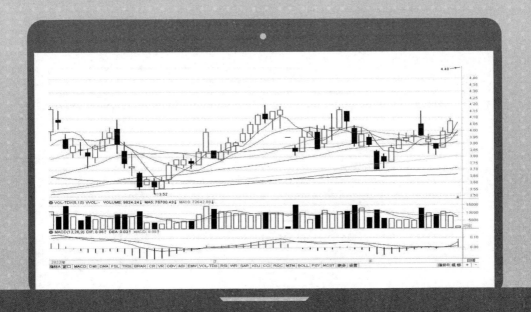

涨停分时形态是个股分时形态中最强势的分时盘口形态。其中，第一种是以集合竞价形成的涨停价为开盘价的一字涨停板为最强势，第二种是以开盘后主力机构1个波次或2个波次快速封上涨停板的为强势，第三种是以开盘后3个波次或多个波次接力封上涨停板的为较强势。当然，我们判断一只股票强不强势，不能只看分时盘口是否强势这一个特征，还要结合K线、均线、成交量等其他技术指标进行综合分析研判。

第一节　开盘即封停的一字（T字）涨停板

开盘即涨停，就是在集合竞价时股价就已经封在涨停板上了。其中原因是多方面的，有重大利好消息的刺激、有特殊资金的关注炒作等。但我们细分析，大多数个股在一字（T字）涨停板前，基本上已经拉出过多个涨停板，股价已经走出底部且处于上升趋势中，说明此时主力机构已经高度控盘。换句直白点的话说，大多数一字涨停板，都是主力机构谋划运作的结果。普通投资者如果想要追上一字（T字）涨停板，就要认真分析预判次日个股强势涨停的可靠性，充分利用"价格优先，时间优先"的交易规则，在次日早盘集合竞价时以涨停价挂单排队等候买进（T字涨停板则是要把握开板时机，快速下单买进）。

一、开盘即封停的一字涨停板

主力机构在集合竞价时就封板的一字涨停板，是最强势的涨停盘口，主要是受重大利好消息刺激等影响，个股在9:25集合竞价时，股价就封死在涨停板上，此后的交易日中，主力机构常常借势连续拉出一字涨停板。

这种一字涨停板个股，如果潜伏其中的"先知先觉"的主力机构前期筹码收集比较到位，且已经拉出过吸筹建仓型涨停板，在大盘向好的情况下，后市连续拉出一字涨停板的可能性就很大。在前几个交易日，普通投资者想要跟庄进场买入筹码的话，也只能采用在早盘集合竞价时以涨停价挂买单排队等候的操盘手法，或许有买入的希望。

实战操盘中，在一字涨停板的选择上（前面章节已经分析探讨过），普通投资者最好选择那些前期股价涨幅不大、有利好刺激、一字涨停期间有跟进机会，或者在 1~3 个一字涨停板之后有跟进机会的个股进行快速研判，确定是否跟庄进场。但要注意的是，对于股价处于高位或相对高位的一字涨停板，即使有重大利好消息公布且大盘向好，投资者也要谨慎对待。如已跟进，一定要注意盯盘，一旦发现涨停板被打开，成交量大幅放大，最好在当日收盘前或次日早盘逢高出局，以防被套。

图 4-1 是 002909 集泰股份 2022 年 6 月 14 日星期二下午收盘时的分时走势图。该股当日涨停开盘，至收盘涨停板没被打开，收出一个一字涨停板，股价的强势特征十分明显。涨停原因为"有机硅+光伏概念+比亚迪"概念炒作。一是公司主营业务为密封胶和涂料的研发、生产、销售及服务国家火炬计划的重点高新技术企业，主要产品包括有机硅密封胶、水性涂料、其他密封胶、水性密封胶、沥青漆、电子胶等。二是公司年产 2.88 万吨光伏胶生产线在广州从化区落成投产，2021 年光伏胶实现销售收入 1524.43 万元。三是公司已推出新能源汽车动力电池用胶解决方案，包括导热灌封及硅凝胶、发泡胶及胶片、粘接密封胶和绝缘漆等，已进入到比亚迪等汽车制造商的供应体系。虽然当天成交量较前一交易日大幅萎缩（一字涨停的原因），但换手率也达到了 2.39%，如果普通投资者在早盘集合竞价时就以涨停价挂买单排队等候的话，还是有机会买进的，因为刚开盘时的成交量还是很大的，形成了小堆量。

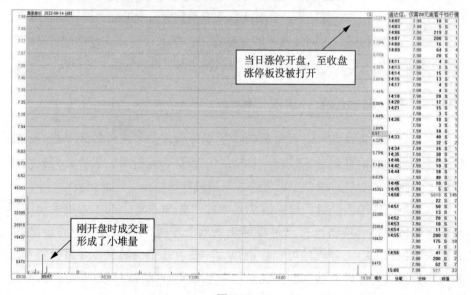

图 4-1

　　图 4-2 是 002909 集泰股份 2022 年 6 月 14 日星期二上午集合竞价开盘后至 9∶33 分的分时截图。从开盘后 3 分多钟分时截图右边的成交明细可以看到，成百上千手的成交量很多，普通投资者只要是在集合竞价一开始，就直接以涨停价挂买单排队，买进的机会还是很大的。一直到下午收盘前成百上千手的卖单仍成交了不少。

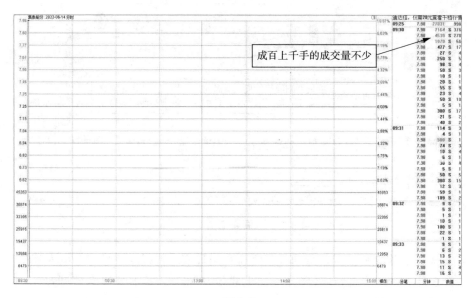

图 4-2

　　图 4-3 是 002909 集泰股份 2022 年 6 月 14 日星期二下午收盘时的 K 线走势图。在软件上将该股整个 K 线走势图缩小后可以看出，此时该股处于上升趋势中。股价从上市后的最高价，即 2017 年 11 月 15 日的 32.90 元，一路震荡下跌，至 2022 年 4 月 27 日的最低价 5.26 元止跌企稳，下跌时间长、跌幅大，下跌期间有过多次较大幅度的反弹。下跌后期，主力机构通过小幅反弹和打压股价等手法，收集了不少筹码。

　　2022 年 4 月 27 日股价止跌企稳后，主力机构缓慢推升股价，收集筹码，K 线走势呈红多绿少、红肥绿瘦态势。

　　2022 年 6 月 10 日，该股低开，收出一个大阳线涨停板，突破前高，成交量较前一交易日放大 4 倍多，形成大阳线涨停 K 线形态。当日股价向上突破 5 日、10 日、20 日、30 日、60 日和 90 日均线（一阳穿六线），120 日和 250 日均线在股价上方下行，均线呈蛟龙出海形态。此时，短期均线呈多头排列，MACD、KDJ 等技术指标开始走强，股价的强势特征已经显现，后市快速上涨

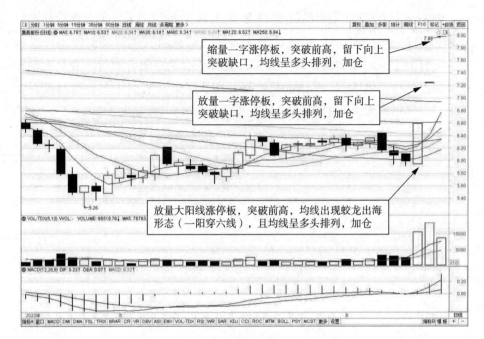

图 4-3

的概率大。像这种情况，普通投资者可在当日或次日跟庄进场加仓买入筹码。

6月13日，该股大幅高开（向上跳空9.86%，差1分钱涨停开盘），收出一个一字涨停板，突破前高，留下向上突破缺口，成交量较前一交易日放大，形成向上突破缺口和一字涨停K线形态，股价的强势特征已经非常明显。像这种情况，普通投资者可以在当日跟庄抢板或在次日早盘集合竞价时以涨停价挂买单排队等候买进。

6月14日截图当日，该股涨停开盘，再次收出一个一字涨停板，突破前高，留下向上突破缺口，成交量较前一交易日萎缩，形成向上突破缺口和一字涨停K线形态。此时，均线（除250日均线外）呈多头排列，MACD、KDJ等技术指标走强，股价的强势特征已经非常明显，加上利好消息的刺激，后市持续快速上涨的概率大。像这种情况，普通投资者可以在当日跟庄抢板或在次日集合竞价时继续以涨停价挂买单排队等候加仓买进。

图4-4是002909集泰股份2022年6月29日星期三下午收盘时的分时走势图。从分时走势看，当日该股涨停开盘，股价瞬间回落，展开高位震荡走势，震荡过程中于9:35再次触及涨停，此后股价冲高震荡回落，跌破前一交易日收盘价，下跌幅度较深，然后急速拐头震荡上行，展开高位大幅震荡盘整走势至收盘，收盘涨幅为5.47%，明显是主力机构利用涨停开

盘，高位大幅震荡的操盘手法，引诱跟风盘进场而派发出货，整个分时盘口弱势特征明显。像这种情况，普通投资者如果手中还有筹码当天没有出完，次日应该逢高卖出。

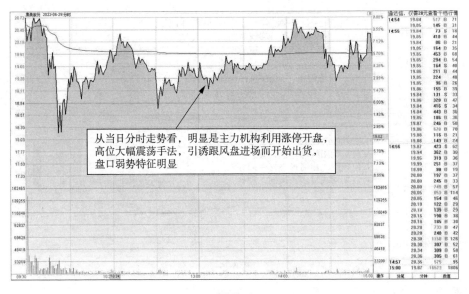

图 4-4

图 4-5 是 002909 集泰股份 2022 年 6 月 29 日星期三下午收盘时的 K 线走势图。从 K 线走势可以看出，6 月 14 日，该股涨停开盘，收出一个缩量一字涨停板，突破前高，留下向上突破缺口，形成向上突破缺口和一字涨停 K 线形态，均线呈多头排列，股价的强势特征相当明显。此后，该股展开快速拉升行情。

从拉升情况看，从 6 月 14 日起，主力机构依托 5 日均线，采用直线拉升、盘中洗盘、迅速拔高的操盘手法，急速向上拉升股价，至 6 月 28 日，11 个交易日时间，拉出了 10 根阳线，均为涨停板（其中有 4 个一字板、2 个 T 字板、1 个小阳线涨停板、2 个大阳线涨停板、1 个长下影线阳线涨停板），涨幅巨大。

6 月 29 日截图当日，该股涨停开盘，收出一根假阴真阳锤头 K 线，成交量较前一交易日放大近 3 倍，显露出主力机构利用高开、盘中大幅震荡的操盘手法，引诱跟风盘进场而开始大量派发出货的迹象。此时，股价远离 30 日均线且涨幅大，KDJ 等部分技术指标已经走弱。像这种情况，普通投资者如果手中还有筹码当天没有出完，次日应该逢高卖出。

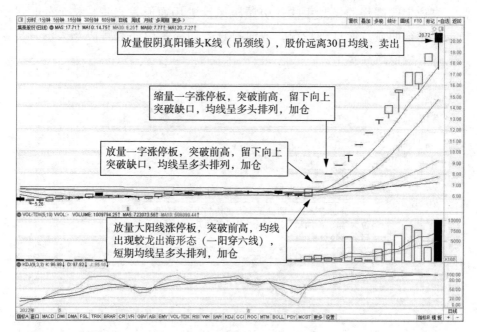

图 4-5

　　图 4-6 是 000965 天保基建 2022 年 3 月 17 日星期四下午收盘时的分时走势图。该股当日涨停开盘，至收盘涨停板没被打开，收出一字涨停板，股价的强势特征十分明显。涨停原因为"房地产+大飞机"概念炒作。一是公司主要从事房地产开发、物业出租、物业管理等业务。二是公司参股的中天航空公司持有空中客车（天津）总装有限公司 49% 的股权，天津空客 A320 系列飞机总装线自 2008 年开始运营以来，目前已累计交付 500 余架次。虽然当天成交量较前一交易日大幅萎缩（一字涨停的原因），换手率只有 0.93%，但早盘开盘时的成交量还是比较大的（尾盘也有一笔较大的卖盘成交），如果普通投资者在早盘集合竞价时就以涨停价挂买单排队等候的话，应该有成交的机会。

　　图 4-7 是 000965 天保基建 2022 年 3 月 17 日星期四上午集合竞价开盘后至 9:32 的分时截图。从开盘后 2 分多钟分时截图右边的成交明细可以看到，成百上千手的成交量很多，普通投资者只要在集合竞价一开始，就直接以涨停价挂买单排队等候，成交的机会还是有的。一直到下午收盘成百上千手的卖单仍成交了不少（14:44 有一笔 11872 手的大卖单成交）。

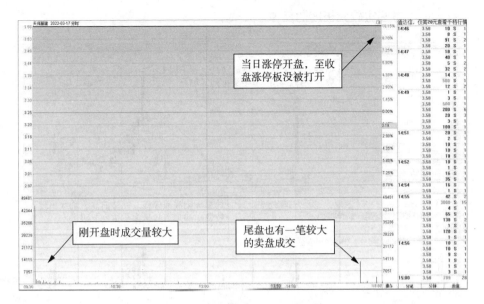

图 4-6

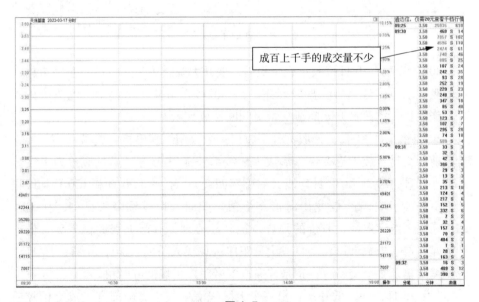

图 4-7

图 4-8 是 000965 天保基建 2022 年 3 月 17 日星期四下午收盘时的 K 线走势图。在软件上将该股整个 K 线走势图缩小后可以看出，此时该股处于上升趋势中。股价从前期相对高位，即 2017 年 6 月 7 日的 9.90 元，一路震荡下跌，至 2021 年 7 月 30 日的最低价 2.19 元止跌企稳，下跌时间长、跌幅大，

下跌期间有过多次较大幅度的反弹。

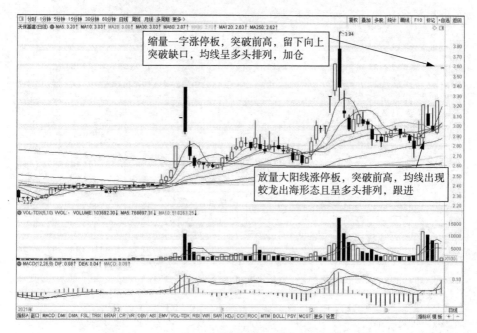

图 4-8

2021 年 7 月 30 日该股止跌企稳后，展开大幅震荡盘升行情，主力机构高抛低吸赚取差价盈利与洗盘吸筹并举，其间收出过 4 个涨停板，均为吸筹建仓型涨停板，震荡盘升期间成交量呈间断性放大状态。

2022 年 3 月 11 日，该股低开，收出一个大阳线涨停板，突破前高，成交量较前一交易日放大近 2 倍，形成大阳线涨停 K 线形态。当日股价向上突破5 日、10 日、20 日和 30 日均线（一阳穿四线），60 日、90 日和 120 日均线在股价下方上行，均线蛟龙出海形态形成。此时，均线呈多头排列，MACD、KDJ 等技术指标走强，股价的强势特征已经显现，后市上涨的概率大。像这种情况，普通投资者可在当日或次日跟庄进场买入筹码。3 月 14 日、15 日该股连续调整了 2 个交易日，正是普通投资者跟庄进场的好时机。

3 月 16 日，该股低开，收出一个大阳线涨停板，突破前高，成交量较前一交易日萎缩，形成大阳线涨停 K 线形态，股价的强势特征已经非常明显。像这种情况，普通投资者可以在当日跟庄抢板或在次日早盘集合竞价时以涨停价挂买单排队等候买进。

3 月 17 日截图当日，该股涨停开盘，收出一个一字涨停板，突破前高，留下向上突破缺口，成交量较前一交易日大幅萎缩，形成向上突破缺口和一字涨停 K 线形态。此时，均线呈多头排列，MACD、KDJ 等技术指标走强，股价的强势特征已经非常明显，加上利好消息的刺激，后市股价持续快速上涨的概率大。像这种情况，普通投资者可以在当日跟庄抢板或在次日择机跟庄进场加仓买进筹码。

　　图 4-9 是 000965 天保基建 2022 年 4 月 1 日星期五下午收盘时的分时走势图。从分时走势看，当日该股高开后，股价冲高回落，跌破前一交易日收盘价下行幅度较深，然后急速拐头震荡上行，股价回到前一交易日上方，展开大幅度震荡走势，整个交易日股价在前一交易日收盘价下方运行时间较长，尾盘主力机构有所拉升，收盘涨幅为 4.68%。从盘口分时走势看，明显是主力机构利用高开、盘中大幅震荡的操盘手法，引诱跟风盘进场而开始出货，整个分时盘口弱势特征较为明显。像这种情况，普通投资者如果手中还有筹码当天没有出完，次日应该逢高卖出。

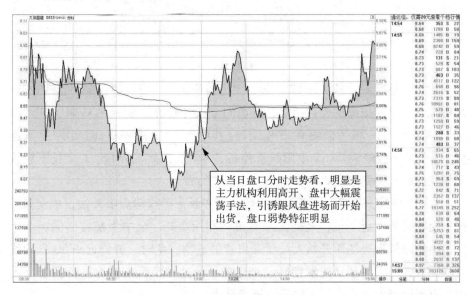

从当日盘口分时走势看，明显是主力机构利用高开、盘中大幅震荡手法，引诱跟风盘进场而开始出货，盘口弱势特征明显

图 4-9

　　图 4-10 是 000965 天保基建 2022 年 4 月 1 日星期五下午收盘时的 K 线走势图。从 K 线走势可以看出，3 月 17 日，该股涨停开盘，收出一个缩量一字涨停板，突破前高，留下向上突破缺口，形成向上突破缺口和一字涨停 K 线形态，均线呈多头排列，股价的强势特征非常明显。此后，该股展开快速拉升行情。

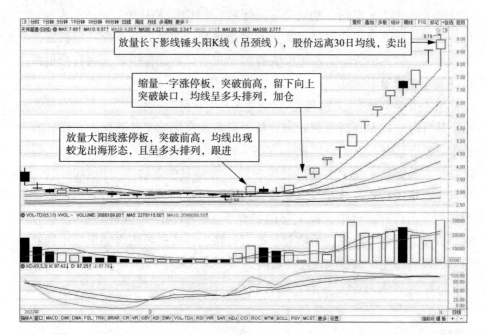

图 4-10

从拉升情况看，从 3 月 17 日起，主力机构依托 5 日均线，采用直线拉升、盘中洗盘、迅速拔高的操盘手法，急速向上拉升股价，至 3 月 31 日，连续拉出 11 根阳线（一根为假阴真阳 K 线），其中有 10 个涨停板（1 个一字涨停板、3 个 T 字涨停板、2 个小阳线涨停板、3 个大阳线涨停板、1 个长下影线阳线涨停板），涨幅巨大。

4 月 1 日截图当日，该股高开，收出一根长下影线锤头阳 K 线，成交量较前一交易日放大近 2 倍，显露出主力机构利用高开、盘中大幅震荡的操盘手法，引诱跟风盘进场而开始大量派发出货的迹象。此时，股价远离 30 日均线且涨幅大，KDJ 等部分技术指标已经走弱。像这种情况，普通投资者如果手中还有筹码当天没有出完，次日应该逢高卖出。

二、涨停分时被打开的线上小坑涨停板（T 字板）

涨停分时被打开的线上小坑涨停板，指的是以涨停价开盘，在交易日内涨停板被打开后封回，分时价格线上留下小坑，以涨停价报收的涨停分时形态。这种分时价格线上留下小坑的涨停分时形态，在当日 K 线走势上形成 T 字涨停 K 线形态。

实战操盘中，在涨停分时被打开的线上小坑涨停板（即 T 字板）的选择上，前面章节已经分析探讨过，普通投资者最好选择那些前期股价涨幅不大、有利好刺激、在1~3个涨停板（阳线涨停板或一字涨停板均可）之后涨停板被打开、跌幅不深、开板时间在5分钟左右的目标股票进行快速研判，确定是否跟庄进场。这种分时涨停被打开的涨停板，一般是主力机构强势震仓洗盘补仓或是游资打板的套利板（接力板），安全性要高些。要注意的是，对于股价处于高位或相对高位、打开后跌幅较深、时间超过5分钟、交易日内被打开多次再封回的个股，即使有重大利好消息公布且大盘向好，也一定要谨慎对待，不能轻易跟庄进场抢板买进，这种分时涨停被打开的涨停板，很大可能是主力机构涨停诱多出货型涨停板。

　　图4-11是603029天鹅股份2022年11月1日星期二下午收盘时的分时走势图。这是主力机构在10月31日拉出一个大阳线涨停板之次日的分时截图。当日该股收出一个放量T字涨停板。涨停原因为"业绩增长+农机+乡村振兴+供销社"概念炒作。一是10月30日公司公布2022年第三季度报告，营业收入为1.33亿元，同比增长25.21%；归属于上市公司股东的净利润为857.63万元，同比增长5587.94%。二是公司主营业务是棉花采摘及棉花加工机械成套设备的研发、生产及销售。三是公司是国内棉业机械龙头，产品包括轧花机、籽棉清理机、皮棉清理机等，市场占有率均处于我国棉机行业前三位。四是山东省供销合作社联合社是公司实控人。

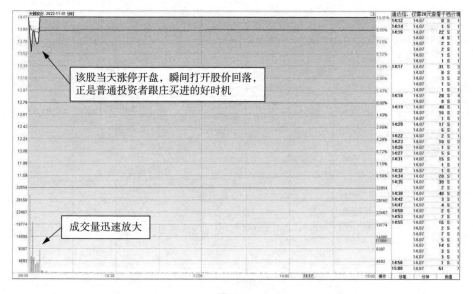

图4-11

从当日分时走势看，该股早盘涨停开盘，瞬间回落，成交量迅速放大，9:37 封回涨停板至收盘没再打开，分时盘口留下一个坑，明显是主力机构开始强势震仓洗盘，放任前期获利盘和套牢盘出逃，清洗意志不坚定投资者，以拉高市场平均成本，减轻后期拉升压力。

从盘口看，由于封回涨停板时间较早，且开板时间不是很长，跌幅不大，盘口的强势特征仍然十分明显。在当天涨停板被打开的 6 分多钟时间里，在集合竞价时以涨停价挂买单排队等候或在开盘后迅速挂买单跟庄买进的普通投资者，都能成交。这也是前一交易日大阳线涨停板之后，没有来得及进场的普通投资者最好的进场时机。

图 4-12 是 603029 天鹅股份 2022 年 11 月 1 日星期二上午开盘后至 9:37 的分时截图。从开盘后 6 分多钟分时截图左下边的成交量柱看，涨停开盘股价瞬间回落后，成交量还是挺大的，普通投资者当日若想跟庄进场买进筹码的话，在回落过程中股价快速勾头向上时，是最佳的下单买入时机。此后成交量逐渐萎缩，9:33 之后就没有上千手的大单成交了，说明主力机构已经高度控盘。像这种情况，开盘后没有买入筹码的投资者，应该快速下单买进，或者在 9:37 即最后一笔 5333 手的大买单将股价封死在涨停板之前，快速下单买入。

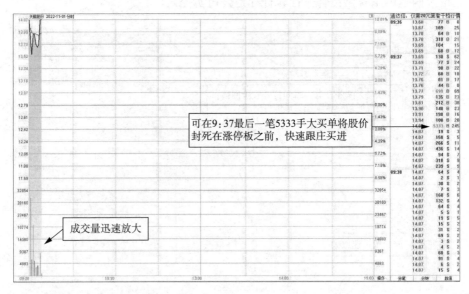

图 4-12

图 4-13 是 603029 天鹅股份 2022 年 11 月 1 日星期二下午收盘时的 K 线

走势图。在软件上将该股整个 K 线走势图缩小后可以看出，此时该股处于上升趋势中。股价从前期相对高位（前期有过一波上涨），即 2022 年 2 月 22 日的最高价 27.20 元，一路震荡下跌，至 2022 年 10 月 11 日的最低价 10.36 元止跌企稳，下跌时间虽然不是很长，但跌幅大。

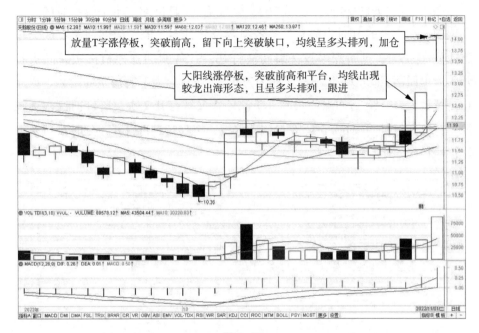

图 4-13

2022 年 10 月 11 日股价止跌企稳后，主力机构快速推升股价，K 线形态呈上升趋势，其间收出过一个大阳线涨停板，为吸筹建仓型涨停板。

10 月 31 日，该股高开，收出一个大阳线涨停板，突破前高和平台，成交量较前一交易日略为萎缩（涨停的原因），形成大阳线涨停 K 线形态。当日股价向上突破 60 日、90 日和 120 日均线（一阳穿三线），5 日、10 日、20 日、30 日均线在股价下方向上移动，250 日均线在股价上方向上移动，均线蛟龙出海形态形成。此时，均线（除 120 日均线外）呈多头排列，MACD、KDJ 等技术指标走强，股价的强势特征已经显现，后市上涨的概率大。像这种情况，普通投资者可以在当日跟庄抢板或在次日集合竞价时以涨停价挂买单排队等候买进。

11 月 1 日截图当日，由于"业绩增长+农机+乡村振兴+供销社"概念利好的助推，该股涨停开盘，收出一个 T 字涨停板，突破前高，留下向上跳空突破缺口，成交量较前一交易日放大 2 倍多，形成向上突破缺口和 T 字涨停

K 线形态。此时，均线呈多头排列，MACD、KDJ 等技术指标持续走强，股价的强势特征已经十分明显，后市持续快速上涨的概率非常大。像这种情况，普通投资者如果当日没能跟庄进场买入筹码，可以在次日集合竞价时以涨停价挂买单排队等候买进，然后持股待涨，待股价出现明显见顶信号时再撤出。

图 4-14 是 603029 天鹅股份 2022 年 11 月 11 日星期五下午收盘时的分时走势图。从当天的分时走势看，该股早盘涨停开盘，股价瞬间回落，成交量迅速放大，9:32 封回涨停板又瞬间被打开，9:34 封回涨停板再次瞬间被打开，股价回落至 29.11 元左右（涨幅为 6.5% 左右）展开震荡整理走势，成交量持续放大，9:50 封回涨停板。下午涨停板又被打开 2 次，股价回调幅度较深，合计开板时间较长，14:38 封回涨停板，至收盘没再打开，分时盘口留下5 个大小不一的坑。

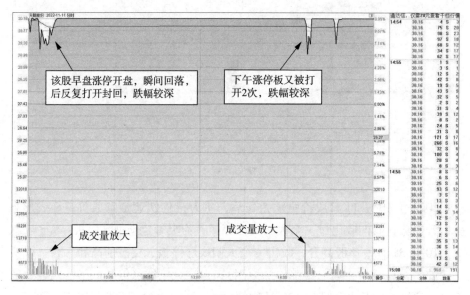

图 4-14

从盘口看，当日涨停板被打开的次数较多、时间较长，成交量放大，明显是主力机构采用涨停开盘、涨停板反复打开封回的操盘手法，引诱跟风盘进场而大量派发出货，是一个涨停诱多出货型涨停板，分时盘口弱势特征比较明显。像这种情况，普通投资者如果手中还有筹码当天没有出完，次日应该逢高卖出。

图 4-15 是 603029 天鹅股份 2022 年 11 月 11 日星期五下午收盘时的 K 线走势图。从 K 线走势可以看出，11 月 1 日，该股涨停开盘，收出一个放量 T

字涨停板，突破前高，留下向上突破缺口，形成向上突破缺口和 T 字涨停 K 线形态，均线呈多头排列，股价的强势特征非常明显。此后，该股展开快速拉升行情。

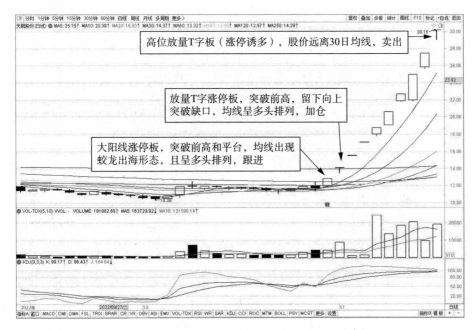

图 4-15

从拉升情况看，从 11 月 1 日起，主力机构依托 5 日均线，采用直线拉升、盘中洗盘、迅速拔高的操盘手法，急速向上拉升股价，至 11 月 11 日，共 9 个交易日，拉出了 9 根阳线，均为涨停板（其中有 2 个一字涨停板、2 个 T 字涨停板、2 个小阳线涨停板、3 个大阳线涨停板），涨幅巨大。

11 月 11 日截图当日，该股涨停开盘，收出一个高位 T 字涨停板，成交量较前一交易日放大近 2 倍，显露出主力机构利用涨停开盘、涨停板反复打开封回的操盘手法，引诱跟风盘进场而开始大量派发出货的迹象。此时，股价远离 30 日均线且涨幅大，KDJ 等部分技术指标已经走弱。像这种情况，普通投资者如果手中还有筹码当天没有出完，次日应该逢高卖出。

图 4-16 是 000722 湖南发展 2022 年 4 月 26 日星期二下午收盘时的分时走势图。这是主力机构在前 2 个交易日连续收出 2 个大阳线涨停板之后第 3 日的分时截图。当日该股收出一个缩量 T 字涨停板。涨停原因为"绿色电力+养老+光伏"概念炒作。一是公司以湖南发展水电公司为平台，运营管理株洲航电、鸟儿巢 2 座电站。二是公司开展社区嵌入式小微养老机构、社区居家养

老服务、政府购买服务及相关业务。三是新设全资子公司湖南发展株航新能源，并与株洲渌口经济开发区产业发展集团有限公司签署《南洲产业园屋顶分布式光伏项目合作合同》，进军光伏产业。

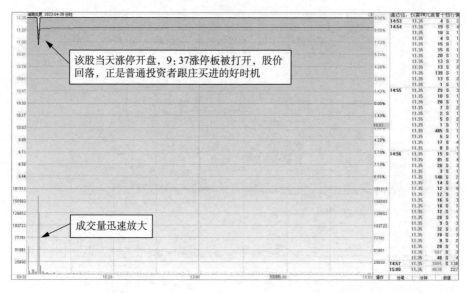

图 4-16

从当日分时走势看，该股早盘涨停开盘，9:37 涨停板被大卖单砸开，股价瞬间回落，成交量迅速放大，9:38 封回涨停板至收盘没再打开，分时盘口留下一个坑，明显是主力机构进行强势震仓洗盘，放任前期获利盘和套牢盘出逃，清洗意志不坚定投资者，以拉高市场平均成本，减轻后期拉升压力。

从盘口看，由于封回涨停板时间较早，且开板时间不长，跌幅不深，盘口的强势特征仍十分明显。在当天涨停板被打开的 1 分多钟时间里，在集合竞价时以涨停价挂买单排队等候或在开盘后迅速挂买单跟庄进场的普通投资者，应该都能成交。

图 4-17 是 000722 湖南发展 2022 年 4 月 26 日星期二上午开盘后至 9:39 的分时截图。从开盘后 9 分多钟的分时走势看，当日该股早盘涨停开盘后，成交量快速放大，应该是前期获利盘卖出，当日在集合竞价时以涨停价挂买单排队等候买进的普通投资者，应该都能成交。从分时盘口看，9:37 有 5 笔万手以上大卖单连续砸板，把涨停板砸开，此后成交量持续放大，9:38 主力机构封回涨停板。从开盘后的成交量看，普通投资者当日若想跟庄进场买进的话，只要在开盘后下单或在涨停板打开后快速下单，应该都能成交。

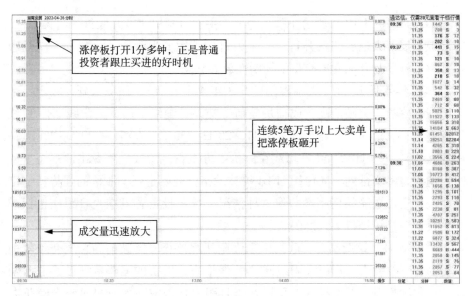

图 4-17

图 4-18 是 000722 湖南发展 2022 年 4 月 26 日星期二下午收盘时的 K 线走势图。在软件上将该股整个 K 线走势图缩小后可以看出，此时该股处于上升趋势中。股价从前期相对高位，即 2017 年 2 月 21 日的最高价 17.38 元，一路震荡下跌，至 2018 年 10 月 19 日的最低价 4.71 元止跌企稳，下跌时间长、跌幅大。

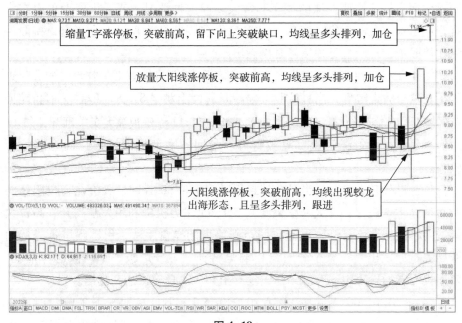

图 4-18

2018 年 10 月 19 日股价止跌企稳后，主力机构快速推升股价，收集筹码。随后该股展开大幅震荡盘升行情，主力机构高抛低吸赚取差价盈利与洗盘吸筹并举，震荡盘升期间成交量呈间断性放大状态。

2022 年 4 月 22 日（大幅震荡盘升 3 年 4 个月后），该股低开，收出一个大阳线涨停板，突破前高，成交量较前一交易日萎缩，形成大阳线涨停 K 线形态。当日股价向上突破 5 日、10 日、20 日、30 日、60 日和 90 日均线（一阳穿六线），120 日和 250 日均线在股价下方上行，均线呈蛟龙出海形态。此时，均线呈多头排列，MACD、KDJ 等技术指标开始走强，股价的强势特征已经显现，后市上涨的概率大。像这种情况，普通投资者可在当日跟庄抢板或在次日跟庄进场择机买入筹码。

4 月 25 日，该股高开，收出一个大阳线涨停板，突破前高，成交量较前一交易日大幅放大，形成大阳线涨停 K 线形态，股价的强势特征已经非常明显。像这种情况，普通投资者可以在当日跟庄抢板或在次日早盘集合竞价时以涨停价挂买单排队等候买进。

4 月 26 日截图当日，由于"绿色电力+养老+光伏"概念利好的助推，该股涨停开盘，收出一个 T 字涨停板，突破前高，留下向上跳空突破缺口，成交量较前一交易日萎缩，形成向上突破缺口和 T 字涨停 K 线形态。此时，均线呈多头排列，MACD、KDJ 等技术指标持续走强，股价的强势特征已经十分明显，后市持续快速上涨的概率非常大。像这种情况，普通投资者可以在当日跟庄抢板或在次日集合竞价时以涨停价挂买单排队等候加仓买进，持股待涨，待股价出现明显见顶信号时再撤出。

图 4-19 是 000722 湖南发展 2022 年 5 月 11 日星期三下午收盘时的分时走势图。从分时走势看，当日该股大幅高开（向上跳空 8.59%开盘），股价略回落即展开高位震荡行情，10:58 封上涨停板，11:11 涨停板被大卖单砸开，13:06 封回涨停板；下午涨停板反复被打开、封回，尾盘主力机构拉回至涨停板收盘。

从盘口分时走势看，当日合计封板时间不足 30 分钟，股价在高位震荡的时间长（上午震荡幅度大、跌幅深），明显是主力机构利用大幅高开、高位大幅震荡、反复涨停打开、尾盘拉回至涨停板的操盘手法，引诱跟风盘进场而开始大量派发出货，整个分时盘口弱势特征明显，烂板一个。像这种情况，普通投资者如果手中还有筹码当天没有出完，次日应该逢高卖出。

图 4-20 是 000722 湖南发展 2022 年 5 月 11 日星期三下午收盘时的 K 线走势图。从该股的 K 线走势可以看出，4 月 26 日，该股涨停开盘，收出

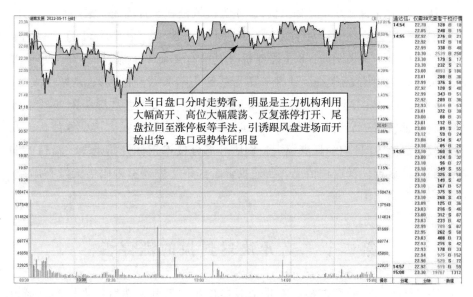

从当日盘口分时走势看，明显是主力机构利用大幅高开、高位大幅震荡、反复涨停打开、尾盘拉回至涨停板等手法，引诱跟风盘进场而开始出货，盘口弱势特征明显

图 4-19

一个缩量 T 字涨停板，突破前高，留下向上突破缺口，形成 T 字涨停 K 线形态，均线呈多头排列，股价的强势特征非常明显。此后，该股展开快速拉升行情。

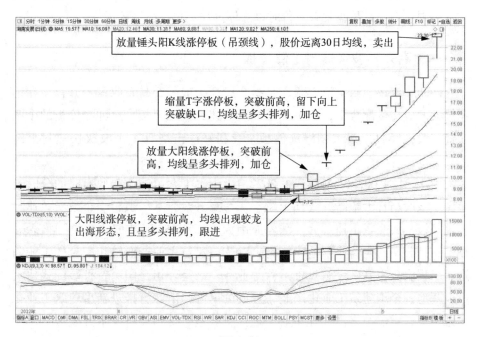

放量锤头阳K线涨停板（吊颈线），股价远离30日均线，卖出

缩量T字涨停板，突破前高，留下向上突破缺口，均线呈多头排列，加仓

放量大阳线涨停板，突破前高，均线呈多头排列，加仓

大阳线涨停板，突破前高，均线出现蛟龙出海形态，且呈多头排列，跟进

图 4-20

从拉升情况看，从 4 月 26 日起，主力机构依托 5 日均线，采用直线拉升、盘中洗盘、迅速拔高的操盘手法，急速向上拉升股价，至 5 月 11 日，共 9 个交易日，拉出了 9 根阳线，8 个涨停板（其中有 4 个 T 字涨停板、1 个小阳线涨停板、2 个大阳线涨停板、1 个长下影线锤头阳 K 线涨停板），涨幅巨大。

5 月 11 日截图当日，该股大幅高开，收出一个长下影线锤头阳 K 线涨停板，成交量较前一交易日大幅放大，明显是一个涨停诱多出货型涨停板。此时，股价远离 30 日均线且涨幅大，KDJ 等部分技术指标开始走弱，盘口的弱势特征已经显现。像这种情况，普通投资者如果手中还有筹码当天没有出完，次日应该逢高卖出。

第二节　高开快速封板的涨停板

高开快速封板的涨停板，就是个股早盘跳空高开，然后主力机构急速拉升股价并瞬间封板的涨停板。这种涨停板，一般有重大利好驱动，或是热门热点板块强势股，高开后基本是 1 个波次或 2 个波次或快速上冲减压后封上涨停板，普通投资者可以在当日股价高开后或即将涨停时快速跟进，也可以在认真分析预判次日个股涨停的可靠性后，利用"价格优先，时间优先"的交易规则，在次日早盘集合竞价时以涨停价挂买单排队等候买进。

一、高开一波快速封上涨停板

高开一波快速封上涨停板，是指个股高于前一交易日收盘价开盘，在迅速放大的成交量配合下，股价 1 个波次快速封上涨停板。这种涨停板的个股之前一般已经收出过大阳线涨停板，受利好冲击当日 1 个波次快速封上涨停板。

图 4-21 是 002761 浙江建投 2022 年 2 月 8 日星期二下午收盘时的分时走势图。该股当日大幅高开（向上跳空 4.53% 开盘）后，股价 1 个波次急速封上涨停板，成交量迅速放大。涨停原因为"工程施工+装配式建筑"概念炒作。一是公司的主营业务是建筑施工以及与建筑主业产业链相配套的工业制造、工程服务、基础设施投资运营等业务。二是公司是国家首批装配式建筑产业基地、全国建筑工业化产业联盟成员单位和浙江省推进新型建筑工业化示范企业，承建了之江文化中心、之江实验室、杭州经济技术开发区文体中心等一批建筑工业化项目。受利好冲击，该股当日高开后股价急速上冲，1 个

波次直接冲至涨停，至收盘涨停没打开，盘口强势特征明显。

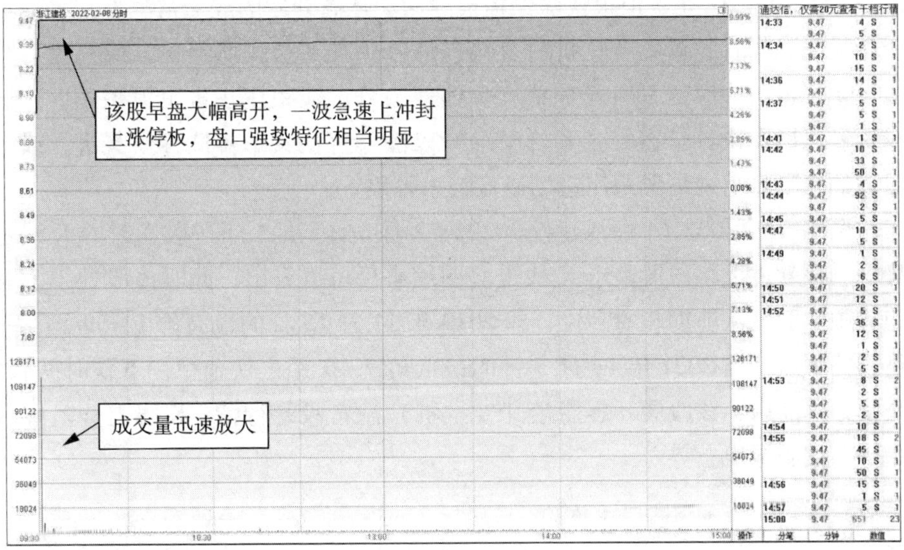

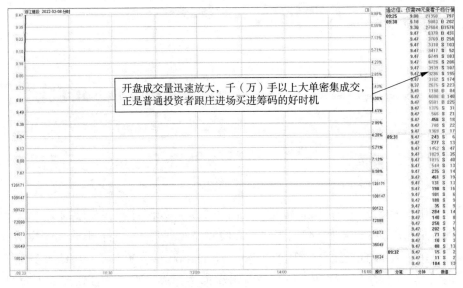

图 4-21

图 4-22 是 002761 浙江建投 2022 年 2 月 8 日星期二上午开盘后至 9:32 的分时截图。从该股 2 分多钟的分时截图看，早盘大幅高开后，分时价格线快速上冲封上涨停板，成交量同步放大。从盘口右边的成交明细也可以看出，9:30 开盘后成交量迅速放大，3 笔千（万）手以上买盘将股价从 9.10 元拉升

图 4-22

至涨停价 9.47 元，随后连续 8 笔 2000 手以上大卖单，将涨停板砸开，股价从 9.47 元跌至 9.37 元，但很快涨停板被封回。从高开后的成交情况看，普通投资者只要在当日早盘集合竞价时直接以涨停价挂买单排队等候，或开盘后马上下单买进的，应该都有希望成交。即使当日没能跟庄买进也没关系，普通投资者可以在次日早盘集合竞价时继续以涨停价挂买单排队等候买进，或在后面的交易日里视情况跟庄进场逢低买入筹码。

图 4-23 是 002761 浙江建投 2022 年 2 月 8 日星期二下午收盘时的 K 线走势图。在软件上将该股整个 K 线走势图缩小后可以看出，此时该股处于上升趋势中。股价从前期相对高位，即 2019 年 11 月 15 日的最高价 13.39 元，一路震荡下跌，至 2021 年 11 月 3 日的最低价 7.10 元止跌企稳，下跌时间长、跌幅大。随后，该股展开震荡盘升（挖坑）洗盘吸筹行情，K 线走势呈红多绿少、红肥绿瘦态势。

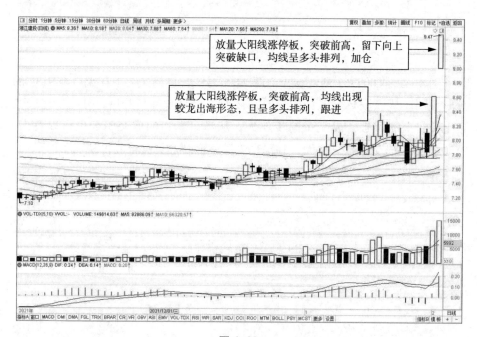

图 4-23

2022 年 2 月 7 日，该股高开，收出一个大阳线涨停板，突破前高，成交量较前一交易日放大近 2 倍，形成大阳线涨停 K 线形态。当日股价向上突破 5 日、10 日和 20 日均线（一阳穿三线），30 日、60 日、90 日、120 日和 250 日均线在股价下方向上移动，均线蛟龙出海形态形成；当日 5 日均线向上穿过 10 日均线形成金叉，均线呈多头排列。此时，MACD、KDJ 等技术指标走强，股价的强势特征相当明显，后市快速上涨的概率大。像这种情况，普通投资者可以在当日跟庄抢板或在次日集合竞价时以涨停价挂买单排队等候买进。

2月8日截图当日，由于"工程施工+装配式建筑"概念利好的助推，该股大幅高开，收出一个大阳线涨停板，突破前高，留下向上突破缺口，成交量较前一交易日明显放大，形成向上突破缺口和大阳线涨停K线形态。此时，均线呈多头排列，MACD、KDJ等技术指标走强，盘口的强势特征非常明显，后市持续快速上涨的概率大。像这种情况，普通投资者可以在当日跟庄抢板，或在次日集合竞价时以涨停价挂买单排队等候买进，然后持股待涨，待股价出现明显见顶信号时再撤出。

图4-24是002761浙江建投2022年3月21日星期一下午收盘时的分时走势图。从分时走势看，当日该股大幅高开（向上跳空5.04%开盘），股价冲高回落，跌破前一交易日收盘价，下探幅度较深，然后急速拐头上行，回到前一交易日收盘价上方展开震荡盘整行情，整个交易日股价基本在前一交易日收盘价上方、围绕分时均价线运行，至收盘涨幅为4.28%。从盘口分时走势看，明显是主力机构利用大幅高开、盘中震荡盘整的操盘手法，引诱跟风盘进场而开始派发出货，整个分时盘口弱势特征比较明显。像这种情况，普通投资者如果手中还有筹码当天没有出完，次日应该逢高卖出。

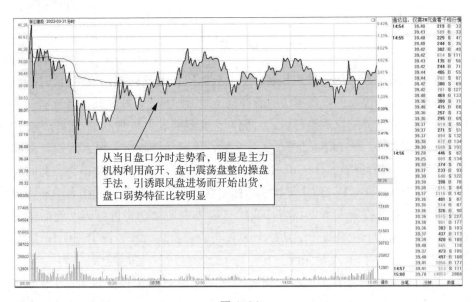

图4-24

图4-25是002761浙江建投2022年3月21日星期一下午收盘时的K线

走势图。从该股的K线走势可以看出，2月8日，该股大幅高开，收出一个放量大阳线涨停板，突破前高，留下向上突破缺口，形成向上突破缺口和大阳线涨停K线形态，均线呈多头排列，股价的强势特征非常明显。此后，该股展开快速拉升行情。

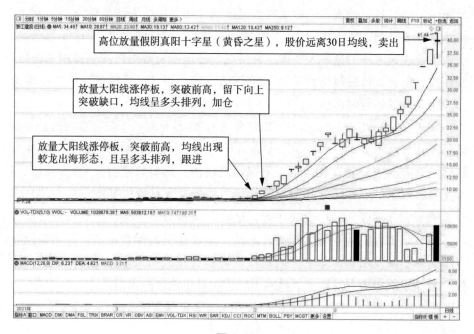

图 4-25

从拉升情况看，从2月8日起，主力机构依托5日均线，采用直线拉升、盘中洗盘、迅速拔高的操盘手法，急速向上拉升股价。3月1日，该股展开大幅拉升之后的强势洗盘调整行情，时间6个交易日，其间股价跌（刺）破10日均线很快收回，5日均线走平。3月9日，该股低开收出一根大阳线（涨幅为7.50%），股价突破5日、10日均线且收在其上方，洗盘调整结束，此时均线呈多头排列，MACD、KDJ等技术指标走强，股价的强势特征相当明显。像这种情况，普通投资者可以在当日或次日跟庄进场加仓买进筹码。此后主力机构再次快速向上拉升股价。从整个K线走势看，从2月8日至3月18日24个交易日，一共拉出21根阳线，其中有15个涨停板，涨幅巨大。

3月21日截图当日，该股大幅高开（向上跳空5.04%开盘），股价冲高回落，收出一颗假阴真阳十字星，成交量较前一交易日放大，明显是主力机构利用大幅高开、盘中震荡盘整的操盘手法而开始派发出货。此时，股价远离30日均线且涨幅大，KDJ等部分技术指标开始走弱，盘口的弱势特征已经显现。加上 3 月 18 日晚，深交所再次表态，对近期涨幅异常的浙江建投进行重点监控；3 月 20 日晚，股价涨幅巨大的浙江建投发布股票交易异常波动暨风险提示性公告，请投资者理性投资，注意风险。像这种情况，普通投资者如果手中还有筹码当天没有出完，次日一定要逢高卖出。

二、高开两波快速封上涨停板

高开两波快速封上涨停板，是指个股高于前一交易日收盘价开盘，在迅速放大的成交量配合下，股价快速上冲回调，然后急速勾头再次上冲快速封上涨停板，成交量同步放大。这种涨停板的个股之前一般已经收出过大阳线涨停板，或者经过较长时间的震荡整理（震荡盘升）洗盘，股价已处于上升趋势中，受利好冲击当日 2 个波次快速封上涨停板。

图 4-26 是 002045 国光电器 2022 年 8 月 11 日星期四下午收盘时的分时走势图。该股当日向上跳空 1.49% 开盘，然后分 2 个波次急速封上涨停板，成交量同步放大。涨停原因为"消费电子+锂电池+元宇宙"概念炒作。一是公司主营业务是音响电声类业务及锂电池业务。公司主要产品包括扬声器、蓝牙音箱、电脑周边音响、Wi-Fi 音箱、Soundbar 产品、锂电池。二是 M 客户与公司在所有主力 VR/AR 产品上展开合作。M 客户 VR 产品声学模组由公司生产，M 客户的 AR 产品目前在共同研发阶段。受利好冲击，该股当日高开后分 2 个波次上冲封板，至收盘涨停板没打开，盘口强势特征明显。

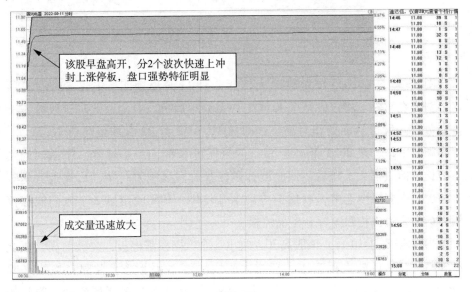

图 4-26

　　图 4-27 是 002045 国光电器 2022 年 8 月 11 日星期四上午开盘后至 9：36 的分时截图。从该股 6 分多钟的分时截图看，早盘高开后，成交量迅速放大，分时价格线快速上冲并于 9：31 略回调后，再次上冲快速封上涨停板，成交量同步放大。从盘口右边的成交明细也可以看出，9：35 一笔 11053 手的大买单将股价封死在涨停板上后，成交量呈逐渐萎缩状态，但千手以上大卖单仍有不少成交。普通投资者只要在当日开盘后快速下单买进，应该都能成交。当然，普通投资者也可以在股价第一波次上冲回调（9：31）时，或在 9：35 最后一笔 11053 手的大买单即将封板前快速下单买进。

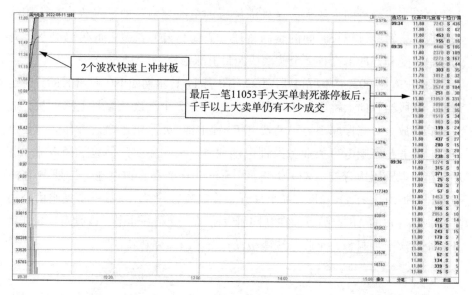

图 4-27

　　图 4-28 是 002045 国光电器 2022 年 8 月 11 日星期四下午收盘时的 K 线走势图。在软件上将该股整个 K 线走势图缩小后可以看出，此时该股处于上升趋势中。股价从前期相对高位，即 2021 年 12 月 22 日的最高价 16.52 元，一路震荡下跌，至 2022 年 4 月 27 日的最低价 6.60 元止跌企稳，下跌时间虽然不长，但跌幅大。随后，该股展开震荡盘升洗盘吸筹行情，K 线走势呈红多绿少、红肥绿瘦态势，股价走势呈上升趋势，其间收出过 2 个大阳线涨停板，均为主力机构吸筹建仓型涨停板。

　　2022 年 8 月 10 日，该股高开，收出一个大阳线涨停板，突破前高，成交量较前一交易日放大近 2 倍，形成大阳线涨停 K 线形态。此时，均线（除 120 日、250 日均线外）呈多头排列，MACD、KDJ 等技术指标走强，股价的强势特征已经显现，后市快速上涨的概率大。像这种情况，普通投资者可以在当日跟庄抢板或在次日集合竞价时以涨停价挂买单排队等候买进。

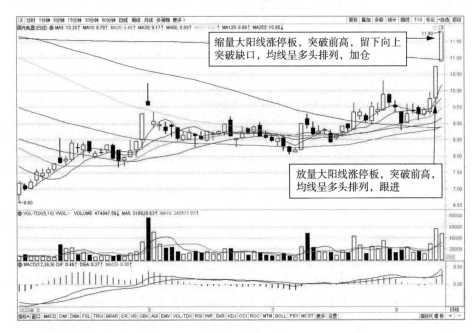

图 4-28

8 月 11 日截图当日，由于"消费电子+锂电池+元宇宙"概念利好的助推，该股跳空高开，收出一个大阳线涨停板，突破前高，留下向上突破缺口，成交量较前一交易日萎缩（涨停的原因），形成向上突破缺口和大阳线涨停 K 线形态。此时，均线（除 250 日均线外）呈多头排列，MACD、KDJ 等技术指标走强，盘口的强势特征非常明显，次日继续涨停且快速上涨的概率大。像这种情况，普通投资者可以在当日跟庄抢板，或在次日集合竞价时以涨停价挂买单排队等候买进，然后持股待涨，待股价出现明显见顶信号时再撤出。

图 4-29 是 002045 国光电器 2022 年 8 月 23 日星期二下午收盘时的分时走势图。从分时走势看，当日该股高开后，股价冲高震荡回落，跌破前一交易日收盘价拐头震荡盘升，第二次跌破前一交易日收盘价后跌幅较深，然后拐头慢慢震荡上行，尾盘主力机构有所拉高，收盘收回到前一交易日收盘价上方，整个交易日股价在前一交易日收盘价下方运行时间较长，收盘涨幅为 2.30%。从盘口分时走势看，明显是主力机构利用高开、盘中大幅震荡、尾盘拉高等操盘手法，引诱跟风盘进场而开始出货，整个分时盘口弱势特征明显。像这种情况，普通投资者如果手中还有筹码当天没有出完，次日应该逢高卖出。

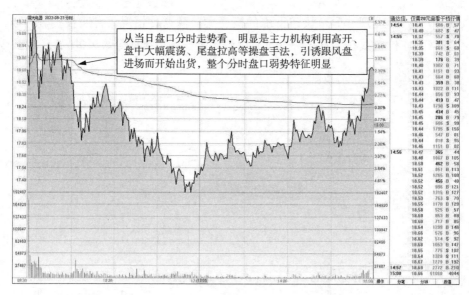

图 4-29

图 4-30 是 002045 国光电器 2022 年 8 月 23 日星期二下午收盘时的 K 线走势图。从该股 K 线走势可以看出，8 月 11 日，该股高开，收出一个缩量大阳线涨停板，突破前高，留下向上突破缺口，形成大阳线涨停 K 线形态，均线呈多头排列，股价的强势特征非常明显。此后，该股展开快速拉升行情。

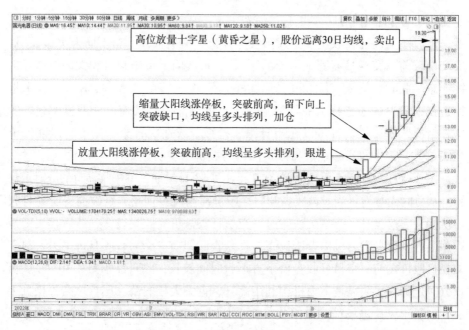

图 4-30

从拉升情况看，从 8 月 11 日起，主力机构依托 5 日均线，采用直线拉升、盘中洗盘、迅速拔高的操盘手法，急速向上拉升股价，其间有 2 次各为 1 个交易日的强势调整，主要目的是快速清理前期获利盘。从 8 月 11 日至 8 月 22 日 8 个交易日，拉出了 6 根阳线，均为涨停板（其中有 1 个一字涨停板、5 个大阳线涨停板），涨幅相当可观。

8 月 23 日截图当日，该股跳空高开（向上跳空 2.30% 开盘），股价冲高回落，收出一颗十字星，成交量较前一交易日大幅放大，明显是主力机构利用大幅高开、盘中大幅震荡、尾盘拉高的操盘手法，引诱跟风盘进场而开始派发出货。此时，股价远离 30 日均线且涨幅大，KDJ 等部分技术指标开始走弱，盘口的弱势特征已经显现。像这种情况，普通投资者如果手中还有筹码当天没有出完，次日一定要逢高卖出。

图 4-31 是 002800 天顺股份 2022 年 9 月 1 日星期四下午收盘时的分时走势图。该股当日向上跳空 0.25% 开盘，然后分 2 个波次急速封上涨停板，成交量同步放大。涨停原因为"物流+'一带一路'"概念炒作。一是公司主要从事大宗货物和大件货物的第三方物流和供应链管理业务。业务范围涵盖第三方物流、供应链管理、物流园区经营、国际航空物流、国际铁路物流。二是在国际业务方面，天顺股份稳步推进在哈萨克斯坦成立的两家控股公司的经营业务，并逐步扩大国际业务类型与区域范围。公司积极落实国家"一带一路"倡议，加快供应链业务在"一带一路"核心节点的战略布局。受利好冲击，该股当日高开后分 2 个波次上冲封板，至收盘涨停板没打开，盘口强势特征明显。

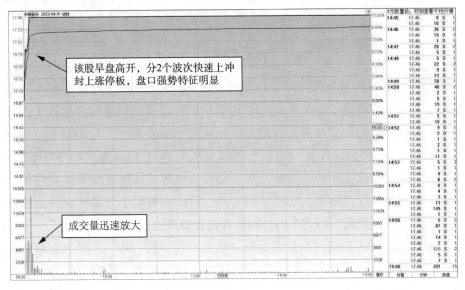

图 4-31

　　图 4-32 是 002800 天顺股份 2022 年 9 月 1 日星期四上午开盘后至 9:34 的分时截图。从该股 4 分多钟的分时截图看，早盘高开后，成交量迅速放大，分时价格线快速上冲并于 9:31 略回调后，再次上冲快速封上涨停板，成交量同步放大。从盘口右边的成交明细也可以看出，9:33 一笔 4961 手的大买单将股价封死在涨停板上后，成交量呈逐渐萎缩状态，但百手以上卖单仍在持续成交。普通投资者只要在当日开盘后快速下单买进的，应该都能成交。当然，普通投资者也可以在股价第一波次上冲回调（9:31）时，或在 9:33 最后一笔 4961 手的大买单即将封板前快速下单买进。

图 4-32

　　图 4-33 是 002800 天顺股份 2022 年 9 月 1 日星期四下午收盘时的 K 线走势图。在软件上将该股整个 K 线走势图缩小后可以看出，此时该股处于上升趋势中。股价从前期相对高位（此前有过一波大幅上涨），即 2022 年 3 月 8 日的最高价 27.86 元，下跌调整，至 2022 年 4 月 27 日的最低价 13.45 元止跌企稳，下跌时间虽然不长，但跌幅大。随后，该股展开震荡盘升洗盘吸筹行情，K 线走势呈红多绿少、红肥绿瘦态势，股价走势呈上升趋势，其间收出过 2 个大阳线涨停板，均为主力机构吸筹建仓型涨停板。

　　2022 年 9 月 1 日截图当日，由于"物流 + '一带一路'"概念利好的助推，该股跳空高开，收出一个大阳线涨停板，突破前高，成交量较前一交易日略有萎缩（涨停的原因），形成大阳线涨停 K 线形态。当日股价向上突破 5

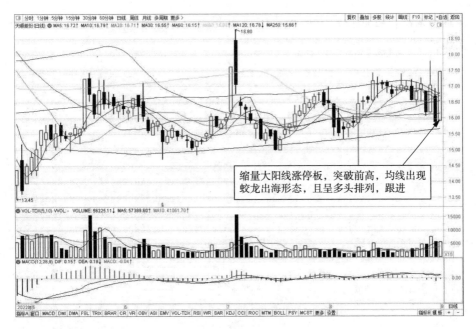

缩量大阳线涨停板，突破前高，均线出现
蛟龙出海形态，且呈多头排列，跟进

图 4-33

日、10 日、20 日、30 日、60 日、90 日和 120 日均线（一阳穿七线），250 日
均线在股价下方向上移动，均线呈蛟龙出海形态。此时，均线（除 120 日均
线外）呈多头排列，MACD、KDJ 等技术指标走强，盘口的强势特征已经相当
明显，后市持续快速上涨的概率大。像这种情况，普通投资者可以在当日跟
庄抢板，或在次日集合竞价时以涨停价挂买单排队等候买进，持股待涨，待
股价出现明显见顶信号时再撤出。

图 4-34 是 002800 天顺股份 2022 年 9 月 9 日星期五下午收盘时的分时走
势图。从分时截图看，当日该股涨停开盘后，成交量迅速放大。13:18 有连续
9 笔千（万）手以上大卖单砸板成交，但涨停板没被砸开；13:20 有 6 笔千手
以上大卖单砸板成交，涨停板被砸开，股价由涨停价 30.93 元跌到了 30.30
元，同 1 分钟内，涨停板很快被封回。由于大卖单砸板时间短且在同 1 分钟
内，盘口买一位置买盘单量大，所以我们看不到分时价格线上砸出的小坑
（应该是主力机构先算好了买一位置除去自己挂单量外的总单量，然后通过撤
换买一位置买单手法展开了两波大出逃），当日 K 线显示最低价跌到了 30.21
元。从当日分时走势看，虽然分时价格线上看不到砸出的小坑，但从开盘后
以及 13:18、13:20 这 3 次大放量来看，应该是主力机构在大量派发，因为普
通投资者手中是不可能有这么大量筹码的，所以后市走势隐藏着巨大的风险。

像这种情况，普通投资者如果手中还有筹码当天没有出完，次日应该逢高卖出。

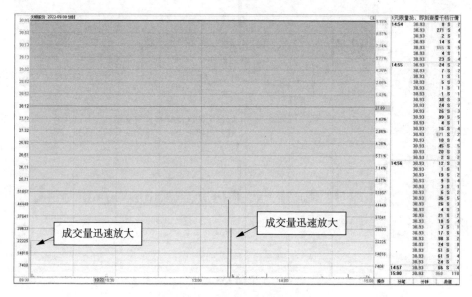

图 4-34

图 4-35 是 002800 天顺股份 2022 年 9 月 9 日星期五下午收盘时的 K 线走势图。从该股 K 线走势可以看出，9 月 1 日，该股高开，收出一个缩量大阳线涨停板，突破前高，形成大阳线涨停 K 线形态，均线出现蛟龙出海形态且呈多头排列，股价的强势特征十分明显。此后，该股展开快速拉升行情。

从拉升情况看，从 9 月 1 日起，主力机构依托 5 日均线，采用直线拉升、盘中洗盘、迅速拔高的操盘手法，急速向上拉升股价。从 9 月 1 日至 9 月 9 日 7 个交易日，拉出了 7 根阳线，均为涨停板（其中 3 个大阳线涨停板、2 个一字涨停板、2 个小 T 字涨停板），涨幅大。

9 月 9 日截图当日，该股涨停开盘，收出一个小 T 字涨停板（高位 T 字板为诱多出货型涨停板），成交量较前一交易日萎缩。由于距离前一波大涨行情间隔时间不长，加上前一交易日收出一个放量小 T 字板、股价已经处于高位，明显是主力机构在高位利用涨停诱多出货。此时，股价远离 30 日均线且涨幅大，KDJ 等部分技术指标已经走弱。像这种情况，普通投资者如果手中还有筹码当天没有出完，次日应该逢高清仓。

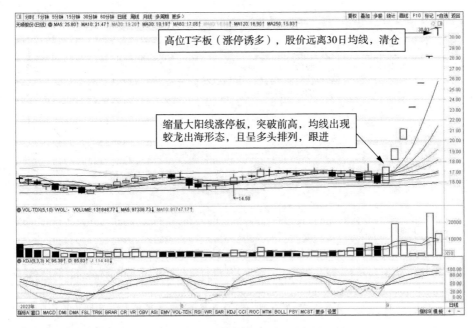

图 4-35

三、高开快速上冲减压后封上涨停板

高开快速上冲减压后封上涨停板，是指个股高于前一交易日收盘价开盘，在迅速放大的成交量配合下，股价快速上冲接近涨停价（或触及涨停板）瞬间回落（或开板回落），但很快又封回涨停板。

这种涨停板之前一般已经收出过大阳线涨停板，或者经过较长时间的震荡整理（震荡盘升）洗盘，股价已经处于上升趋势中，受利好冲击，当日快速上冲接近涨停价（或触及涨停板）却瞬间回落（或开板回落），主力机构操盘的目的是测试市场抛压，快速清洗前期获利盘。这种减压操作，持续时间短，股价回调幅度较小，很快就封回涨停板。

图 4-36 是 000629 钒钛股份 2022 年 7 月 4 日星期一下午收盘时的分时走势图。这是主力机构在 7 月 3 日拉出一个大阳线涨停板之次日的分时截图。当日该股缩量涨停，涨停原因为"钒电池+钛白粉"概念炒作。一是公司主营业务包括钒、钛、电三大板块，其中钒、钛板块是公司战略重点发展业务。二是公司是少数具有"硫酸法+氯化法"钛白粉生产企业，产量位居全国前三。三是公司已对关联方四川攀研技术有限公司所属钒电池电解液试验线进行托管经营。

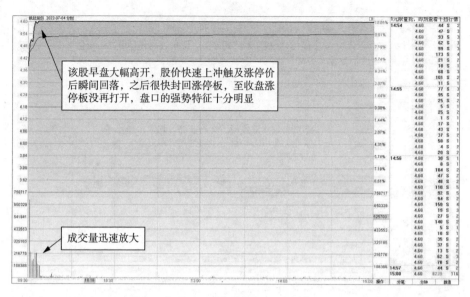

该股早盘大幅高开，股价快速上冲触及涨停价后瞬间回落，之后很快封回涨停板，至收盘涨停板没再打开，盘口的强势特征十分明显

成交量迅速放大

图 4-36

从当日分时走势看，该股早盘大幅高开（向上跳空 4.78% 开盘），股价快速上冲并于 9:34 触及涨停价 4.60 元，但瞬间回落，成交量同步放大，回落幅度不大，于 9:37 封回涨停板，至收盘涨停板没再打开，明显是主力机构为测试市场抛压、快速清洗前期获利盘而进行的短暂减压调整操作。

从盘口看，由于封回涨停板时间早，且开板时间短暂，回调幅度小，盘口的强势特征十分明显。像这种情况，普通投资者可以在当日跟庄抢板或在次日集合竞价时以涨停价挂买单排队加仓买进。

图 4-37 是 000629 钒钛股份 2022 年 7 月 4 日星期一下午收盘时的 K 线走势图。在软件上将该股整个 K 线走势图缩小后可以看出，此时该股处于上升趋势中。股价从前期相对高位（前期有过一波大涨），即 2021 年 9 月 8 日的最高价 5.12 元，一路震荡回落，至 2022 年 4 月 27 日的最低价 2.76 元止跌企稳，下跌时间较长、跌幅大，下跌后期，主力机构趁大盘大跌之机，打压股价收集了部分筹码。

2022 年 4 月 27 日该股止跌企稳后，展开震荡盘升洗盘吸筹行情，K 线走势呈红多绿少、红肥绿瘦态势，均线逐渐形成多头排列态势。

2022 年 7 月 1 日，该股平开，收出一个大阳线涨停板，突破前高，成交量较前一交易日略有放大，形成大阳线涨停 K 线形态。此时，均线呈多头排列，MACD、KDJ 等技术指标走强，股价的强势特征已经显现，后市快速上涨的概率大。像这种情况，普通投资者可以在当日跟庄抢板或在次日集合竞价

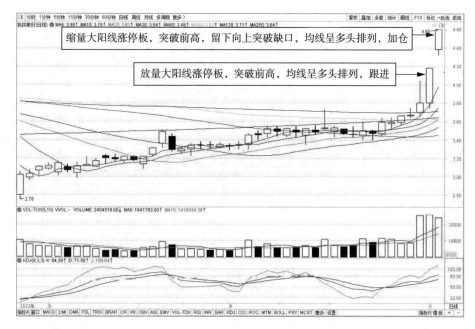

图 4-37

时以涨停价挂买单排队等候买进。

　　7月4日截图当日，由于"钒电池+钛白粉"概念利好的助推，该股大幅跳空高开（向上跳空4.78%开盘），收出一个大阳线涨停板，突破前高，留下向上突破缺口，成交量较前一交易日萎缩（涨停的原因），形成向上突破缺口和大阳线涨停K线形态。此时，均线呈多头排列，MACD、KDJ等技术指标走强，盘口的强势特征非常明显，次日股价继续涨停且快速上涨的概率大。像这种情况，普通投资者可以在当日跟庄抢板，或在次日集合竞价时以涨停价挂买单排队等候加仓买进，然后持股待涨，待股价出现明显见顶信号时再撤出。

　　图4-38是000629钒钛股份2022年7月21日星期四下午收盘时的分时走势图。从分时走势看，当日该股低开快速冲高，在分时均价线上方展开震荡盘升行情，14:08开始，股价震荡回落，当日盘中最高价接近涨停价，收盘涨幅为4.48%。从盘口分时走势看，虽然当日股价在前一交易日收盘价上方、依托分时均价线展开震荡行情，但尾盘回落幅度较大，且成交量同步放大，明显是主力机构利用低开大幅走高、盘中高位震荡、尾盘打压派发的操盘手法，引诱跟风盘进场而开始出货，分时盘口弱势特征已经显现。像这种情况，普通投资者如果手中还有筹码当天没有出完，次日应该逢高卖出。

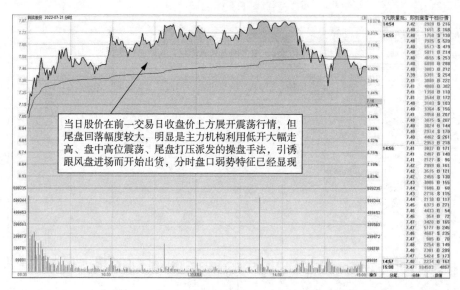

当日股价在前一交易日收盘价上方展开震荡行情，但尾盘回落幅度较大，明显是主力机构利用低开大幅走高、盘中高位震荡、尾盘打压派发的操盘手法，引诱跟风盘进场而开始出货，分时盘口弱势特征已经显现

图 4-38

图 4-39 是 000629 钒钛股份 2022 年 7 月 21 日星期四下午收盘时的 K 线走势图。从该股 K 线走势可以看出，7 月 4 日，该股大幅跳空高开，收出一个缩量大阳线涨停板，突破前高，留下向上突破缺口，形成向上突破缺口和大阳线涨停 K 线形态，均线呈多头排列，股价的强势特征相当明显。此后，该股展开快速拉升行情。

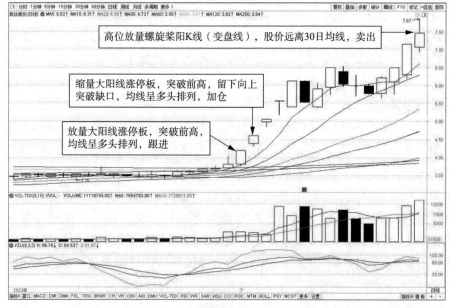

高位放量螺旋桨阳K线（变盘线），股价远离30日均线，卖出

缩量大阳线涨停板，突破前高，留下向上突破缺口，均线呈多头排列，加仓

放量大阳线涨停板，突破前高，均线呈多头排列，跟进

图 4-39

从拉升情况看，从7月4日起，主力机构依托5日均线，采用直线拉升、盘中洗盘、迅速拔高的操盘手法，急速向上拉升股价，至7月7日，连续拉出4个涨停板。7月8日，该股展开强势调整洗盘行情，7月19日调整洗盘行情结束，7月20日再次拉出一个大阳线涨停板。从K线走势看，整体走势比较顺畅，涨幅较大。

7月21日截图当日，该股低开，股价冲高回落，收出一根螺旋桨阳K线，成交量较前一交易日放大，显露出主力机构采用低开拉高、盘中震荡然后回落的操盘手法，引诱跟风盘进场而派发出货的迹象。此时，股价远离30日均线且涨幅较大，KDJ等部分技术指标开始走弱，盘口的弱势特征已经显现。像这种情况，普通投资者如果手中还有筹码当天没有出完，次日应该逢高卖出。

图4-40是002693双成药业2022年10月14日星期五下午收盘时的分时走势图。这是主力机构在10月13日拉出一个大阳线涨停板之次日的分时截图。当日该股放量涨停，涨停原因为"生物医药+仿制药+注射用紫杉醇"概念炒作。一是公告称，公司与Meitheal和HKF签署协议，将注射用紫杉醇在美国地区内的独家许可授予Meitheal和HKF。二是公司的主营业务是化学合成多肽药品的研发、生产和销售。主要产品有基泰（品名）注射用胸腺法新、注射用比伐芦定、注射用左卡尼汀、注射用盐酸克林霉素、注射用法莫替丁、注射用生长抑素、注射用磷酸川芎嗪。三是公司是多肽仿制药制剂领先者。

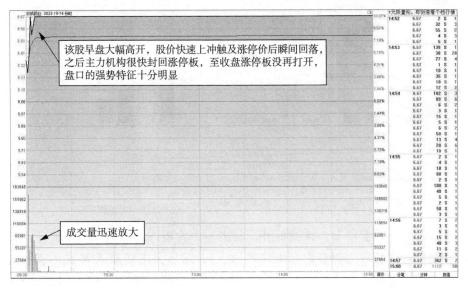

图 4-40

从当日分时走势看，该股早盘大幅高开（向上跳空 4.79% 开盘），股价快速上冲并于 9:32 触及涨停价 6.67 元，但瞬间回落，成交量同步放大，回落幅度不大，于 9:35 封回涨停板，至收盘涨停板没再打开，明显是主力机构为测试市场抛压、快速清洗前期获利盘而进行的短暂减压调整操作。

从盘口看，由于封回涨停板时间早，且开板时间短暂，回调幅度小，盘口的强势特征十分明显。像这种情况，普通投资者可以在当日跟庄抢板，或在次日集合竞价时以涨停价挂买单排队等候加仓买进。

图 4-41 是 002693 双成药业 2022 年 10 月 14 日星期五下午收盘时的 K 线走势图。在软件上将该股整个 K 线走势图缩小后可以看出，此时该股处于上升趋势中。股价从前期相对高位（前期有过一波大涨），即 2022 年 5 月 13 日的最高价 8.76 元，快速下跌，至 2022 年 6 月 14 日的最低价 5.04 元止跌企稳，然后展开横盘震荡（挖坑）洗盘吸筹行情。横盘震荡（挖坑）洗盘吸筹期间，主力机构拉出过 6 个涨停板，均为吸筹建仓型涨停板。

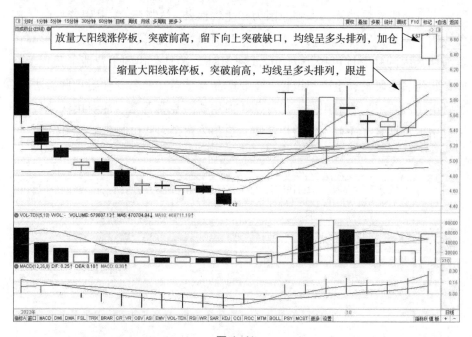

图 4-41

2022 年 10 月 13 日，该股低开，收出一个大阳线涨停板，突破前高，成交量较前一交易日大幅萎缩（涨停的原因），形成大阳线涨停 K 线形态。此时，均线呈多头排列，MACD、KDJ 等技术指标走强，股价的强势特征已经显现，后市快速上涨的概率大。像这种情况，普通投资者可以在当日跟庄抢板或在次日集合竞价时以涨停价挂买单排队等候买进。

　　10月14日截图当日，由于"生物医药+仿制药+注射用紫杉醇"概念利好的助推，该股大幅跳空高开（向上跳空4.79%开盘），收出一个大阳线涨停板，突破前高，留下向上突破缺口，成交量较前一交易日放大2倍多，形成向上突破缺口和大阳线涨停K线形态。此时，均线呈多头排列，MACD、KDJ等技术指标走强，盘口的强势特征非常明显，次日股价继续涨停且快速上涨的概率大。像这种情况，普通投资者可以在当日跟庄抢板，或在次日集合竞价时以涨停价挂买单排队等候加仓买进，持股待涨，待股价出现明显见顶信号时再撤出。

　　图4-42是002693双成药业2022年10月20日星期四下午收盘时的分时走势图。从分时走势看，当日该股大幅低开（向下跳空3.90%开盘）后，股价快速回落，成交量迅速放大，股价最低下探至7.92元（下跌8.5%左右），然后急速勾头向上，多波次震荡上行，于9:57封上涨停板。当日涨停板打开封回3次，成交量放大。从盘口看，明显是主力机构利用大幅低开震荡走高，涨停板反复打开、封回等操盘手法，引诱跟风盘进场而开始出货，分时盘口弱势特征已经显现。像这种情况，普通投资者如果手中还有筹码当天没有出完，次日应该逢高卖出。

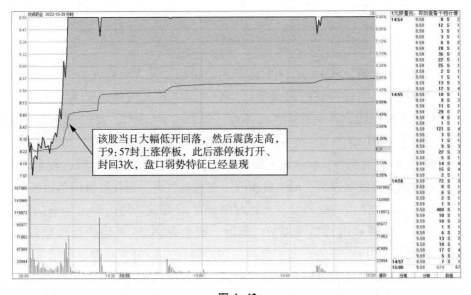

图4-42

　　图4-43是002693双成药业2022年10月20日星期四下午收盘时的K线

走势图。从该股的 K 线走势可以看出，10 月 14 日，该股大幅跳空高开，收出一个放量大阳线涨停板，突破前高，留下向上突破缺口，形成向上突破缺口和大阳线涨停 K 线形态，均线呈多头排列，股价的强势特征相当明显。此后，该股展开快速拉升行情。

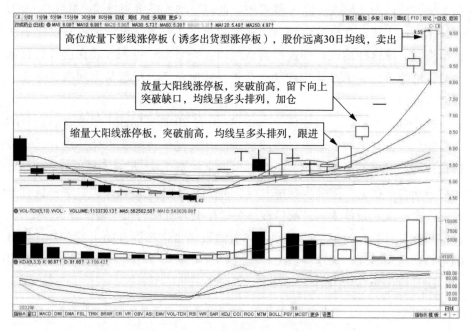

图 4-43

从拉升情况看，从 10 月 14 日起，主力机构依托 5 日均线，采用直线拉升、盘中洗盘、迅速拔高的操盘手法，急速向上拉升股价，至 10 月 20 日，连续拉出 5 根阳线，其中有 4 个涨停板（2 个一字涨停板、2 个大阳线涨停板），涨幅相当不错。

10 月 20 日截图当日，该股大幅低开（向下跳空 3.90%开盘），收出一个带下影线的大阳线涨停板，成交量较前一交易日放大，当日股价回落跌（刺）破 5 日均线，加上前一交易日收出巨量螺旋桨阳 K 线，可以看出当日的涨停板明显是一个诱多出货型涨停板。此时，股价远离 30 日均线且涨幅较大，KDJ 等部分技术指标开始走弱，盘口的弱势特征已经显现。像这种情况，普通投资者如果手中还有筹码当天没有出完，次日应该逢高卖出。

第三节　多波次接力封上涨停板

多波次接力封上涨停板，就是个股高（平）开后，分时价格线向上运行多个波次，然后封上涨停板。理论上讲，越少波次上冲封上涨停板的个股表明其股性越强，越多波次上冲封上涨停板的个股表明其股性越弱。当然，普通投资者还是要对目标股票股价所处的位置以及其他技术指标进行综合分析判断后，再做出是否跟庄进场的决定。

实战操盘中，在多波次接力封上涨停板个股的选择上，普通投资者最好选择那些早盘高开或平开，然后2~3个波次快速上冲封板且在早盘时间内封板的个股，当然封板时间越早越好。这种目标股票的主力机构实力较强、有想法，普通投资者短期可看多做多。

一、高（平）开3个波次接力封上涨停板

高（平）开3个波次接力封上涨停板，是指个股高于或在前一交易日的收盘价上开盘，在迅速放大的成交量配合下，股价快速上冲，其间经过2次短暂回调，之后快速上行封上涨停板，成交量同步放大。这种涨停板的个股之前一般已经收出过涨停板，或者经过较长时间的震荡整理（震荡盘升）洗盘，股价已处于上升趋势中，受利好冲击，当日3个波次快速封上涨停板。

图4-44是000040东旭蓝天2022年8月9日星期二下午收盘时的分时走势图。当日该股平开放量涨停，涨停原因为"光伏+TOPCON电池+机器人"概念炒作。一是公司持续推进"智慧能源+环保治理"的发展模式，致力于成为国内领先的环保新能源综合服务商。二是公司光伏组件主要由东旭蓝天全资子公司，即安徽东旭康图太阳能科技有限公司研发、生产及销售。三是公司旗下自主研发的电站线下智能运维机器人已成功实现量产，并应用超过1GW的光伏电站。

从当日分时走势看，该股早盘平开，股价小幅震荡后展开第一波次上冲走势，于9:42小幅回调后展开第二波次上冲走势，于9:44再次小幅回调后展开第三波次快速上冲走势，于9:47封上涨停板。股价每次回调的时间较短，幅度不大，上冲时成交量同步放大。主力机构回调的目的，应该是测试市场抛压、快速清洗前期获利盘。

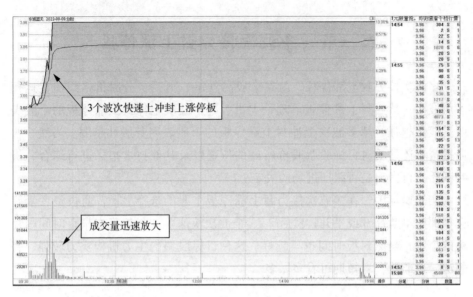

图 4-44

　　从盘口看，由于封板时间早，封板后涨停板没有再打开，封板之后成交量呈持续萎缩状态，盘口的强势特征十分明显。像这种情况，普通投资者可以在当日跟庄抢板，或在次日择机跟庄进场加仓买进筹码。

　　图 4-45 是 000040 东旭蓝天 2022 年 8 月 9 日星期二下午收盘时的 K 线走势图。在软件上将该股整个 K 线走势图缩小后可以看出，此时该股处于上升趋势中。股价从前期相对高位（前期有过一波较大幅度的上涨），即 2021 年 9 月 23 日的最高价 4.35 元，震荡下跌，至 2022 年 4 月 27 日的最低价 2.54 元止跌企稳，下跌时间虽然不是很长，但跌幅较大，其间有过 2 次较大幅度的反弹。

　　2022 年 4 月 27 日该股止跌企稳后，展开震荡盘升行情，K 线走势呈红多绿少、红肥绿瘦态势，均线逐渐形成多头排列。震荡盘升期间，主力机构拉出了 2 个涨停板，为吸筹建仓型涨停板。

　　8 月 9 日截图当日，由于"光伏+TOPCON 电池+机器人"概念利好的助推，该股平开，收出一个大阳线涨停板，突破前高，成交量较前一交易日大幅放大，形成大阳线涨停 K 线形态。此时，均线呈多头排列，MACD、KDJ 等技术指标已经走强，盘口的强势特征相当明显，后市股价快速上涨的概率大。像这种情况，普通投资者可以在当日跟庄抢板，或在次日择机跟庄进场加仓买进筹码，持股待涨，待股价出现明显见顶信号时再撤出。

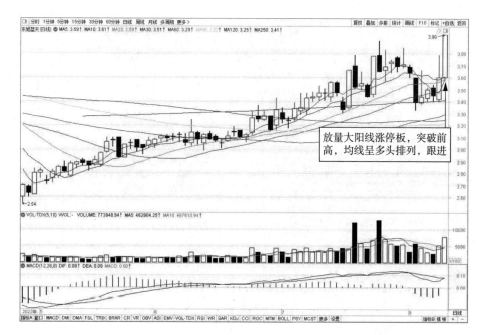

图 4-45

　　图 4-46 是 000040 东旭蓝天 2022 年 8 月 24 日星期三下午收盘时的分时走势图。从分时走势看，当日该股大幅高开（向上跳空 5.25% 开盘）后，股价快速回落，成交量迅速放大，股价跌破前一交易日收盘价，最低下探至 5.82元（下跌 1.5% 左右），然后急速勾头向上，穿过前一交易日收盘价和分时均价线，展开震荡盘整行情，9:56 封上涨停板。11:22 涨停板被大卖单砸开，成交量放大，该股展开高位震荡盘整走势，13:22 封回涨停板至收盘。从盘口看，该股开盘后回落跌破前一交易日收盘价，封板时间晚，封板后又被打开且时间较长，明显是主力机构利用大幅高开、高位震荡、涨停板打开封回等操盘手法，引诱跟风盘进场而开始出货，分时盘口弱势特征已经显现。像这种情况，普通投资者如果手中还有筹码当天没有出完，次日应该逢高卖出。

　　图 4-47 是 000040 东旭蓝天 2022 年 8 月 24 日星期三下午收盘时的 K 线走势图。从 K 线走势可以看出，8 月 9 日，该股平开，收出一个放量大阳线涨停板，突破前高，形成大阳线涨停 K 线形态，均线呈多头排列，股价的强势特征相当明显。此后，该股展开快速拉升行情。

　　从拉升情况看，从 8 月 9 日起，主力机构依托 5 日均线，采用直线拉升、盘中洗盘、迅速拔高的操盘手法，急速向上拉升股价，至 8 月 12 日，连续拉出 4 个涨停板。8 月 15 日，该股大幅高开，之后冲高回落展开强势洗盘调整

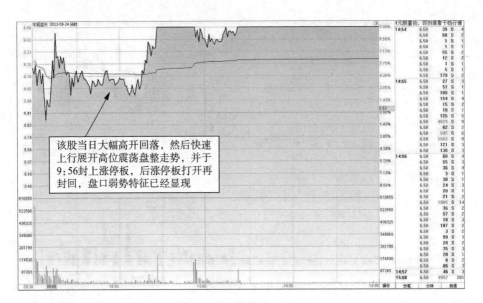

该股当日大幅高开回落，然后快速上行展开高位震荡盘整走势，并于9:56封上涨停板，后涨停板打开再封回，盘口弱势特征已经显现

图 4-46

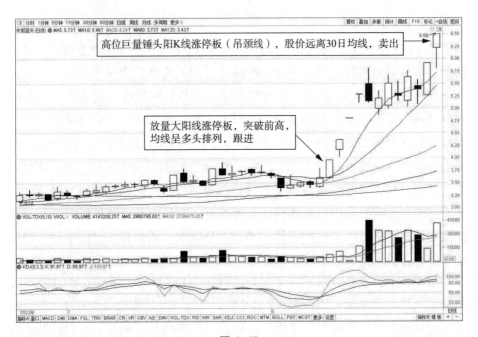

高位巨量锤头阳K线涨停板（吊颈线），股价远离30日均线，卖出

放量大阳线涨停板，突破前高，均线呈多头排列，跟进

图 4-47

行情，8 月 23 日洗盘调整行情结束，之后连续拉出 2 个涨停板。从 K 线走势看，整体走势比较顺畅，涨幅比较大。

8 月 24 日截图当日，该股大幅高开（向上跳空 5.25% 开盘），收出一个锤头阳 K 线涨停板，成交量较前一交易日放大近 3 倍，显露出主力机构采用大幅高开、盘中高位震荡盘整、涨停板打开封回等操盘手法，引诱跟风盘进场而大量派发出货的迹象。此时，股价远离 30 日均线且涨幅较大。像这种情况，普通投资者如果手中还有筹码当天没有出完，次日应该逢高卖出。

图 4-48 是 603929 亚翔集成 2022 年 10 月 31 日星期一下午收盘时的分时走势图。当日该股大幅跳空高开放量涨停，涨停原因为"半导体+中芯国际+折叠屏"概念炒作。一是中芯国际为公司长期合作重要客户，公司承揽其部分工程项目。二是公司的主营业务是为 IC 半导体和光电等高科技电子产业等相关领域的建厂工程，提供洁净室工程、机电工程及建筑工程等服务。三是公司有承揽武汉华星、深圳柔宇、固安云谷等承建的柔性 AMOLED 项目洁净室工程。

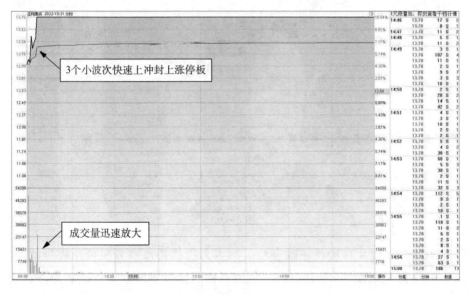

图 4-48

从当日分时走势看，该股早盘大幅高开（向上跳空 4.42% 开盘），股价快速上冲，于 9:31 小幅回调后展开第二波次上冲走势，9:32 再次小幅回调后展开第三波次快速上冲走势，于 9:36 封上涨停板。股价每次回调的时间短、幅度小，上冲时成交量同步放大。主力机构回调的目的，应该是测试市场抛压、快速清洗前期获利盘。

从盘口看，由于封板时间早，封板后涨停板没有再打开，封板之后成交量呈持续萎缩状态，盘口的强势特征十分明显。像这种情况，普通投资者可以在当日跟庄抢板，或在次日择机跟庄进场加仓买进筹码。

图 4-49 是 603929 亚翔集成 2022 年 10 月 31 日星期一下午收盘时的 K 线走势图。在软件上将该股整个 K 线走势图缩小后可以看出，此时该股处于上升趋势中。股价从前期相对高位（前期有过一波大涨），即 2020 年 5 月 21 日的最高价 24.21 元，一路震荡下跌，至 2021 年 2 月 9 日的最低价 8.88 元止跌企稳，下跌时间虽然不是很长，但跌幅较大，其间有过 3 次较大幅度的反弹。

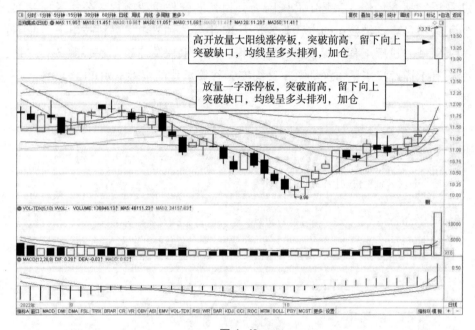

图 4-49

2021 年 2 月 9 日股价止跌企稳后，主力机构快速推升股价，收集筹码。随后该股展开大幅震荡盘升行情，主力机构高抛低吸赚取差价盈利与洗盘吸筹并举。

2022 年 10 月 28 日，该股涨停开盘，收出一个一字涨停板，突破前高，留下向上突破缺口，成交量较前一交易日放大，形成向上突破缺口和一字涨停 K 线形态。此时，均线呈多头排列，MACD、KDJ 等技术指标走强，股价的强势特征已经非常明显，后市持续快速上涨的概率大。像这种情况，普通投资者可以在当日跟庄抢板或在次日集合竞价时以涨停价挂买单排队等候加仓买进。

10 月 31 日截图当日，该股大幅高开（向上跳空 4.42% 开盘），收出一个大阳线涨停板，突破前高，再次留下向上突破缺口，成交量较前一交易日放大 4 倍多，形成向上突破缺口和大阳线涨停 K 线形态。此时，均线呈多头排列，MACD、KDJ 等技术指标走强，盘口的强势特征相当明显，加上"半导体+中芯国际+折叠屏"利好消息的刺激，后市股价继续快速上涨的概率大。像这种情况，普通投资者可以在当日跟庄抢板，或在次日择机跟庄进场加仓买进筹码，持股待涨，待股价出现明显见顶信号时再撤出。

图 4-50 是 603929 亚翔集成 2022 年 11 月 9 日星期三下午收盘时的分时走势图。从分时走势看，当日该股大幅高开（向上跳空 4.88% 开盘）后，股价急速回落，成交量迅速放大，股价跌破前一交易日收盘价，最低下探至 15.64 元（下跌 4.40% 左右），然后急速勾头向上，穿过前一交易日收盘价，展开震荡盘升行情，于 10:07 封上涨停板。14:16 涨停板被砸开，成交量放大，14:20 封回涨停板，至收盘没再打开。从盘口看，该股开盘后回落幅度较深，封板时间晚，封板后又被打开，明显是主力机构利用大幅高开、盘中震荡、涨停

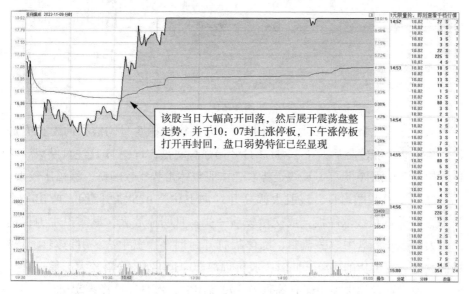

该股当日大幅高开回落，然后展开震荡盘整走势，并于 10：07 封上涨停板，下午涨停板打开再封回，盘口弱势特征已经显现

图 4-50

板打开封回等操盘手法，引诱跟风盘进场而开始出货，分时盘口弱势特征已经显现。像这种情况，普通投资者如果手中还有筹码当天没有出完，次日应该逢高卖出。

图 4-51 是 603929 亚翔集成 2022 年 11 月 9 日星期三下午收盘时的 K 线走势图。从 K 线走势可以看出，10 月 31 日，该股大幅高开，收出一个放量大阳线涨停板，突破前高，留下向上突破缺口，形成向上突破缺口和大阳线涨

停K线形态，均线呈多头排列，股价的强势特征相当明显。此后，该股展开快速拉升行情。

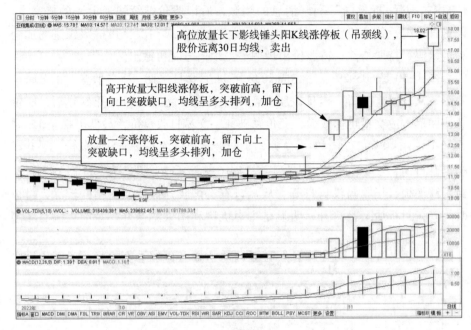

图中标注文字：

高位放量长下影线锤头阳K线涨停板（吊颈线），股价远离30日均线，卖出

高开放量大阳线涨停板，突破前高，留下向上突破缺口，均线呈多头排列，加仓

放量一字涨停板，突破前高，留下向上突破缺口，均线呈多头排列，加仓

图 4-51

从拉升情况看，从10月31日起，主力机构依托5日均线，向上拉升股价，拉出2个涨停板后，于11月2日开始强势洗盘，11月8日洗盘结束，又连续拉出2个涨停板。从K线走势看，该股整体走势比较顺畅，涨幅比较大。

11月9日截图当日，该股大幅高开（向上跳空4.88%开盘），收出一个长下影锤头阳K线涨停板，成交量较前一交易日明显放大，显露出主力机构采用大幅高开、盘中震荡盘整、涨停板打开封回等操盘手法，引诱跟风盘进场而大量派发出货的迹象。此时，股价远离30日均线且涨幅较大。像这种情况，普通投资者如果手中还有筹码当天没有出完，次日应该逢高卖出。

二、高（平）开多波次接力封上涨停板

高（平）开多波次接力封上涨停板，是指个股高于或在前一交易日的收盘价上开盘，在迅速放大的成交量配合下，股价快速上冲，其间经过多次短暂回调，之后快速上行封上涨停板。这种涨停板的个股之前一般已经收出过涨停板，或者经过较长时间的震荡整理（震荡盘升）洗盘，股价已处于上升趋势中，受利好冲击当日多个波次快速封上涨停板。

图 4-52 是 603232 格尔软件 2022 年 10 月 27 日星期四下午收盘时的分时走势图。当日该股大幅跳空高开放量涨停，涨停原因为"信创+数字货币+网络安全+汽车芯片"概念炒作。一是公司自成立以来一直专注于信息安全行业 PKI 领域，即以公钥基础设施 PKI（Public Key Infrastructure）为核心的商用密码软件产品的研发、生产、销售及服务业务，为用户提供基于 PKI 的信息安全系列产品、安全服务和信息安全整体解决方案。二是作为以 PKI 技术为核心的安全厂商，数字货币业务是公司重点关注的密码技术应用领域，公司一直积极跟进相关技术的发展和应用场景的变化。三是公司拟以自有资金 1000 万元参股上海芯钛。上海芯钛定位于汽车半导体芯片设计研发和产品应用，聚焦在智能网联汽车产业，为汽车电子智能化、网联化发展提供芯片产品及应用方案支撑。

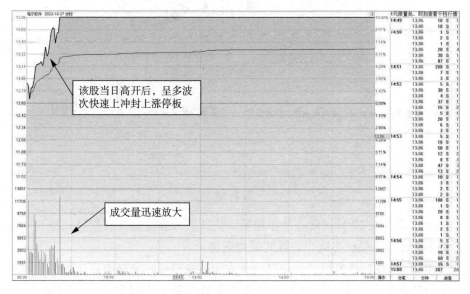

图 4-52

从当日分时走势看，该股早盘高开后略回落，然后股价呈多个波次快速上冲，于 9:52 封上涨停板，至收盘涨停板没被打开。股价多个波次快速上冲过程中，每次回调的时间短、幅度小，上冲时成交量同步放大。主力机构回调的目的，应该是测试市场抛压、快速清洗前期获利盘。

从盘口看，由于封板时间早，封板后涨停板没有被打开，且成交量呈持续萎缩状态，分时盘口的强势特征十分明显。像这种情况，普通投资者可以在当日跟庄抢板，或在次日择机跟庄进场加仓买进筹码。

图4-53是603232格尔软件2022年10月27日星期四下午收盘时的K线走势图。在软件上将该股整个K线走势图缩小后可以看出，此时该股处于上升趋势中。股价从前期相对高位，即2020年2月21日的最高价59.00元，一路震荡下跌，至2022年4月27日的最低价9.12元止跌企稳，下跌时间长、跌幅大，其间有过多次较大幅度的反弹。

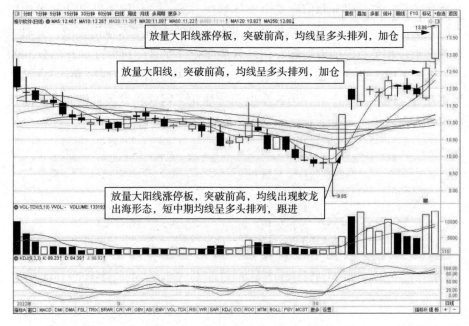

图 4-53

2022年4月27日该股止跌企稳后，快速展开震荡盘升（挖坑）洗盘吸筹行情，K线走势呈红多绿少、红肥绿瘦态势。

10月13日，该股低开，收出一个大阳线涨停板，突破前高，成交量较前一交易日放大2倍多，形成大阳线涨停K线形态；当日股价向上突破5日、10日、20日、30日、60日、90日、120日和250日均线（一阳穿八线），均线蛟龙出海形态形成；此时，短中期均线（除30日均线外）呈多头排列，MACD、KDJ等技术指标开始走强，股价的强势特征已经显现，后市继续上涨的概率大。像这种情况，普通投资者可以在当日或次日跟庄进场逢低分批买进筹码。此后（从10月14日至10月25日），该股展开强势调整洗盘行情，正是普通投资者跟庄进场的好时机。

10月26日，该股低开，收出一根大阳线（涨幅为6.51%），突破前高和平台，成交量较前一交易日放大2倍多。此时，均线（除250日均线外）呈多头排列，MACD、KDJ等技术指标走强，股价的强势特征已经相当明显，后市快速上涨的概率大。像这种情况，普通投资者可以在当日或次日择机跟庄进场加仓买进筹码。

10月27日截图当日，该股跳空高开（向上跳空2.30%开盘），收出一个大阳线涨停板，突破前高，成交量较前一交易日明显放大，形成大阳线涨停K线形态。此时，均线（除250日均线外）呈多头排列，MACD、KDJ等技术指标走强，盘口的强势特征非常明显，加上"信创+数字货币+网络安全+汽车芯片"利好消息的刺激，后市股价继续快速上涨的概率大。像这种情况，普通投资者可以在当日跟庄抢板或在次日择机跟庄进场加仓买进筹码，持股待涨，待股价出现明显见顶信号时再撤出。

图4-54是603232格尔软件2022年11月7日星期一下午收盘时的分时走势图。从分时走势看，当日该股大幅高开（向上跳空3.54%开盘）后，股价快速冲高，于9:32封上涨停板。10:02涨停板被连续4笔千（万）手以上大卖单砸开，股价快速下跌，跌破分时均价线后震荡回落，盘中一度跌破前一交易日收盘价，回落幅度较深，当日收盘收在前一交易日收盘价上（平盘）。从盘口看，当日大幅高开，股价急速上冲封上涨停板，封板30分钟即被大卖单砸开，此后股价一路震荡下跌至收盘，明显是主力机构利用大幅高开、快速封板、打开涨停板、震荡回落等操盘手法，引诱跟风盘进场而开始出货，分时盘口弱势特征已经显现。像这种情况，普通投资者如果手中还有筹码当天没有出完，次日应该逢高卖出。

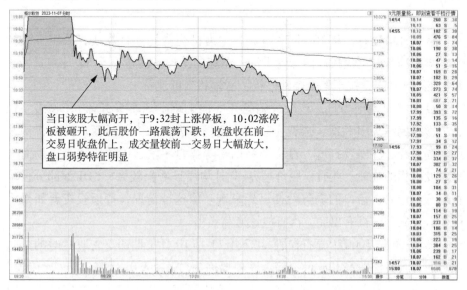

图 4-54

图 4-55 是 603232 格尔软件 2022 年 11 月 7 日星期一下午收盘时的 K 线走势图。从 K 线走势可以看出，10 月 27 日，该股大幅高开，收出一个放量大阳线涨停板，突破前高，形成大阳线涨停 K 线形态，均线呈多头排列，股价的强势特征相当明显。此后，该股展开快速拉升行情。

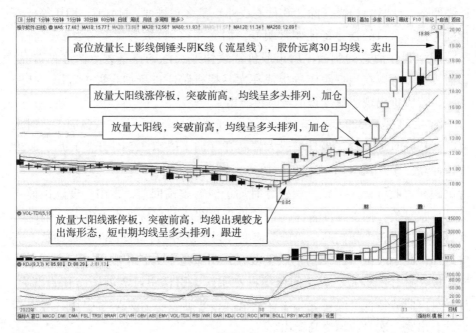

图 4-55

从拉升情况看，从 10 月 27 日起，主力机构依托 5 日均线，采用直线拉升、盘中洗盘、迅速拔高的操盘手法，急速向上拉升股价，至 11 月 4 日，共 7 个交易日时间，拉出了 5 个涨停板，涨幅相当可观。

11 月 7 日截图当日，该股大幅高开（向上跳空 3.54%开盘），收出一根长上影线倒锤头阴 K 线，成交量较前一交易日大幅放大，显露出主力机构采用大幅高开、涨停及打开、盘中震荡回落等操盘手法，引诱跟风盘进场而大量派发出货的迹象。此时，股价远离 30 日均线且涨幅较大，KDJ 等部分技术指标开始走弱，盘口的弱势特征已经显现。像这种情况，普通投资者如果手中还有筹码当天没有出完，次日应该逢高卖出。

图 4-56 是 300071 福石控股 2022 年 11 月 10 日星期四下午收盘时的分时走势图。当日该股高开放量涨停，涨停原因为"Web3.0+元宇宙+文化传媒"概念炒作。一是公司的主营业务为从事体验营销、公关广告、数字营销、内容营销、大数据营销服务等。二是公司营业收入和利润都实现较大幅度增长，

新增了平面和视频媒体采购业务。三是公司旗下子公司迪思已推出的"AUTO Marketing Web3.0"营销体系，通过整合元宇宙中前端认知、沉浸式体验和后端转化的营销全链路资源，发挥 Web3.0 实时演算、即时互动的特点，整合虚拟人、数字博物馆、数字藏品、虚拟 4S 店等元宇宙技术资源，来帮助车企实现"功能可视化""场景虚拟化"和"用户池社交化"服务。

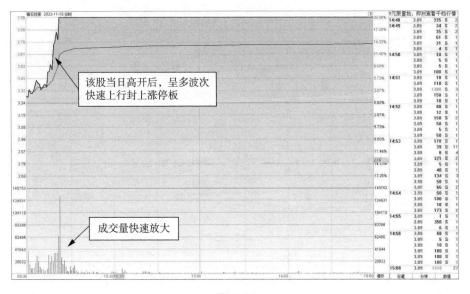

图 4-56

从当日分时走势看，该股早盘高开后，股价呈多个波次快速上行，于9:52封上涨停板，至收盘涨停板没被打开。股价多个波次快速上冲过程中，每次回调的时间短、幅度小，上冲时成交量同步放大。主力机构回调的目的，应该是测试市场抛压、快速清洗前期获利盘。

从盘口看，由于封板时间早，封板后涨停板没有被打开，封板之后成交量呈持续萎缩状态，盘口的强势特征十分明显。像这种情况，普通投资者可以在当日跟庄抢板，或在次日择机跟庄进场加仓买入筹码。由于创业板股票日涨跌幅限制为20%，在平衡（或疲软）市中，普通投资者一定要注意盯盘，在操作上宜快进快出。

图 4-57 是 300071 福石控股 2022 年 11 月 10 日星期四下午收盘时的 K 线走势图。在软件上将该股整个 K 线走势图缩小后可以看出，此时该股处于上升趋势中。股价从前期相对高位，即 2020 年 9 月 8 日的最高价 5.20 元，一路震荡下跌，至 2021 年 4 月 28 日的最低价 1.57 元止跌企稳，下跌时间虽然不

长，但跌幅大，其间有过 2 次较大幅度的反弹。

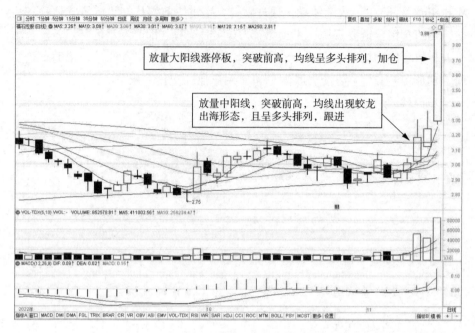

图 4-57

2021 年 4 月 28 日该股止跌企稳后，展开大幅震荡盘升行情，主力机构高抛低吸赚取差价盈利与洗盘吸筹并举。

2022 年 11 月 8 日，该股高开，收出一根中阳线，突破前高，成交量较前一交易日放大 3 倍多。当日股价向上突破 5 日、60 日、90 日和 120 日均线（一阳穿四线），10 日、20 日、30 日和 250 日均线在股价下方上行，均线呈蛟龙出海形态。此时，均线（除 60 日均线外）呈多头排列，MACD、KDJ 等技术指标开始走强，股价的强势特征已经显现，后市继续上涨的概率大。像这种情况，普通投资者可以在当日或次日跟庄进场逢低分批买进筹码。

11 月 10 日截图当日，该股跳空高开，收出一个大阳线涨停板（涨幅为20%），突破前高，成交量较前一交易日明显放大近 2 倍，形成大阳线涨停 K线形态。此时，均线呈多头排列，MACD、KDJ 等技术指标走强，盘口的强势特征非常明显，加上"Web3.0+元宇宙+文化传媒"利好消息的刺激，后市股价继续快速上涨的概率大。像这种情况，普通投资者可以在当日跟庄抢板或在次日择机跟庄进场加仓买入筹码，持股待涨，待股价出现明显见顶信号时再撤出。

图 4-58 是 300071 福石控股 2022 年 11 月 15 日星期二下午收盘时的分时

走势图。从分时走势看，当日该股大幅低开（向下跳空 7.60%开盘）后，股价快速冲高突破前一交易日收盘价，然后急速拐头下行，回落至开盘价附近，围绕分时均价线展开震荡盘整走势至收盘，收盘涨幅为-3.42%。从盘口看，全天股价在前一交易日收盘价下方运行，波动幅度不大，明显是主力机构利用大幅低开、盘中震荡盘整等操盘手法，打压股价而开始出货，整个分时盘口弱势特征明显。像这种情况，普通投资者如果手中还有筹码当天没有出完，次日应该逢高卖出。

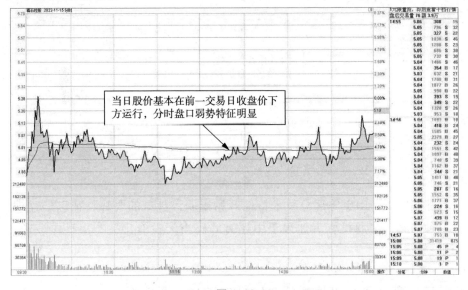

图 4-58

图 4-59 是 300071 福石控股 2022 年 11 月 15 日星期二下午收盘时的 K 线走势图。从 K 线走势可以看出，11 月 10 日，该股高开，收出一个放量大阳线涨停板（涨幅为 20%），突破前高，形成大阳线涨停 K 线形态，均线呈多头排列，股价的强势特征相当明显。此后，主力机构快速向上拉升股价。

从拉升情况看，11 月 10 日收出一个放量大阳线涨停板（涨幅为 20%）之后，11 月 11 日该股涨停开盘，收出一根假阴真阳锤头 K 线（当日涨停板尾盘被打开，收盘涨幅为 12.60%），11 月 12 日，该股大幅高开（向上跳空 4.79%开盘），收出一个放量大阳线涨停板（收盘涨幅为 20%）。3 个交易日的时间，拉出了 2 个涨停板，涨幅还是相当可观的。

11 月 15 日截图当日，该股大幅低开（向下跳空 7.60%开盘），收出一根假阳真阴倒锤头 K 线，成交量较前一交易日萎缩，明显是主力机构利用大幅低开、冲高回落等操盘手法，打压股价而开始出货。此时，股价远离 30 日均

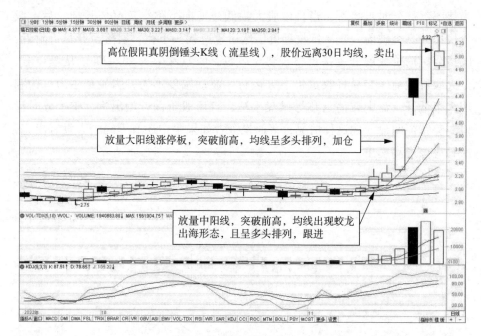

图 4-59

线且涨幅较大，KDJ 等部分技术指标开始走弱，盘口的弱势特征已经显现。像这种情况，普通投资者如果手中还有筹码当天没有出完，次日应该逢高卖出。

三、高（平）开窄幅横盘整理突破封上涨停板

窄幅横盘整理突破封上涨停板，是指个股高开（或平开），且股价被主力机构控制在较小的幅度内进行较长时间的横盘整理后，突然上冲封停，也即分时价格线比较平静地横向运行较长时间后，突然发力冲高突破分时平台封上涨停板。其中原因，有可能是当时大盘疲软或跳水，主力机构将股价控制在较小的幅度内横盘整理，以免引起恐慌，也可能是主力机构拉升前洗盘吸筹的需要等。普通投资者在操盘过程中要注意，一般情况下，这类涨停个股要比多波次上冲封上涨停板个股的股性弱些。

图 4-60 是 000759 中百集团 2022 年 9 月 8 日星期四下午收盘时的分时走势图。当日该股高开放量涨停，涨停原因为"零售+预制菜+免税店+'一带一路'"概念炒作。一是公司的主营业务是商业零售。公司的主要产品是大卖场、社区超市、便利店、电器卖场、百货以及小型购物中心。二是公司为湖北商超龙头，永辉超市是公司第二大股东，持股高达 20%，运营当地罗森

便利店品牌。三是中百大厨房现有少量预制菜肴，中百大厨房产品类别涉及鲜食团膳类、中式面点类、西式面包类、豆制品类、沙拉净菜等五大类别，品种数近 400 种。四是公司积极探索"一带一路"特色商品的销售模式，与汉欧班列有限公司达成了商务合作，联手挖掘商品卖点，打造精品爆款，营造销售契机。

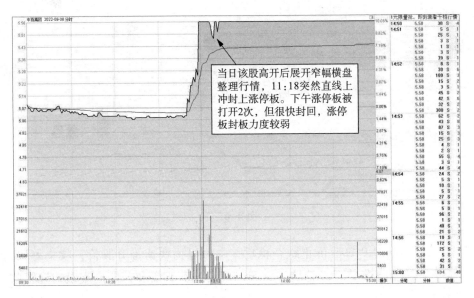

图 4-60

从分时走势看，该股当日向上跳空高开后，展开窄幅横盘整理行情，整理期间股价走势平稳，成交量呈萎缩状态。11:18 分时价格线突然直线上冲，急速封上涨停板，成交量同步放大；13:05 涨停板被大卖单砸开，13:09 封回后瞬间又被大卖单砸开，13:12 封回涨停板至收盘。

从盘口看，虽然是上午封上的涨停板，但下午开盘后涨停板被打开过 2 次（开板时间短，回调幅度小），成交量迅速放大，所以涨停板封板力度较弱，这也正好是普通投资者跟庄进场买入筹码的好机会。如果普通投资者当日没能买进，可在次日集合竞价时视情况买进。

图 4-61 是 000759 中百集团 2022 年 9 月 8 日星期四下午收盘时的 K 线走势图。在软件上将该股整个 K 线走势图缩小后可以看出，此时该股走势处于前期高位下跌之后的上涨（反弹）趋势中。股价从前期相对高位，即 2019 年 4 月 3 日的最高价 8.94 元，一路震荡下跌，至 2022 年 3 月 9 日的最低价 4.42 元止跌企稳，下跌时间长、跌幅大，其间有过多次较大幅度的反弹。

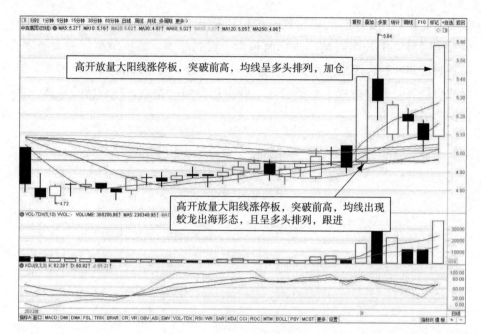

图 4-61

2022 年 3 月 9 日股价止跌企稳后，主力机构快速推升股价，收集筹码，然后开始横盘震荡整理（挖坑）洗盘，以清洗获利盘和前期套牢盘，继续收集筹码。

2022 年 9 月 1 日，该股高开，收出一个大阳线涨停板，突破前高，成交量较前一交易日放大 6 倍多，形成大阳线涨停 K 线形态。当日股价向上突破 5 日、10 日、60 日、90 日、120 日和 250 日均线（一阳穿六线），20 日和 30 日均线在股价下方向上移动，均线呈蛟龙出海形态。此时，均线呈多头排列，MACD、KDJ 等技术指标走强，股价的强势特征已经显现，做多氛围浓厚。像这种情况，普通投资者可以在当日跟庄抢板或在次日积极跟庄进场买进筹码。

9 月 2 日，该股低开，股价冲高回落，收出一根中阴线，主力机构展开强势洗盘行情，连续调整 4 个交易日，成交量呈萎缩状态，正是普通投资者跟庄进场逢低买进的好时机。

9 月 8 日截图当日，该股跳空高开，收出一个大阳线涨停板，突破前高，成交量较前一交易日放大 3 倍多，形成大阳线涨停 K 线形态。此时，均线呈多头排列，MACD、KDJ 等技术指标持续走强，股价的强势特征非常明显，做多氛围浓厚，加上"零售+预制菜+免税店+'一带一路'"利好消息的刺激，股价短期持续快速上涨的概率大。像这种情况，普通投资者可以在当日跟庄抢板或在次日择机跟庄进场加仓买进筹码，然后持股待涨，待股价出现明显见顶信号时再撤出。

图4-62是000759中百集团2022年9月15日星期四下午收盘时的分时走势图。从分时走势看，当日该股低开，股价急速回落至7.00元左右（下跌幅度为5.7%左右），略做整理后快速上冲，突破前一交易日收盘价后拐头震荡下行，13:19封死跌停板至收盘，明显是主力机构通过大幅低开以及跌停方式来打压股价出货，整个分时盘口弱势特征明显。像这种情况，普通投资者如果手中还有筹码当天没有出完，次日应该逢高清仓。

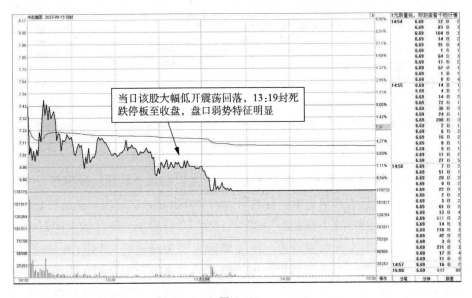

图4-62

图4-63是000759中百集团2022年9月15日星期四下午收盘时的K线走势图。从K线走势可以看出，9月8日，该股跳空高开，收出一个放量大阳线涨停板，突破前高，形成大阳线涨停K线形态，均线呈多头排列，股价的强势特征相当明显。此后，该股展开快速拉升行情。

从拉升情况看，从9月8日起，主力机构依托5日均线，采用直线拉升、盘中洗盘、迅速拔高的操盘手法，急速向上拉升股价，至9月14日，连续拉出4个大阳线涨停板，涨幅较大。

9月15日截图当日，该股低开，收出一根看跌吞没大阴线（高位看跌吞没阴线为见顶信号），成交量较前一交易日放大3倍多，显露出主力机构利用大幅低开手法毫无顾忌打压股价出货的坚决态度。此时，股价远离30日均线且涨

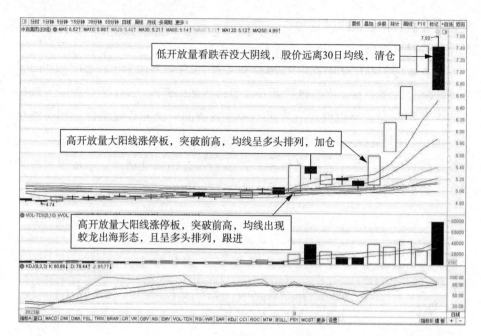

图 4-63

幅较大，MACD、KDJ 等技术指标开始走弱，盘口的弱势特征比较明显。像这种情况，普通投资者如果手中还有筹码当天没有出完，次日应该逢高清仓。

图 4-64 是 300374 中铁装配 2022 年 11 月 22 日星期二下午收盘时的分时走势图。当日该股平开放量涨停，涨停原因为"装修建材+基建+方舱医院+中字头"概念炒作。一是公司为中国铁路总公司旗下上市公司，公司主营业务为新型墙体材料、建筑结构材料、室内外装饰材料、园林景观材料以及集成房屋等装配式建筑产品的研发、生产、销售和组装。二是公司控股股东为中国中铁股份有限公司，实控人为国务院国有资产监督管理委员会。三是从2020 年起，公司生产的装配式集成房屋在新疆等地区用于方舱医院建设。

从当日分时走势看，该股早盘平开后，展开窄幅横盘整理行情，整理期间股价走势平稳，成交量呈萎缩状态。11:26 分时价格线突然直线上冲，急速封上涨停板，成交量同步放大。13:45 涨停板被大卖单砸开，13:49 封回瞬间又被大卖单砸开，13:56 封回涨停板至收盘。

从盘口看，虽然是上午临收盘时股价急速上冲、下午开盘时马上封上的涨停板，但下午涨停板被打开过 2 次（开板时间短，回调幅度小），成交量迅速放大，所以涨停板封板力度较弱，这也正好是普通投资者跟庄进场买进筹码的好机会。如果普通投资者当日没能买进，可在次日集合竞价时视情况加仓买进。

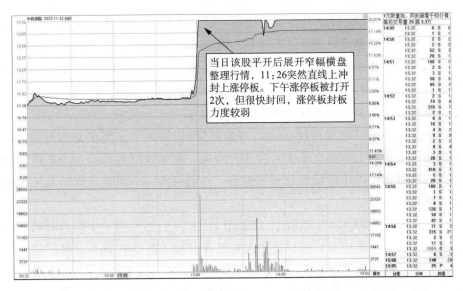

当日该股平开后展开窄幅横盘整理行情，11:26突然直线上冲封上涨停板。下午涨停板被打开2次，但很快封回，涨停板封板力度较弱

图 4-64

图 4-65 是 300374 中铁装配 2022 年 11 月 22 日星期二下午收盘时的 K 线走势图。在软件上将该股整个 K 线走势图缩小后可以看出，此时该股处于上升趋势中。股价从前期相对高位，即 2022 年 2 月 18 日的最高价 17.55 元，震荡下跌至 2022 年 4 月 27 日的最低价 9.50 元止跌企稳，下跌时间虽然不长，但跌幅大，其间有过 1 次较大幅度的反弹。

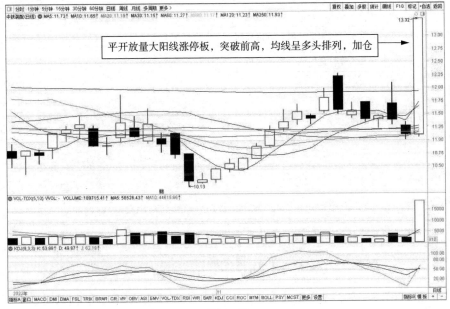

平开放量大阳线涨停板，突破前高，均线呈多头排列，加仓

图 4-65

2022 年 4 月 27 日该股止跌企稳后,展开大幅横盘震荡(挖坑)洗盘行情,主力机构高抛低吸赚取差价盈利与洗盘吸筹并举。

11 月 22 日截图当日,该股平开,收出一个大阳线涨停板(涨幅为 20%),突破前高,成交量较前一交易日放大 8 倍多,形成大阳线涨停 K 线形态。此时,均线呈多头排列,MACD、KDJ 等技术指标走强,盘口的强势特征非常明显,加上"装修建材+基建+方舱医院+中字头"利好消息的刺激,后市股价继续快速上涨的概率大。像这种情况,普通投资者可以在当日跟庄抢板或在次日择机跟庄进场加仓买进筹码,持股待涨,待股价出现明显见顶信号时再撤出。

图 4-66 是 300374 中铁装配 2022 年 11 月 24 日星期四下午收盘时的分时走势图。从分时走势看,当日该股大幅低开(向下跳空 6.76%开盘)后,股价略作冲高即开始缓慢震荡回落,最低探至 14.41 元(涨幅为-9.80%左右),然后缓慢震荡上行,尾盘有所拉高,收盘涨幅为-4.07%。从盘口看,全天股价在前一交易日收盘价下方运行,波动幅度不大,明显是主力机构利用大幅低开、盘中震荡盘整的操盘手法,打压股价而出货,整个分时盘口弱势特征明显。像这种情况,普通投资者如果手中还有筹码当天没有出完,次日应该逢高卖出。

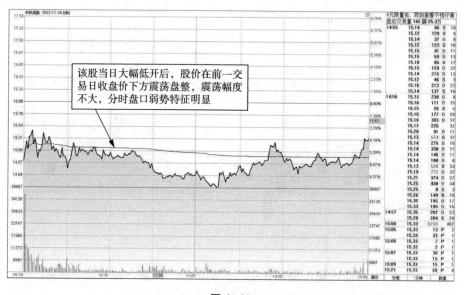

图 4-66

图 4-67 是 300374 中铁装配 2022 年 11 月 24 日星期四下午收盘时的 K 线

走势图。从该股K线走势可以看出，11月22日，该股平开，收出一个放量大阳线涨停板（涨幅为20%），突破前高，形成大阳线涨停K线形态，均线呈多头排列，股价的强势特征相当明显。此后，主力机构快速向上拉升股价。

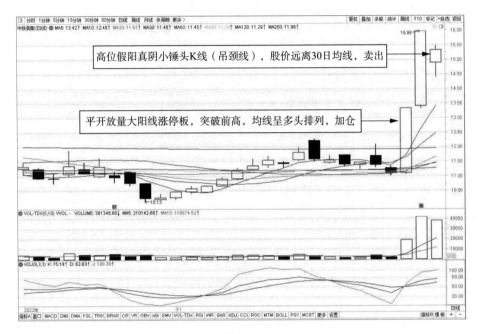

图 4-67

从拉升情况看，11月22日收出一个放量大阳线涨停板（涨幅为20%）之后，11月23日该股高开，再次收出一个放量大阳线涨停板。2个交易日的时间，40%的涨幅还是相当不错的。

11月24日截图当日，该股大幅低开（向下跳空6.76%开盘），收出一根假阳真阴小锤头K线，成交量较前一交易日萎缩，明显是主力机构利用大幅低开、盘中震荡盘整的操盘手法，打压股价而出货。此时，股价远离30日均线且涨幅较大，KDJ等部分技术指标开始走弱，盘口的弱势特征已经显现。像这种情况，普通投资者如果手中还有筹码当天没有出完，次日应该逢高卖出。

第五章

强势涨停K线形态实战技法

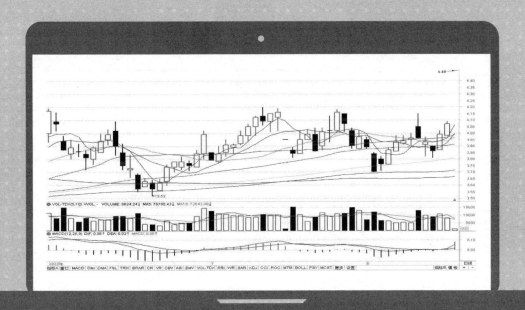

强势涨停 K 线形态，是指发生在个股启动上涨行情或持续上涨行情中由涨停板所形成的强势 K 线形态。该 K 线形态个股由主力行为主导、市场做多力量配合，所形成的涨停板对股价回落有较强的支撑作用，是启动上涨行情或拉升行情极具实战价值的强势 K 线形态。

本章我们重点研究分析实战操盘中，个股启动上涨或持续上涨行情所形成的一字涨停、T 字涨停和普通涨停 K 线形态。由于个股在下跌途中或下降通道中出现的涨停，不属于强势涨停 K 线形态范畴，本书就不做研究分析了。

第一节　一字涨停 K 线形态

一字涨停 K 线形态显然是最强势、最重要的 K 线技术形态，当然也是主力机构提前预知"利好"，通过精心谋划运作拉出来的涨停 K 线形态。

一、低位或相对低位的一字涨停 K 线形态

低位或相对低位的一字涨停 K 线形态，可以分为初期突然启动的一字涨停 K 线形态和中继加速的一字涨停 K 线形态。

实战操盘中，一字涨停 K 线形态出现的次数还是比较多的，且以超跌反弹、长期停牌之后因利好补涨、中继强势上攻、重大利好消息突发所形成的一字涨停 K 线形态为主。

一字涨停 K 线形态是主力机构逐利的重要目标股票，同时也值得广大散户投资者跟踪关注、跟庄抢板，因为许多大牛股就是从一字涨停 K 线形态中走出来的。

对于一字涨停 K 线形态，普通投资者要区别对待。一是个股经过长期下跌已走出底部且抬头向上或者长期横盘有突破态势，从集合竞价看，开盘后大概率出现一字涨停趋势。胆子大的投资者可以在 9:15 集合竞价一开始就直接以涨停价挂买单排队，这样起码能保证在时间上优先；如果涨停板开盘，委托买单很有可能在后来的零星交易中成交。二是开盘之后发现个股一字涨

停且是第一个一字涨停，可以直接挂买单排队跟庄抢板，成交的概率虽然不太大，但可能性还是有的。三是对一字涨停后的第二、第三个一字涨停板，仍采取在9:15集合竞价一开始就直接以涨停价挂买单排队等候的方式，保证在时间上优先。

普通投资者对一字涨停K线形态也要慎重对待，因为一字涨停后的次日并不一定继续涨停或大涨，有时前一交易日一字涨停，次日却不涨反跌，但只要没有完全回补缺口，仍可谨慎持股。这就要求普通投资者平时多做功课，做好目标股票的寻找、甄选和跟踪工作，找出那些前期有过涨停，位置不是太高、首次出现一字涨停板的股票，加入自选股择优选择，在第二、第三个一字涨停集合竞价时挂买单排队等候。为保险起见，超过5个一字涨停板的个股，除特别强势的外，最好别盲目跟进了，可跟踪观察。

图5-1是002219＊ST恒康（2022年9月26日起更名为新里程）2022年6月27日星期一下午收盘时的K线走势图。这是股价上涨途中出现的一字涨停K线形态。股价从前期最高价，即2015年7月1日的47.52元，一路震荡下跌，至2020年5月26日的最低价0.96元止跌企稳，下跌时间长、跌幅大。下跌后期的2020年5月6日，股票名称由恒康医疗更名为＊ST恒康，变为特别处理个股。

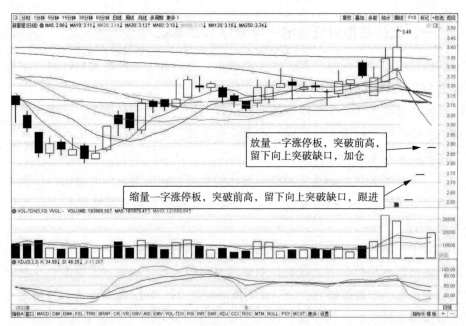

图 5-1

2020 年 5 月 26 日股价止跌企稳后，主力机构快速推升股价，收集筹码，股价呈快速上涨（盘升）态势。

2021 年 12 月 3 日，该股低开冲高至当日最高价 4.51 元回落，收出一根螺旋桨阳 K 线，展开回调洗盘行情。2022 年 3 月 21 日晚，*ST 恒康公告称，*ST 恒康管理人与重整投资人签署重整投资协议；2022 年 4 月 22 日晚，*ST 恒康公告称，法院裁定批准公司重整计划。

2022 年 6 月 23 日，该股开市复牌大跌，收盘跌幅为 23.24%，但成交量极度萎缩，几乎呈无量状态，换手率只有 0.01%，说明主力机构高度控盘。

2022 年 6 月 24 日，该股涨停开盘，收出一字涨停板，突破前高，留下向上突破缺口，成交量较前一交易日大幅萎缩，形成一字涨停 K 线形态。涨停原因为"股权拍卖＋重整＋医药服务"概念炒作。一是 2022 年 6 月 23 日晚间公司公告称，公司于 2022 年 6 月 23 日通过网络渠道获悉四川省成都市中级人民法院将于 2022 年 7 月 11 日 10 时至 2022 年 7 月 12 日 10 时止，在淘宝司法拍卖网络平台上拍卖被执行人公司股东阙文彬持有的公司部分股份总计 3472.22 万股。二是 2022 年 6 月 22 日公司公告称，公司股票将于 2022 年 6 月 23 日开市起复牌，公司按照前述公告中提及的计算公式于股权登记日次一交易日调整股票开盘参考价为 2.49 元/股。三是 2022 年 6 月 15 日公司公告称，公司进入重整计划执行阶段，本次权益变动使公司控股股东变更为北京新里程健康产业集团有限公司，实际控制人变更为无实际控制人，新里程健康作为恒康医疗重整投资人参与恒康医疗重整。四是公司主营医疗服务与药品制造，公司控股 1 家三级医院、10 家二级以上综合医院或专科医院（含并购基金控股医院）等共计 11 家医院。五是公司旗下拥有独一味公司和奇力制药，致力于药品的研发、生产、销售 20 余年，独一味公司为集团药品制造核心企业。

从 K 线走势看，虽然该股前期有过一大波上涨，但由于重大利好消息的刺激，对于这种股价处于相对低位、成交量极度萎缩的一字涨停板，还是值得普通投资者跟庄抢板追进的。

2022 年 6 月 27 日截图当日，该股涨停开盘，收出一字涨停板，突破前高，留下向上突破缺口，成交量较前一交易日大幅放大，形成向上突破缺口和一字涨停 K 线形态。像这种情况，普通投资者可以在当日跟庄抢板，或在次日集合竞价时以涨停价挂买单排队等候买进，然后持股待涨，待股价出现明显见顶信号时再撤出。

图 5-2 是 002219*ST 恒康 2022 年 6 月 27 日星期一下午收盘时的分时走势图。从分时走势看，当日该股涨停开盘后，成交量呈无量状态。从 10:50 开始，千（万）手以上大卖单开始陆续成交，分时盘口底部的成交量柱呈间断式放量状态至收盘。从盘口看，由于买一位置买盘单量大，所以我们看不到分时价格线上砸出的小坑。但从分时盘口底部的成交量柱和右边的成交明细看，万手以上大卖单成交的笔数还是比较多的。如果普通投资者在当日早盘集合竞价时以涨停价挂买单排队等候买进的话，应该有成交的希望。当然，当日没有成交也没关系，普通投资者仍可在次日早盘集合竞价时以涨停价挂买单排队等候买进。

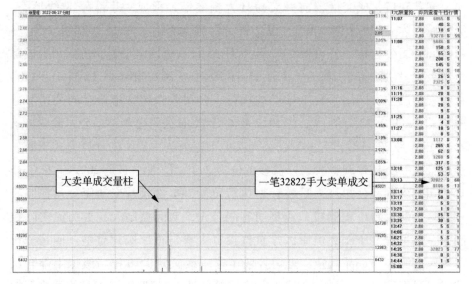

图 5-2

图 5-3 是 002219 恒康医疗 2022 年 7 月 6 日星期三下午收盘时的 K 线走势图。从该股的 K 线走势可以看出，6 月 24 日，该股收出一个缩量一字涨停板之后，6 月 27 日又收出一个放量一字涨停板，突破前高，留下向上突破缺口，股价的强势特征相当明显。此后，该股展开向上拉升行情。

从拉升情况看，从 6 月 27 日起，主力机构依托 5 日均线，采用直线拉升、盘中洗盘、迅速拔高的操盘手法，急速向上拉升股价，至 7 月 6 日，连续拉出 7 个涨停板（其中有 6 个一字涨停板、1 个长下影线阳线涨停板），涨幅还是相当可观的。

6 月 30 日晚间*ST 恒康公告称，公司股票将于 7 月 4 日起撤销退市风险

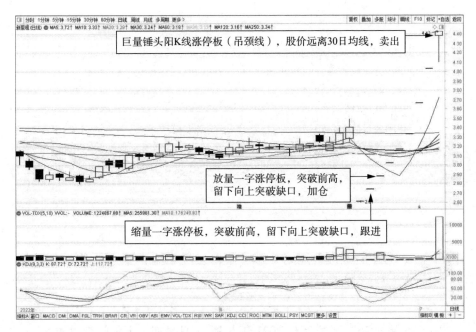

图 5-3

警示和其他风险警示，股票简称由"＊ST 恒康"变更为"恒康医疗"，股票代码不变，股票交易的日涨跌幅限制由 5% 变更为 10%。

7 月 6 日截图当日，该股大幅高开（向上跳空 8.68% 开盘），收出一个长下影线锤头阳 K 线涨停板，成交量较前一交易日放大 54 倍，显露出主力机构采用大幅高开、高位震荡、涨停诱多的操盘手法，引诱跟风盘进场而大量派发出货的迹象。此时，股价远离 30 日均线且涨幅较大，KDJ 等部分技术指标开始走弱，盘口的弱势特征已经显现。像这种情况，普通投资者如果手中还有筹码当天没有出完，次日应该逢高卖出。

图 5-4 是 002219 恒康医疗 2022 年 7 月 6 日星期三下午收盘时的分时走势图。从分时走势看，当日该股大幅高开（向上跳空 8.68% 开盘），股价急速回落，成交量迅速放大，股价跌破分时均价线展开横盘震荡盘整行情，于 10:53封上涨停板，至收盘涨停板没有打开。从盘口看，该股开盘后急速回落展开横盘震荡盘整行情时间较长，封板时间较晚，明显是主力机构利用大幅高开、高位震荡、涨停板诱多等操盘手法，引诱跟风盘进场而开始出货，分时盘口弱势特征已经显现。像这种情况，普通投资者如果手中还有筹码当天没有出完，次日应该逢高卖出。

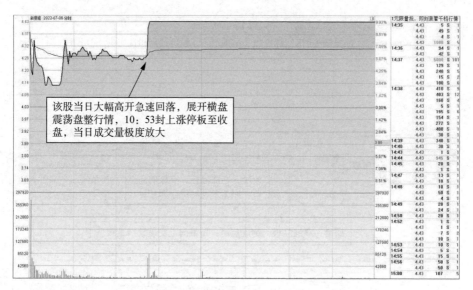

该股当日大幅高开急速回落，展开横盘震荡盘整行情，10：53封上涨停板至收盘，当日成交量极度放大

图 5-4

图 5-5 是 002622 皓宸医疗 2021 年 5 月 18 日星期二下午收盘时的 K 线走势图。这是股价上涨途中出现的一字涨停 K 线形态。该股在 2015 年年初有过一波大涨，最高价至 2015 年 3 月 20 日的 68.27 元，然后是一路震荡下跌，至 2021 年 2 月 9 日的最低价 1.86 元止跌企稳，下跌时间长、跌幅大。

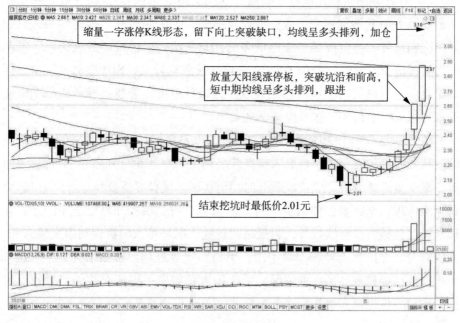

缩量一字涨停 K 线形态，留下向上突破缺口，均线呈多头排列，加仓

放量大阳线涨停板，突破坑沿和前高，短中期均线呈多头排列，跟进

结束挖坑时最低价2.01元

图 5-5

　　2021 年 2 月 9 日股价止跌企稳后，主力机构快速推升股价，收集筹码。然后该股展开横盘震荡洗盘（挖坑）行情。K 线走势呈红多绿少、红肥绿瘦态势。

　　4 月 16 日，该股平开，股价冲高至当日最高价 2.52 元回落，收出一根长上影线倒锤头阳 K 线，展开挖坑洗盘行情。4 月 29 日，该股低开，收出一颗阴十字星，股价下探至当日最低价 2.01 元止跌企稳，挖坑洗盘行情结束。此后，主力机构开始向上推升股价，普通投资者也可以开始跟庄进场逢低买入筹码。

　　5 月 14 日、17 日，该股连续收出 2 个放量大阳线涨停板，股价的强势特征已经相当明显，普通投资者可以积极跟庄进场买入筹码。

　　5 月 18 日截图当日，该股涨停开盘，收出一个一字涨停板，突破前高，留下向上突破缺口，成交量较前一交易日大幅萎缩，形成向上突破缺口和一字涨停 K 线形态，涨停原因为"拟收购 + 口腔连锁 + 金融科技"概念炒作。5 月 17 日晚公告披露，公司拟以支付现金方式收购德伦医疗 51%～70% 的股权（尚未最终确定股权比例）。根据初步研究和测算，本次交易构成重大资产重组。德伦医疗主要业务为口腔医疗服务，分为口腔正畸、口腔种植、口腔修复、口腔基础治疗、口腔外科以及儿童齿科等六大类型。德伦医疗拥有 1 家口腔医院，18 家直营连锁门诊部，业务已经覆盖广州主要城区和佛山市顺德区，在口腔医疗领域具有较强的区域品牌影响力。此时，均线呈多头排列，MACD、KDJ 等技术指标走强，股价的强势特征非常明显，后市持续快速上涨的概率大。像这种情况，普通投资者可以在当日跟庄抢板，或在次日集合竞价时以涨停价挂买单排队等候买进，然后持股待涨，待股价出现明显见顶信号时再撤出。

　　图 5-6 是 002622 皓宸医疗 2021 年 5 月 18 日星期二上午开盘后至 9:32 的分时截图。从这 2 分多钟的分时截图上看，该股虽然是涨停开盘，但盘口右边的成交明细上所显示的成交量还是非常大的，普通投资者只要是在早盘集合竞价一开始，就直接以涨停价挂买单排队等候买进，应该都能成交。一直到下午收盘，成百上千手的卖单仍成交了不少，哪怕是上午早些时候挂买单排队的普通投资者同样有买进的希望。这里就不再列示该股当日全天的分时走势图了。

　　图 5-7 是 002622 皓宸医疗 2021 年 6 月 1 日星期二下午收盘时的 K 线走势图。从该股的 K 线走势可以看出，5 月 18 日，该股收出一个缩量一字涨停板，突破前高，留下向上突破缺口，股价的强势特征相当明显。此后，该股展开向上拉升行情。

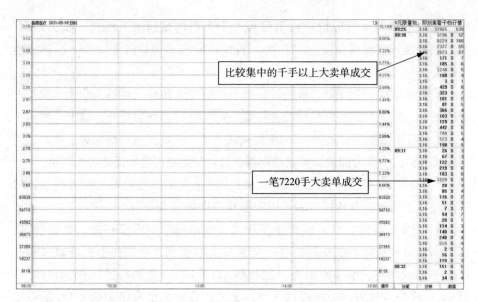

图 5-6

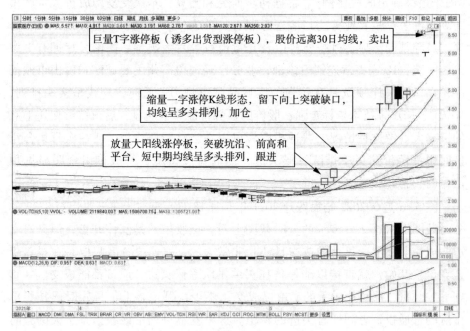

图 5-7

从拉升情况看，从 5 月 18 日起，主力机构依托 5 日均线，采用直线拉升、盘中洗盘、迅速拔高的操盘手法，急速向上拉升股价，至 5 月 25 日，连续收出 6 个涨停板（其中有 4 个一字涨停板、1 个 T 字涨停板、1 个大阳线涨停板）。5 月 26 日，主力机构洗盘调整了一个交易日，27 日高开收出一根大阳线（收盘涨幅为 4.63%），股价的强势特征依旧。像这种情况，普通投资者可以在当日收盘前或次日择机跟庄进场，逢低加仓买进筹码。随后主力机构又连续拉出了 3 个涨停板（其中有 1 个一字涨停板、2 个 T 字涨停板）。

6 月 1 日截图当日，该股涨停开盘，收出一个高位长下影线 T 字涨停板，当日成交量较前一交易日放大近 4 倍，显露出主力机构采用涨停开盘、反复打开封回涨停板等操盘手法，引诱跟风盘进场而大量派发出货的迹象。此时，股价远离 30 日均线且涨幅大，KDJ 等部分技术指标开始走弱，盘口的弱势特征已经显现。像这种情况，普通投资者如果手中还有筹码当天没有出完，次日应逢高卖出。

图 5-8 是 002622 皓宸医疗 2021 年 6 月 1 日星期二下午收盘时的分时走势图。从分时走势可以看出，当日该股涨停开盘后，股价瞬间回落，成交量迅速放大。股价回落至 6.36 元左右（涨幅为 5.70% 左右）急速勾头向上，于9:37 封回涨停板，9:40 涨停板再次被连续万手以上的大卖单砸开，此后涨停板封回、打开反复多次，10:35 封回涨停板，至收盘涨停板没再打开。从盘口看，该股开盘后股价急速回落，涨停板反复打开、封回多次，成交量较前一交易日大幅放大，明显是主力机构采用涨停开盘、反复打开封回涨停板、撤换买一位置买单等操盘手法，引诱跟风盘进场而开始大量派发出货，分时盘口弱势特征已经显现。像这种情况，普通投资者如果手中还有筹码当天没有出完，次日应该逢高卖出。

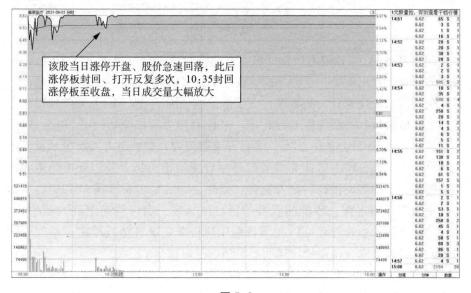

图 5-8

图 5-9 是 000820 神雾节能 2022 年 8 月 18 日星期四下午收盘时的 K 线走势图。这是股价在中期横盘震荡洗盘调整之后出现的一字涨停 K 线形态。在软件上将该股整个 K 线走势图缩小后可以看出，该股 2021 年 5 月中旬前有过一波大涨，股价从 2021 年 2 月 9 日的最低价 1.09 元，一路上涨至 2021 年 5 月 14 日的最高价 5.27 元，然后展开大幅横盘震荡洗盘行情，主力机构高抛低吸赚取差价盈利与洗盘吸筹并举。

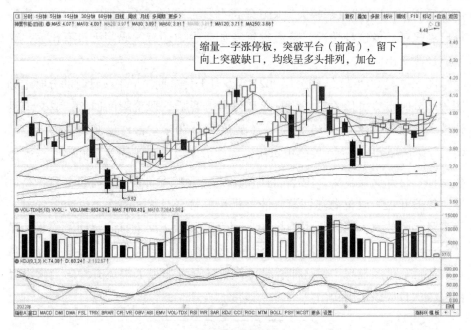

图 5-9

2022 年 8 月 18 日截图当日（横盘震荡洗盘调整行情持续 1 年多后），该股涨停开盘，收出一个一字涨停板，突破平台（前高），快速脱离成本区，当日成交量较前一交易日大幅萎缩（一字涨停的原因），留下向上突破缺口，形成向上突破缺口和一字涨停 K 线形态。涨停原因为"摘帽+环保"概念炒作。一是公司 8 月 16 日公告称，8 月 18 日开市起复牌，撤销退市风险警示及其他风险警示。二是公司主营业务是节能环保行业清洁冶炼业务。公司的主要产品或服务为工程咨询设计、设备销售。此时，均线呈多头排列，MACD、KDJ 等技术指标开始走强，股价的强势特征已经显现，后市快速上涨的概率大。像这种情况，普通投资者可以在当日跟庄抢板或在次日择机跟庄进场加仓买进筹码，持股待涨，待股价出现明显见顶信号时撤出。

图 5-10 是 000820 神雾节能 2022 年 8 月 18 日星期四下午收盘时的分时走势图。从分时走势看，该股当日涨停开盘，开盘后的成交量比较小，说明主

力机构一年多的横盘震荡洗盘调整行情效果明显，主力机构控盘比较到位。在当日9:15集合竞价一开始就直接以涨停价挂买单排队等候的普通投资者，成交的可能性也不是很大，不过也没关系，普通投资者仍可以在次日集合竞价时择机挂单买进。

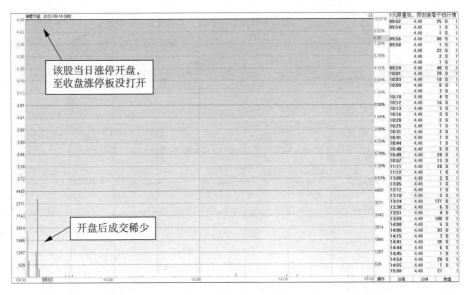

图 5-10

图5-11是000820神雾节能2022年8月24日星期三下午收盘时的K线走势图。从K线走势可以看出，8月18日，该股收出一个缩量一字涨停板，突破平台（前高），留下向上突破缺口，形成向上突破缺口和一字涨停K线形态，均线呈多头排列，股价的强势特征相当明显。此后，该股展开拉升行情。

从拉升情况看，从8月18日起，主力机构依托5日均线，采用直线拉升、盘中洗盘、迅速拔高的操盘手法，快速向上拉升股价，至8月24日，连续收出5个涨停板（其中有1个一字涨停板、2个大阳线涨停板、2个长下影线阳线涨停板），涨幅还是比较大的。

8月24日截图当日，该股高开，收出一个长下影线阳线涨停板（高位诱多出货型涨停板），成交量较前一交易日放大，显露出主力机构采用高开、盘中震荡、涨停诱多的操盘手法，引诱跟风盘进场而派发出货的迹象。此时，股价远离30日均线且涨幅较大，KDJ等部分技术指标开始走弱，盘口的弱势特征已经显现。像这种情况，普通投资者如果手中还有筹码当天没有出完，次日应该逢高卖出。

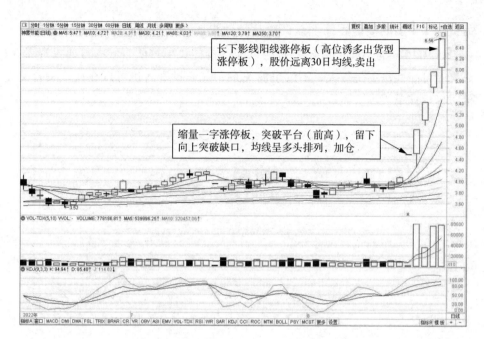

图 5-11

　　图5-12是000820神雾节能2022年8月24日星期三下午收盘时的分时走势图。从分时走势看，当日该股高开，股价冲高回落，成交量迅速放大，股价跌破前一交易日收盘价后展开震荡盘整行情，10:05向上穿过前一交易日收

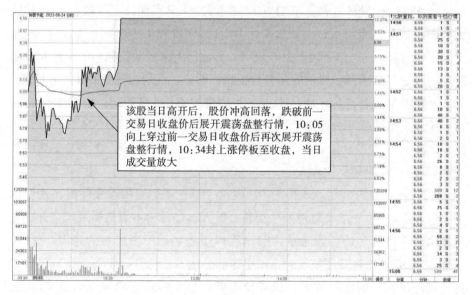

图 5-12

盘价后再次展开震荡盘整行情，10:34 封上涨停板至收盘，涨停板没有被打开。从盘口看，该股开盘后股价冲高快速回落，穿过分时均价线和前一交易日收盘价后展开震荡盘整行情，之后股价向上穿过前一交易日收盘价后再次展开震荡盘整行情，2 次震荡盘整行情的时间较长，成交量放大，明显是主力机构利用高开回落、盘中震荡盘整、涨停诱多等手法，引诱跟风盘进场而开始出货，分时盘口弱势特征已经显现。像这种情况，普通投资者如果手中还有筹码当天没有出完，次日应该逢高卖出。

二、高位或相对高位的一字涨停 K 线形态

对于股价已到达高位或相对高位的一字涨停板，普通投资者一定要区别对待，谨慎跟庄操盘。

（一）连续一字涨停板之后该股展开回调洗盘行情

一般情况下，受重大利好消息刺激，连续一字涨停板之后，该股会展开回调洗盘行情，回调洗盘到位后再展开最后的拉升行情。此时，主力机构拉升的目的是拉出出货空间，然后开始快速出货，或者边拉边出，或者打压出货。普通投资者如果在股价回调到位后跟庄进场买入筹码的话，待股价出现明显见顶信号时要立马撤出。

图 5-13 是 000595 宝塔实业 2022 年 6 月 6 日星期一下午收盘时的 K 线走势图。这是该股在连续拉出缩量一字涨停板之后，展开调整洗盘走势，然后再展开最后拉升行情的案例。在软件上将该股整个 K 线走势图缩小后可以看出，此时该股处于上升趋势中。股价从前期相对高位，即 2019 年 9 月 5 日的最高价 5.29 元，一路震荡下跌，至 2020 年 5 月 15 日的最低价 1.43 元止跌企稳，下跌时间虽然不长，但跌幅大。下跌期间的 2020 年 4 月 28 日，公司关于公司股票交易被实行退市风险警示暨停复牌的公告称，公司股票于 2020 年 4 月 28 日停牌一天，并于 2020 年 4 月 29 日开市起复牌；公司股票自 2020 年 4 月 29 日起被实行"退市风险警示"处理，股票简称由"宝塔实业"变更为"*ST 宝实"；实行退市风险警示后公司股票交易的日涨跌幅限制为 5%。

2020 年 5 月 15 日该股止跌企稳后，展开了大幅震荡盘升（挖坑）洗盘吸筹行情，主力机构高抛低吸赚取差价盈利与洗盘吸筹并举。震荡盘升期间的 2021 年 7 月 13 日，公司公告称，公司股票于 2021 年 7 月 14 日开市起停牌 1 天，于 2021 年 7 月 15 日开市起复牌，并撤销退市风险警示，股票简称由"*ST 宝实"变更为"宝塔实业"，证券代码仍为 000595，股票交易日涨跌幅

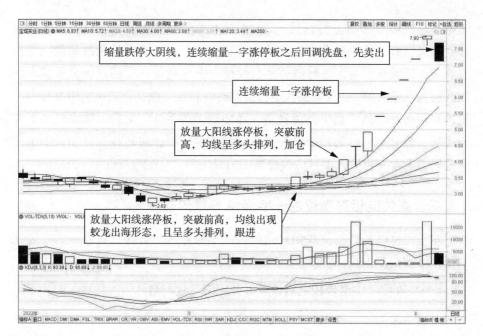

图 5-13

限制由 5% 恢复为 10%。此后，该股继续展开大幅震荡盘升（挖坑）洗盘吸筹行情。

2022 年 5 月 18 日（大幅震荡盘升行情持续 2 年之后），该股低开，收出一个大阳线涨停板，突破前高，成交量较前一交易日放大 2 倍多，形成大阳线涨停 K 线形态。当日股价向上突破 5 日、10 日、20 日、30 日、60 日、90 日和 120 日均线（一阳穿七线），250 日均线在股价下方向上移动，均线呈蛟龙出海形态。此时，均线呈多头排列，MACD、KDJ 等技术指标开始走强，股价的强势特征已经显现，后市上涨的概率大。像这种情况，普通投资者可以在当日或次日跟庄进场逢低买进筹码。5 月 19 日、20 日和 23 日，主力机构连续强势调整了 3 个交易日，收出 2 颗阳十字星和一根小阳线，成交量呈菱缩状态，正是普通投资者跟庄进场买入筹码的好时机。

5 月 24 日，该股低开，收出一个大阳线涨停板（涨停原因为"军工+消磁设备+轴承+风电"概念炒作），突破前高，成交量较前一交易日明显放大，形成大阳线涨停 K 线形态。此时，均线呈多头排列，MACD、KDJ 等技术指标走强，股价的强势特征已经十分明显，后市持续上涨的概率大。像这种情况，普通投资者可以在当日或次日跟庄进场逢低买进筹码。之后，主力机构快速向上拉升股价。

　　从拉升情况看，从 5 月 25 日起，主力机构采用直线拉升连续逼空的操盘手法，一口气拉出了 7 个涨停板（其中有 1 个 T 字涨停板、1 个大阳线涨停板、4 个一字涨停板和 1 个小阳线涨停板），涨幅巨大。

　　2022 年 6 月 6 日截图当日，该股大幅低开，收出一个大阴线跌停板，成交量较前一交易日大幅萎缩，展开连续缩量（一字）涨停之后的回调洗盘行情，回调洗盘期间，成交量呈逐渐萎缩状态。回调洗盘行情展开后，普通投资者应该先卖出手中筹码，待回调洗盘到位后再将筹码接回来。

　　图 5-14 是 000595 宝塔实业 2022 年 8 月 18 日星期四下午收盘时的 K 线走势图。从 K 线走势可以看出，由于利好消息的刺激，从 5 月 25 日起，主力机构一口气拉出了 7 个涨停板，2022 年 6 月 6 日，该股大幅低开收出一个缩量大阴线跌停板，展开连续缩量（一字）涨停之后的回调洗盘行情，此时普通投资者应该先卖出手中筹码。回调洗盘期间，成交量呈逐渐萎缩状态。

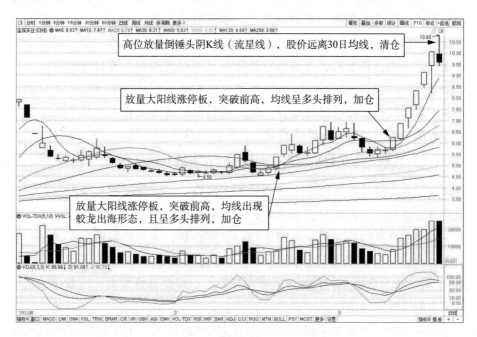

图 5-14

　　7 月 20 日，该股平开，收出一个大阳线涨停板，成交量较前一交易日明显放大，形成大阳线涨停 K 线形态，股价向上突破 5 日、10 日、20 日和 30 日均线（一阳穿四线），60 日、90 日、120 日和 250 日均线在股价下方向上移动，均线蛟龙出海形态形成，回调洗盘行情结束。此时，均线（除 5 日、30

日均线外）呈多头排列，MACD、KDJ 等技术指标开始走强，股价的强势特征
开始显现，后市股价上涨的概率大。像这种情况，普通投资者可以在当日或
次日跟庄进场加仓买进筹码，待股价出现明显见顶信号时再撤出。之后，主
力机构开始向上拉升股价。

从拉升情况看，主力机构依托 5 日均线，采用边拉边洗的操盘手法拉升
股价，8 月 3 日开始洗盘，时间 5 个交易日，股价跌（刺）破 20 日均线很快
拉回。8 月 10 日，该股高开，收出一个大阳线涨停板，成交量较前一交易日
大幅放大，股价收回到 5 日和 10 日均线上方，回调洗盘结束，此时普通投资
者可以跟庄进场加仓买进筹码。之后，主力机构开始了一波快速拉升，形成
加速上涨的诱多走势，从 8 月 11 日起，主力机构连续拉出了 5 个大阳线涨停
板，涨幅巨大。在主力机构快速拉升后期，普通投资者一定要注意盯盘跟踪，
并思考何时逢高撤出的问题。

8 月 18 日截图当日，该股低开，股价冲高回落，收出一根长上影线倒锤
头阴 K 线，成交量较前一交易日放大，显示股价上涨乏力，主力机构盘中拉
高股价的目的是震荡调整出货（其实，前一交易日该股收出一个放量长下影
线锤头阳 K 线涨停板时，普通投资者就可以在尾盘涨停反复打开时逢高卖出
手中筹码）。此时，股价远离 30 日均线且涨幅大，KDJ 等部分技术指标已经
走弱，盘口的弱势特征已经显现。像这种情况，普通投资者如果当天手中还
有筹码没有出完，次日应该逢高清仓，后市看跌。

（二）连续一字涨停板之后该股展开震荡盘升行情

对于主力机构连续拉出 5 个（含 5 个）以上一字涨停板的个股，此时出
现跟庄进场机会，普通投资者也可以适当买入部分筹码，谨慎持股，小心操
盘。因为主力机构仓位重，前期连续一字涨停板，主力机构手中筹码一时半
会儿出不完，后期股价还会震荡盘升（通过震荡盘升来掩护出货，边拉边
出），甚至拉出涨停板。普通投资者跟进后，一定要注意盯盘，待股价出现明
显见顶信号时立马出局。

图 5-15 是 000815 美利云 2022 年 2 月 28 日星期一下午收盘时的 K 线走
势图。这是股价在连续拉出 5 个（含 5 个）以上一字涨停板之后出现跟庄进
场机会的实战案例。在软件上将该股整个 K 线走势图缩小后可以看出，此时
该股处于上升趋势中。股价从前期相对高位，即 2019 年 5 月 16 日的最高价
16.18 元，一路震荡下跌，至 2021 年 2 月 8 日的最低价 4.36 元止跌企稳，下
跌时间长、跌幅大，下跌期间有过多次反弹，且反弹幅度较大。

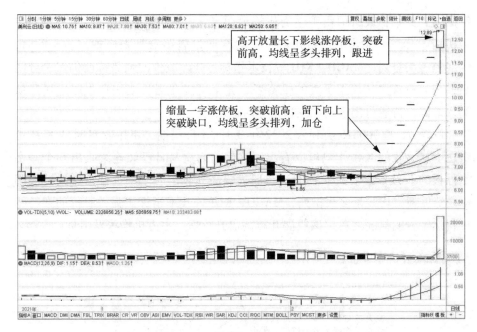

图 5-15

2021 年 2 月 8 日股价止跌企稳后，主力机构快速推升股价，收集筹码。然后该股展开大幅震荡盘升（挖坑）洗盘调整行情，主力机构高抛低吸赚取差价盈利与洗盘吸筹并举，K 线走势呈红多绿少、红肥绿瘦态势，股价走势呈上升趋势。大幅震荡盘升（挖坑）洗盘调整期间，成交量呈间断性放大状态，其间，主力机构拉出过 10 个涨停板，多数为吸筹建仓型涨停板。

2022 年 2 月 18 日（大幅震荡盘升行情持续 1 年之后），该股涨停开盘，收出一个一字涨停板（涨停原因为"东数西算+大数据"概念炒作），突破前高，留下向上突破缺口，成交量较前一交易日大幅萎缩，形成向上突破缺口和一字涨停 K 线形态。此时，均线呈多头排列，MACD、KDJ 等技术指标开始走强，股价的强势特征开始显现，后市股价持续快速上涨的概率大。像这种情况，普通投资者可以在当日跟庄抢板或在次日集合竞价时以涨停价挂买单排队等候加仓买进。之后，主力机构快速向上拉升股价。

从拉升情况看，主力机构依托 5 日均线，采用直线拉升连续逼空的操盘手法，一口气拉出了 6 个一字涨停板（含 2 月 18 日的一字涨停板），涨幅巨大。

2022 年 2 月 28 日截图当日，该股大幅高开（向上跳空 3.67%开盘），收出一个长下影线锤头阳 K 线涨停板，成交量较前一交易日放大 26 倍多，获利

筹码得到大幅释放，但由于主力机构筹码量大，一时半会儿出不完，后期主
力机构还有一个艰难的出货过程，一般会通过震荡盘升来掩护出货。此时，
均线呈多头排列，MACD、KDJ等技术指标走强，股价的强势特征仍然十分明
显，普通投资尤其是胆子大的投资者，完全可以在当日或次日跟庄进场逢低
买入筹码，待股价出现明显见顶信号时撤出。

　　图5-16是000815美利云2022年3月15日星期二下午收盘时的K线走
势图。从该股的K线走势可以看出，这是前面交易日已经连续收出6个一字
涨停板的K线形态。2月28日，该股大幅高开收出一个巨量长下影线锤头阳
K线涨停板，均线呈多头排列，MACD、KDJ等技术指标走强，股价的强势特
征仍然十分明显。之后，该股展开震荡盘升行情，主力机构派发出货。

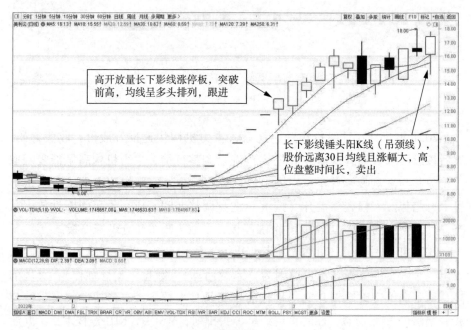

高开放量长下影线涨停板，突破
前高，均线呈多头排列，跟进

长下影线锤头阳K线（吊颈线），
股价远离30日均线且涨幅大，高
位盘整时间长，卖出

图 5-16

　　从股价盘升情况看，主力机构一边推升股价，一边派发出货，从2月28
日至3月15日，11个交易日的时间，收出了6根阳线，其中有3个大阳线涨
停板（涨停诱多），股价从2月28日收出一个巨量长下影线锤头阳K线涨停
板当日的收盘价12.89元，至3月15日收出一根缩量锤头阳K线当日的收盘
价17.42元，涨幅还是不错的，但危险系数也比较高。

　　3月15日截图当日，该股低开，收出一根长下影线锤头阳K线，成交量
较前一交易日萎缩，加上前一交易日收出的长上影线阴十字星，显示出主力

机构手中的筹码已经出得差不多了。此时，股价远离 30 日均线且涨幅大，加上股价高位盘整时间较长，MACD、KDJ 等技术指标开始走弱，盘口的弱势特征已经显现。像这种情况，普通投资者如果手中还有筹码当天没有出完，次日应该逢高卖出。

（三）一字涨停板之后主力机构直接出货

对于前期股价涨幅较大或已经拉出多个涨停板（包括阳线涨停板、一字涨停板或 T 字涨停板），股价已处于高位或相对高位，主力机构再次拉出一字涨停板的个股，意味着股价即将见顶，风险已经来临，普通投资者不可盲目跟庄进场。

图 5-17 是 002370 亚太药业 2022 年 1 月 6 日星期四下午收盘时的 K 线走势图。在软件上将该股整个 K 线走势图缩小后可以看出，此时该股处于上升趋势中。股价从前期相对高位，即 2020 年 2 月 7 日的最高价 10.25 元，一路震荡下跌，至 2021 年 1 月 13 日的最低价 3.02 元止跌企稳，下跌时间较长、跌幅大。此后，主力机构开始大幅震荡盘升（挖坑）洗盘，高抛低吸赚取差价盈利与洗盘吸筹并举，该股成交量呈间断性放大状态，其间，主力机构拉出过 11 个涨停板，多数为吸筹建仓型涨停板。

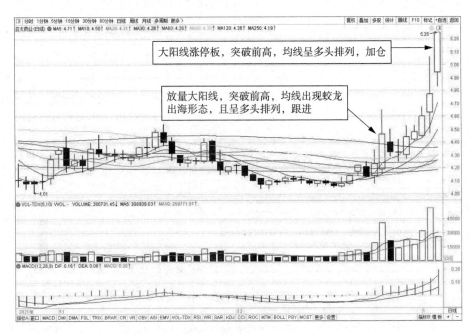

图 5-17

2021 年 12 月 27 日（大幅震荡盘升行情近 1 年），该股低开，收出一根大阳线（收盘涨幅为 5.44%），突破前高，成交量较前一交易日放大 2 倍多，股价向上突破 5 日、30 日、60 日、90 日和 120 日均线（一阳穿五线），10 日、20 日和 250 日均线在股价下方向上移动，均线蛟龙出海形态形成。此时，均线（除 120 日均线外）呈多头排列，MACD、KDJ 等技术指标开始走强，股价的强势特征开始显现，后市上涨的概率大。像这种情况，普通投资者可以开始跟庄进场逢低分批买入筹码。

2022 年 1 月 6 日截图当日，该股大幅高开（向上跳空 3.56% 开盘），收出一个大阳线涨停板（涨停原因为"幽门螺杆菌+医药"概念炒作），突破前高，成交量较前一交易日大幅萎缩（涨停原因），形成大阳线涨停 K 线形态。此时，均线呈多头排列，MACD、KDJ 等技术指标已经走强，股价的强势特征已经显现，后市股价持续快速上涨的概率大。像这种情况，普通投资者可以在当日跟庄抢板或在次日集合竞价时以涨停价挂买单排队等候加仓买进。

图 5-18 是 002370 亚太药业 2022 年 1 月 13 日星期四下午收盘时的 K 线走势图。从 K 线走势可以看出，2022 年 1 月 6 日，该股大幅高开收出一个缩量大阳线涨停板，突破前高，形成大阳线涨停 K 线形态，均线呈多头排列，股价的强势特征相当明显。此后，主力机构快速向上拉升股价。

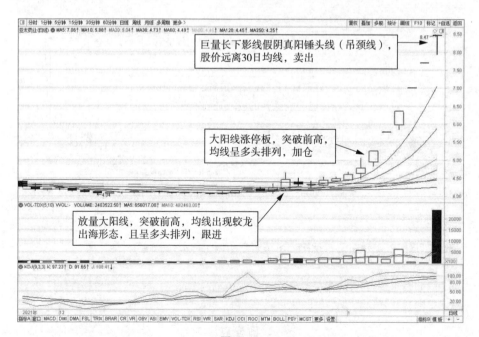

图 5-18

从拉升情况看，主力机构依托 5 日均线，采用直线拉升连续逼空的操盘手法，一口气拉出了 5 个涨停板（含 1 月 6 日的大阳线涨停板，其中有 2 个大阳线涨停板、3 个一字涨停板），涨幅较大。1 月 12 日收出的一字涨停板，已属于高位一字涨停板，此时风险已经较大，普通投资者不可盲目跟庄进场。

1 月 13 日截图当日，该股涨停开盘，收出一根长下影线假阴真阳锤头 K 线，收盘涨幅为 9.74%，成交量较前一交易日放大 115 倍多，显示出主力机构当日利用涨停诱多（涨停板反复打开且打开时间长）已经派发了大量筹码。此时，股价远离 30 日均线且涨幅大，KDJ 等部分技术指标开始走弱，盘口的弱势特征已经显现。像这种情况，普通投资者如果手中还有筹码当天没有出完，次日应该逢高卖出。

第二节　T 字涨停 K 线形态

T 字涨停 K 线形态，是指个股当天以涨停价开盘，之后涨停板被大卖单砸开（同一交易日内可能会反复被砸开多次），分时价格线上留下缺口（坑），最后再封回涨停板的 K 线形态。T 字涨停 K 线形态也是非常强势的重要 K 线技术形态之一，同样是由主力机构的主导或牵引作用而形成的 K 线形态。只有主力机构潜伏在其中的个股，才能开盘就直接封停，盘中打开后又能够继续封回。

一、低位或相对低位的 T 字涨停 K 线形态

低位或相对低位出现的 T 字涨停 K 线形态，一般是由主力机构震仓洗盘（也有的是试盘），清洗前期获利盘或套牢盘，减轻抛压，为后市拉升做准备的洗盘吸筹行为所形成，也有可能是由主力机构与利益关系人之间的利益输送行为所形成等。

由主力机构洗盘吸筹行为而形成的 T 字涨停 K 线形态，一般有两种情况：一是受突发利好刺激，个股连续拉出一字涨停板之后，在某个交易日开盘一字封停的情况下，主力机构自己用大卖单砸板（当然不会砸得太深），目的是吓唬散户投资者，将低位买入的筹码交出来，同时拉高市场成本，以便后市能够轻松拉升盈利。这种 T 字涨停 K 线形态是一种上涨中继形态，是最常见的一种 K 线形态。二是个股已有一定的涨幅，同样受突发利好影响，在某个交易日涨停开盘，然后被大卖单砸板，砸开后很快再封回涨停板，形成 T 字

涨停 K 线形态，这种情况有可能是主力机构高抛低吸、震仓洗盘减轻抛压、拉高市场成本所形成，目的也是为后市拉升做准备。

实战操盘中，如果大盘情况较好，前面已有 1~2 个涨停板的上涨初期出现的 T 字涨停板，普通投资者可以积极跟庄进场买入筹码；3 个以下连续一字板（如一字板前还有阳线涨停板的就要区别对待）之后的第一个放量 T 字板，一般是主力机构震仓洗盘或短线游资建仓的 T 字板，普通投资者也可以在当天收盘前或次日视情况跟庄进场逢低买入筹码。

图 5-19 是 688247 宣泰医药 2022 年 12 月 8 日星期四下午收盘时的 K 线走势图。在软件上将该股整个 K 线走势图缩小后可以看出，此时该股处于上升趋势中。该股 2022 年 8 月 25 日上市，由于当时大盘疲软（处于下跌趋势），当日该股 15.80 元开盘后回落（13.60 元收盘），次日开始回调洗盘，至 2022 年 10 月 12 日的最低价 9.64 元止跌企稳，回调洗盘时间不长，但下跌幅度较大。

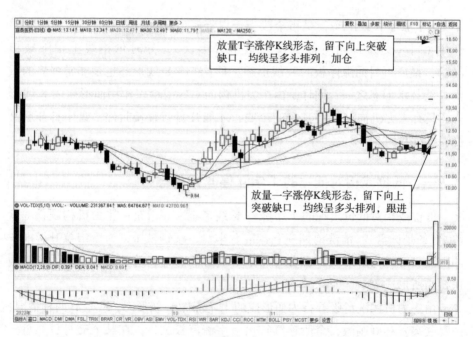

图 5-19

2022 年 10 月 12 日股价止跌企稳后，主力机构快速推升股价，收集筹码。11 月 15 日，该股低开，收出一根小阴线，展开回调（挖坑）洗盘吸筹行情，成交量呈萎缩状态。

12 月 7 日，该股涨停开盘，收出一个一字涨停板（涨停原因为"熊去氧胆酸+CRO+国企改革+次新股"概念炒作），突破前高，留下向上突破缺口，成交量较前一交易日放大 2 倍多，形成向上突破缺口和一字涨停 K 线形态。此时，均线呈多头排列，MACD、KDJ 等技术指标开始走强，股价的强势特征已经相当明显，后市持续快速上涨的概率大。像这种情况，普通投资者可以在当日跟庄抢板或在次日集合竞价时以涨停价挂买单排队等候加仓买进。

12 月 8 日截图当日，该股涨停开盘，收出一个 T 字板，突破前高，成交量较前一交易日放大 5 倍多，再次留下向上突破缺口，形成向上突破缺口和 T 字涨停 K 线形态。虽然该股前一交易日已收出一个一字涨停板，但从该股 K 线走势看，股价处于低位，且属于上市后没有被炒作过的次新股，加上利好配合，有强烈的补涨需求，值得普通投资者积极追涨。

图 5-20 是 688247 宣泰医药 2022 年 12 月 8 日星期四下午收盘时的分时走势图。从分时走势可以看出，该股早盘涨停开盘，10:06 千手以上大卖单开始砸板，10:07 涨停板被砸开，10:26 封回涨停板；11:06 涨停板再次被打开，11:14 封回涨停板至收盘。涨停板第一次被砸开的时间较长，成交量放得比较大，前期跟进的大部分普通投资者估计都被吓跑了，第二次封回涨停板后一直至收盘没有再打开。涨停板被砸开的主要原因应该是主力机构洗盘吸筹，再就是有部分前期进场的获利筹码出逃，还有部分被吓跑的可能没有盈利的普通投资者的筹码。

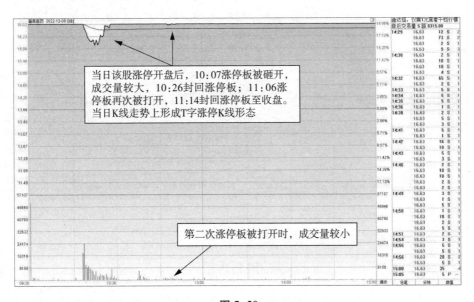

图 5-20

当日在集合竞价阶段直接以涨停价挂买单排队买进，以及开盘后直接追涨的普通投资者，应该都成交了。虽然在集合竞价时直接以涨停价挂买单排队买进的普通投资者，没有买在当日的较低价位，但也不要后悔。因为从当日涨停板被打开尤其是第二次被打开再封回的情况来看，成交量并不太大，回调幅度也不深，股价强势特征依旧，后市快速上涨的概率大，普通投资者仍可在次日逢低买进筹码。

图 5-21 是 688247 宣泰医药 2022 年 12 月 13 日星期二下午收盘时的 K 线走势图。从该股 K 线走势可以看出，因为"熊去氧胆酸+CRO+国企改革+次新股"利好概念，主力机构于 12 月 7 日收出一个一字涨停板，12 月 8 日收出一个 T 字涨停板，形成 T 字涨停 K 线形态。随后主力机构于 12 月 9 日收出一根大阳线（收盘涨幅为 19.36%），12 月 12 日收出一个大阳线涨停板（收盘涨幅为 20%），2 天涨幅近 40%。可以看出，12 月 8 日的这种 T 字涨停 K 线形态，是主力机构卸压加油、正式启动拉升行情的 K 线形态。普通投资者可以重点关注这种累计涨幅不大、仍处在拉升初期的 T 字涨停 K 线形态，快速分析研判后择机跟庄进场买进。

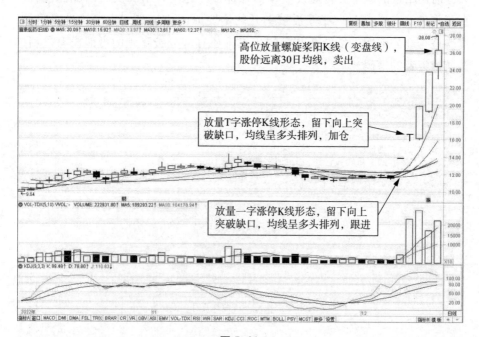

图 5-21

12 月 13 日截图当日，该股高开，股价冲高回落，收出一根螺旋桨阳 K 线，成交量较前一交易日明显放大，显露出主力机构利用高开、盘中拉高的

操盘手法，吸引跟风盘进场而开始高位震荡出货的痕迹。此时，股价远离 30
日均线且涨幅较大，KDJ 等部分技术指标开始走弱，盘口的弱势特征已经显
现。像这种情况，普通投资者如果手中还有筹码当天没有出完，次日应该逢
高卖出。

　　图 5-22 是 002560 通达股份 2023 年 1 月 13 日星期五下午收盘时的 K 线
走势图。在软件上将该股整个 K 线走势图缩小后可以看出，此时该股处于上
升趋势中，这也是股价处于上涨途中出现的 T 字涨停 K 线形态。股价从前期
相对高位，即 2020 年 8 月 10 日的最高价 11.72 元，震荡下跌调整洗盘，至
2022 年 4 月 27 日的最低价 4.21 元止跌企稳，下跌调整时间较长、幅度较大。
其间有过多次反弹，且反弹幅度较大。

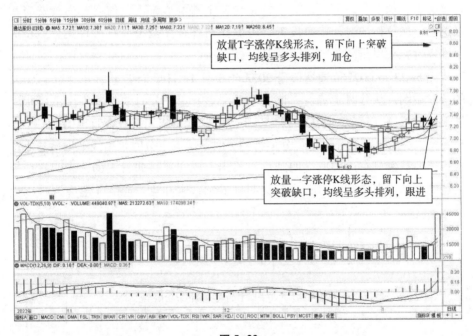

图 5-22

　　2022 年 4 月 27 日股价止跌企稳后，主力机构快速推升股价，收集筹码。
5 月 11 日，该股涨停开盘，收出一个一字涨停板，突破前高，成交量较前一
交易日大幅放大，形成一字涨停 K 线形态。此时，均线系统表现较弱（只有
5 日、10 日均线向上移动），但 MACD、KDJ 等技术指标开始走强，股价的强
势特征开始显现。像这种情况，普通投资者可以开始跟庄进场逢低分批买进
筹码。此后，该股展开震荡盘升（挖坑）洗盘吸筹行情，成交量呈间断性放
大状态。

2023 年 1 月 12 日，该股涨停开盘，收出一个一字涨停板（涨停原因为"军工+大飞机+智能电网"概念炒作），突破前高，留下向上突破缺口，成交量较前一交易日放大，形成向上突破缺口和一字涨停 K 线形态。此时，均线呈多头排列，MACD、KDJ 等技术指标走强，股价的强势特征已经相当明显，后市持续快速上涨的概率大。像这种情况，普通投资者可以在当日跟庄抢板或在次日集合竞价时以涨停价挂买单排队等候加仓买进。

1 月 13 日截图当日，该股涨停开盘，收出一个小 T 字板，突破前高，成交量较前一交易日放大 3 倍多，再次留下向上突破缺口，形成向上突破缺口和 T 字涨停 K 线形态。此时，均线呈多头排列，MACD、KDJ 等技术指标走强，股价的强势特征非常明显。虽然此时该股已有一定的涨幅，但正处于上升趋势中，加上利好配合，后市持续快速上涨的概率大，值得普通投资者积极追涨。像这种情况，普通投资者可以在当日跟庄抢板或在次日集合竞价时以涨停价挂买单排队等候加仓买进。

图 5-23 是 002560 通达股份 2023 年 1 月 13 日星期五上午开盘后至 9:32 的分时截图。从分时走势看，该股当日涨停开盘，分时线上看不出涨停板有被砸开的痕迹（坑），但从 K 线走势上看，却能看出当日收盘收出的是一个小 T 字板。从当日该股开盘后 2 分多钟的分时截图看，分时价格线上虽然看不出缺口，但从盘口右边的成交明细可以看出，成交还是非常大的，表明有前期进场的获利盘卖出。盘口右边成交明细显示，刚开盘，连续 3 笔 2 万手以上

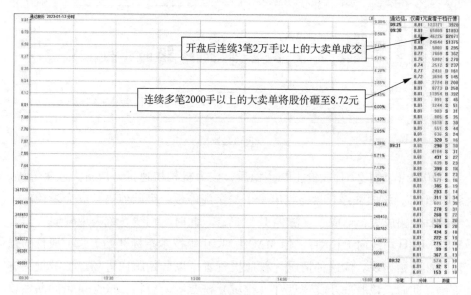

图 5-23

的大卖单成交，且将股价由涨停价 8.81 元砸至 8.80 元，然后又有连续多笔
2000 手以上的大卖单将股价砸至 8.72 元。普通投资者如果想在当日跟庄买进
的话，只要在早盘集合竞价一开始，就直接以涨停价挂买单排队等候，应该
能够成功买进。一直到下午收盘前，千手以上的成交还是不少的。当日换手
率达到 9.98%，成交量较前一交易日大幅放大，只要是上午早些时候挂买单
排队的普通投资者应该也有买进的希望。这里就不再列示该股当日全天的分
时走势图，也不对全天的分时成交情况做更多的分析了。

　　图 5-24 是 002560 通达股份 2023 年 1 月 20 日星期五下午收盘时的 K 线
走势图。从该股 K 线走势可以看出，因为"军工+大飞机+智能电网"利好概
念，主力机构于 1 月 12 日拉出一个一字涨停板，1 月 13 日拉出一个 T 字涨停
板，形成 T 字涨停 K 线形态。随后主力机构快速拉升股价，至 1 月 19 日，连
续拉出 4 根阳线，其中有 2 个涨停板（1 个 T 字涨停板和 1 个大阳线涨停板），
4 天涨幅近 37%。可以看出，1 月 13 日的这种 T 字涨停 K 线形态，是主力机
构卸压加油、正式启动拉升行情的 K 线形态。普通投资者可以重点关注这种
股价处于上升趋势中，虽然有了一定涨幅，但属于主力机构拉升初期的 T 字
涨停 K 线形态，快速分析研判后择机跟庄进场买进。

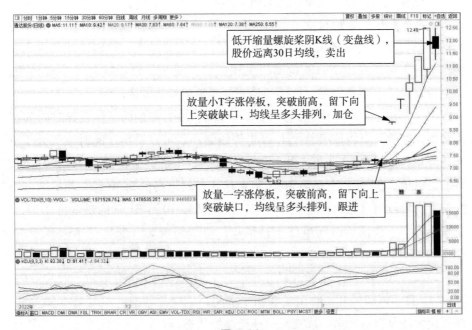

图 5-24

　　1 月 20 日截图当日，该股低开，股价冲高回落，收出一根螺旋桨阴 K 线，

成交量较前一交易日萎缩，显示股价上涨乏力，主力机构盘中拉高股价的目的是震荡调整出货（其实，从前一交易日该股的分时走势看，早盘大幅低开后，主力机构分2个波次将股价拉升至前一交易日收盘价上方震荡盘整，利用震荡盘整掩护出货，普通投资者完全可以在股价震荡盘整时逢高卖出手中筹码）。此时，股价远离30日均线且涨幅较大，KDJ等部分技术指标开始走弱，盘口的弱势特征已经显现。像这种情况，普通投资者如果手中还有筹码当天没有出完，次日应该逢高卖出。

二、高位或相对高位的 T 字涨停 K 线形态

高位或相对高位的 T 字涨停 K 线形态，一般被认定为主力机构诱多出货型涨停 K 线形态（或被认定为"庄家线"，即庄家掩护高位出货释放的烟幕弹）。因为在这种 T 字涨停板之前，主力机构已经拉出了多个阳线涨停板或一字涨停板（包括 T 字涨停板），获利丰厚，是主力机构拉升结束（或即将结束）的表现，也是股价即将见顶或已经见顶的象征。这种 T 字涨停 K 线形态不是普通投资者的目标选择。当然，股市高手或胆子大的普通投资者除外，但跟庄进场买入，也一定要慎之又慎。

实战操盘中，普通投资者要注意的是高位 T 字涨停板，如果当日盘中打开的次数越多、时间越长、回调幅度越深、成交量越大，可以确认是主力机构已经在大量派发出货，股价即将见顶或已经见顶，对于这种 T 字涨停板，普通投资者千万不要去碰，这已经是一件非常危险的事情。

图 5-25 是 000797 中国武夷 2022 年 11 月 24 日星期四下午收盘时的 K 线走势图。在软件上将该股整个 K 线走势图缩小后可以看出，此时该股处于上升趋势中。该股在 2022 年 4 月上旬前有过一波大涨，股价从 2021 年 11 月 8 日的最低价 2.34 元，上涨至 2022 年 4 月 8 日的最高价 5.70 元，然后展开下跌调整出货行情（最初为急速下跌），至 2022 年 10 月 31 日的最低价 2.51 元止跌企稳，下跌调整时间虽然不是很长，但跌幅较大（股价基本回到原点，即 2021 年 11 月上旬上涨之初），其间有过多次反弹，且反弹幅度较大。

2022 年 10 月 31 日股价止跌企稳后，主力机构快速推升股价，收集筹码。11 月 16 日，该股低开，收出一颗阴十字星，成交量较前一交易日大幅萎缩，展开挖坑洗盘吸筹行情，成交量呈逐渐萎缩状态。

11 月 24 日截图当日，该股高开，收出一个大阳线涨停板（涨停原因为"房地产+物业管理+福建国资"概念炒作），突破前高（坑沿），留下向上突

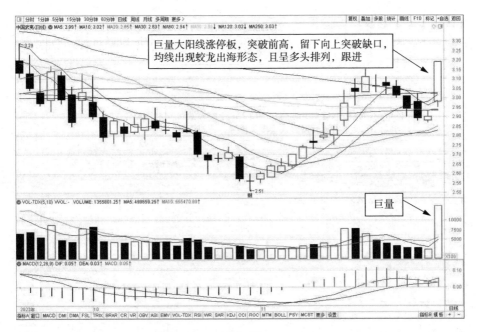

图 5-25

破缺口，成交量较前一交易日放大 5 倍多，形成向上突破缺口和大阳线涨停 K 线形态。当日股价向上突破 5 日、10 日、120 日和 250 日均线（一阳穿四线），20 日、30 日和 60 日均线在股价下方向上移动，90 日均线在股价下方下行，均线蛟龙出海形态形成。此时，均线（除 90 日和 120 日均线外）呈多头排列，MACD、KDJ 等技术指标走强，盘口的强势特征已经相当明显，后市持续快速上涨的概率大。像这种情况，普通投资者可以在当日跟庄抢板，或在次日集合竞价时以涨停价挂买单排队等候买进，然后持股待涨，待股价出现明显见顶信号时再撤出。

图 5-26 是 000797 中国武夷 2022 年 12 月 1 日星期四下午收盘时的 K 线走势图。从 K 线走势可以看出，由于"房地产+物业管理+福建国资"概念利好刺激，11 月 24 日，该股收出一个巨量大阳线涨停板，突破前高，留下向上突破缺口，形成向上突破缺口和大阳线涨停 K 线形态，均线出现蛟龙出海形态且呈多头排列，股价的强势特征相当明显。此后，该股展开快速拉升行情。

从拉升情况看，从 11 月 25 日起，主力机构依托 5 日均线，采用直线拉升、盘中洗盘、迅速拔高的操盘手法，急速向上拉升股价，至 12 月 1 日，连续拉出 5 个涨停板（其中有 4 个一字涨停板、1 个 T 字涨停板），涨幅相当可观。

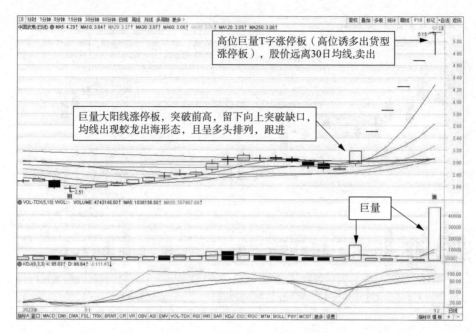

图 5-26

12月1日截图当日，该股涨停开盘，收出一个高位 T 字涨停板（庄家线），是一种股价见顶转势信号，当日成交量较前一交易日放大 54 倍多，显露出主力机构采用涨停开盘、长时间开板、高位震荡等操盘手法，引诱跟风盘进场而大量派发出货的迹象。此时，股价远离 30 日均线且涨幅大，KDJ 等部分技术指标开始走弱，盘口的弱势特征开始显现。像这种情况，普通投资者如果手中还有筹码当天没有出完，次日要清仓。

图 5-27 是 000797 中国武夷 2022 年 12 月 1 日星期四下午收盘时的分时走势图。从当日分时走势可以看出，早盘该股涨停开盘，9:31 被连续 9 笔万手（10 万手）大卖单砸开，股价快速回落，成交量急速放大，之后股价高位震荡，其间股价多次封回（或触及）涨停板后被打开，10:25 触及涨停板瞬间被打开后，股价高位震荡后缓慢回落，14:51 主力机构封回涨停板至收盘，当日成交量较前一交易日放大 54 倍多。

从分时盘口可以看出，当日涨停板开板时间长，尾盘才封回涨停板，涨停板封板结构非常脆弱，完全是个烂板，盘口弱势特征相当明显，显露出主力机构利用涨停开盘、高位震荡、尾盘封板的操盘手法，引诱跟风盘进场而开始大量派发出货的痕迹。

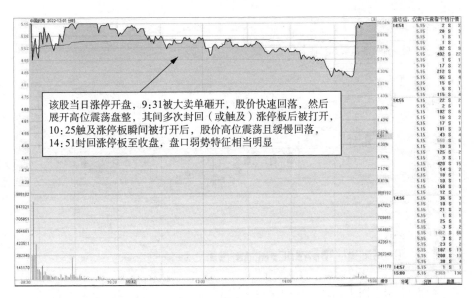

图 5-27

图 5-28 是 002835 同为股份 2023 年 1 月 20 日星期五下午收盘时的 K 线走势图。在软件上将该股整个 K 线走势图缩小后可以看出，此时该股处于上升趋势中。该股在 2020 年 8 月中旬前有过一波大涨，股价从 2018 年 10 月 19 日的最低价 6.19 元，上涨至 2020 年 8 月 12 日的最高价 25.98 元，然后震荡下跌，至 2022 年 4 月 27 日的最低价 8.34 元止跌企稳，下跌时间长、跌幅大，下跌调整期间有过多次反弹，且反弹幅度大。

2022 年 4 月 27 日股价止跌企稳后，主力机构开始推升股价，收集筹码。7 月 18 日，该股涨停开盘，收出一个 T 字板，突破前高，成交量较前一交易日放大 3 倍多，留下第二个向上突破缺口，形成向上突破缺口和 T 字涨停 K 线形态。此时，短中期均线呈多头排列，MACD、KDJ 等技术指标走强，股价的强势特征相当明显。像这种情况，普通投资者可以开始跟庄进场逢低分批买进筹码。此后，主力机构继续向上推升股价，成交量呈间断性放大状态。其间，主力机构拉出过 8 个涨停板，多数为吸筹建仓型涨停板。

11 月 11 日，该股高开，股价冲高回落，收出一根长上影线大阴线，成交量较前一交易日放大，之后展开挖坑洗盘吸筹行情，成交量呈逐渐萎缩状态。此时，普通投资者可以先卖出手中筹码，待主力机构回调洗盘到位后再将筹码接回来。

2023 年 1 月 16 日，该股高开，收出一根小阳线，成交量较前一交易日大幅放大，当日 10 日、20 日和 30 日均线黏合向上发散，普通投资者可以开始

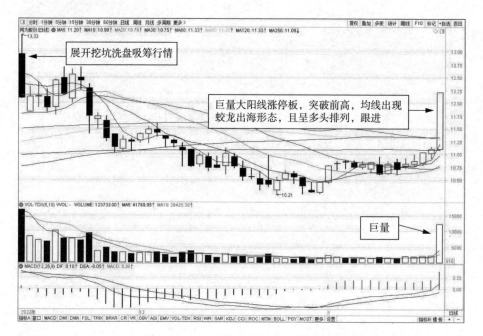

图 5-28

跟庄进场逢低分批买进筹码。

1 月 20 日截图当日，该股平开，收出一个大阳线涨停板（涨停原因为"安防+数据安全+外销"概念炒作），突破前高，成交量较前一交易日放大 5 倍多，形成大阳线涨停 K 线形态。当日股价向上突破 5 日、60 日、90 日、120 日和 250 日均线（一阳穿五线），10 日、20 和 30 日均线在股价下方向上移动，均线呈蛟龙出海形态。此时，均线（除 250 日均线外）呈多头排列，MACD、KDJ 等技术指标走强，盘口的强势特征已经相当明显，后市持续快速上涨的概率大。像这种情况，普通投资者可以在当日跟庄抢板，或在次日集合竞价时以涨停价挂买单排队等候买进，然后持股待涨，待股价出现明显见顶信号时再撤出。

图 5-29 是 002835 同为股份 2023 年 2 月 3 日星期五下午收盘时的 K 线走势图。从 K 线走势可以看出，由于"安防+数据安全+外销"概念利好刺激，1 月 20 日，该股收出一个巨量大阳线涨停板，突破前高，形成大阳线涨停 K 线形态，均线呈多头排列，股价的强势特征相当明显。此后，该股展开快速拉升行情。

从拉升情况看，从 1 月 30 日起，主力机构依托 5 日均线，采用直线拉升、盘中洗盘、迅速拔高的操盘手法，急速向上拉升股价，至 2 月 3 日，连

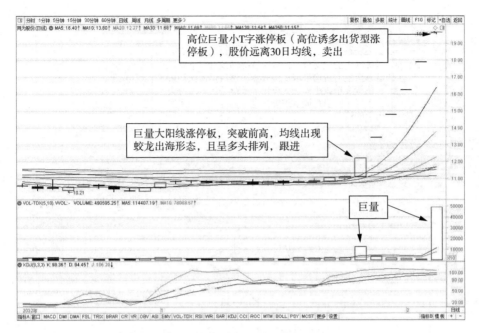

高位巨量小T字涨停板（高位诱多出货型涨停板），股价远离30日均线，卖出

巨量大阳线涨停板，突破前高，均线出现蛟龙出海形态，且呈多头排列，跟进

巨量

图 5-29

续拉出 5 个涨停板（其中有 4 个一字涨停板、1 个小 T 字涨停板），涨幅相当可观。

2 月 3 日截图当日，该股涨停开盘，收出一个高位小 T 字涨停板（庄家线），是一种股价见顶转势信号，当日成交量较前一交易日放大 52 倍多，显露出主力机构采用涨停开盘，然后慢慢撤换买一位置买单或小单进大单出等操盘手法，维持买盘人气，吸引跟风盘进场接盘，而开始大量派发出货的迹象。此时，股价远离 30 日均线且涨幅较大，KDJ 等部分技术指标开始走弱，盘口的弱势特征开始显现。像这种情况，普通投资者如果手中还有筹码当天没有出完，次日要逢高清仓。

图 5-30 是 002835 同为股份 2023 年 2 月 3 日星期五下午收盘时的分时走势图。从当日分时走势可以看出，早盘该股涨停开盘，成交量急速放大（盘口连续出现 10 多笔千手以上大卖单成交），从 13:52 开始又间断性出现连续多笔千手以上大卖单成交，成交量快速放大。由于大卖单砸板时间短（在 1 分钟以内），且间断性出现，所以我们看不到分时价格线上砸出的缺口（小坑），但 K 线显示当日最低价跌到了 19.55 元（涨停价为 19.67 元），这就给普通投资者造成了一种涨停板没有被打开且封板结构优的错觉，许多普通投资者因为这种错觉而在当日跟庄进场买入了不少筹码。

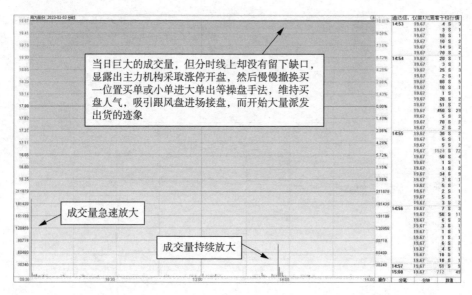

图 5-30

而当日巨大的成交量（较前一交易日放大 52 倍多），分时线上却没有留下缺口，显露出主力机构采用涨停开盘，然后慢慢撤换买一位置买单或小单进大单出等操盘手法，维持买盘人气，吸引跟风盘进场接盘，而开始大量派发出货的迹象。所以，对于高位或相对高位的 T 字板（小 T 字板），普通投资者一定要慎重对待。

第三节　普通涨停 K 线形态

普通涨停 K 线形态，也可称为一般涨停或阳线涨停或实体涨停 K 线形态，是指除了一字涨停和 T 字涨停 K 线形态之外的其他涨停 K 线形态。

普通涨停 K 线形态同样是非常强势的重要 K 线技术形态之一，是由主力机构的主导或牵引作用而形成的 K 线形态。只有主力机构潜伏其中并秘密谋划和运作的个股，才能封上涨停板。实战操盘中，比较常见的普通涨停 K 线形态，包括小阳线涨停、大阳线涨停和长下影线阳线涨停 3 种。

一、小阳线涨停 K 线形态

小阳线涨停 K 线形态，属于普通涨停 K 线形态中最强势的 K 线形态，一般是涨停阳线实体部分的长度在 5% 以下的涨停 K 线形态。

小阳线涨停 K 线形态，是指个股当日大幅度跳空高开，高开幅度一般在 5% 以上，然后主力机构向上拉升股价，直至封上涨停板，至收盘涨停板没被打开，收盘后的阳线实体较短小。

小阳线涨停 K 线形态的主要特征是高开幅度较大、封板速度较快，成交量和换手率较小，体现出主力机构及其他投资者看好该股后市行情，预示强势上升势头将持续。

实战操盘中，普通投资者需要特别注意的是，连续多个一字涨停板（T字涨停板）之后的小阳线涨停板或者个股涨幅较大且处于相对高位的小阳线涨停板，一定要谨慎对待和把握，以防被套。

图 5-31 是 003023 彩虹集团 2022 年 9 月 22 日星期四下午收盘时的 K 线走势图。在软件上将该股整个 K 线走势图缩小后可以看出，该股 2020 年 12 月 11 日上市，股价上涨至 12 月 16 日的最高价 45.68 元后，震荡下跌，至 2022 年 5 月 27 日的最低价 16.65 元止跌企稳（当日为每 10 股派现金 4 元、每 10 股送转股比例 3 股的除权除息日），下跌时间长、跌幅大。

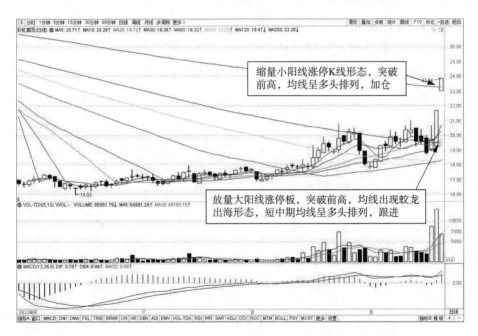

图 5-31

2022 年 5 月 27 日该股止跌企稳后，展开震荡盘升行情，主力机构洗盘吸筹并举，K 线走势呈红多绿少、红肥绿瘦态势，成交量呈间断性放大状态。

9 月 21 日，该股低开，收出一个大阳线涨停板（涨停原因为"电热毯+

家电+消毒剂"概念炒作），突破前高，成交量较前一交易日大幅放大，形成大阳线涨停 K 线形态。当日股价向上突破 5 日、10 日、20 日、120 日和 250日均线（一阳穿五线），30 日和 60 日均线在股价下方向上移动，90 日均线在股价下方下行，均线蛟龙出海形态形成。此时，短中期均线呈多头排列，MACD、KDJ 等技术指标开始走强，盘口的强势特征已经显现，后市快速上涨的概率大。像这种情况，普通投资者可以在当日跟庄抢板或在次日集合竞价时以涨停价挂买单排队等候买进。

9 月 22 日截图当日，由于"电热毯+家电+消毒剂"概念利好刺激，该股大幅高开（向上跳空 6.14%开盘），收出一个小阳线涨停板，突破前高，留下向上突破缺口，成交量较前一交易日大幅萎缩（涨停的原因），形成向上突破缺口和小阳线涨停 K 线形态。此时，均线（除 120 日和 250 日均线外）呈多头排列，MACD、KDJ 等技术指标走强，股价的强势特征已经非常明显，后市持续快速上涨的概率大。像这种情况，普通投资者可以在当日跟庄抢板或在次日择机跟庄进场加仓买进筹码，持股待涨。

图 5-32 是 003023 彩虹集团 2022 年 9 月 22 日星期四上午开盘后至 9:32的分时截图。从分时截图可以看出，当日该股大幅高开，左上方为开市后大幅跳空高开的分时价格线，在 K 线走势上形成小阳线涨停 K 线形态。盘口左下方为开盘后成交量迅速放大的量柱，右边是 9:32 封上涨停板后 2 分钟内的

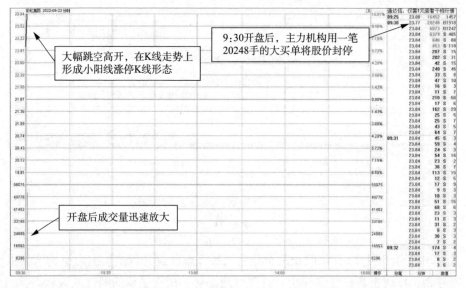

图 5-32

成交明细。从封板情况看，9:30 开盘后，主力机构用一笔 20248 手的大买单将股价封停，此后成交逐渐萎缩，当日在集合竞价时直接以涨停价挂买单排队等候的普通投资者，成交的可能性有，但不是太大，如果当日没能成交也没关系，普通投资者可以在次日跟庄进场加仓买进筹码。

图 5-33 是 003023 彩虹集团 2022 年 10 月 14 日星期五下午收盘时的 K 线走势图。从 K 线走势可以看出，9 月 22 日，该股大幅高开，收出一个缩量小阳线涨停板，突破前高，留下向上突破缺口，形成向上突破缺口和小阳线涨停 K 线形态，均线呈多头排列，股价的强势特征相当明显。此后，该股展开快速拉升行情。

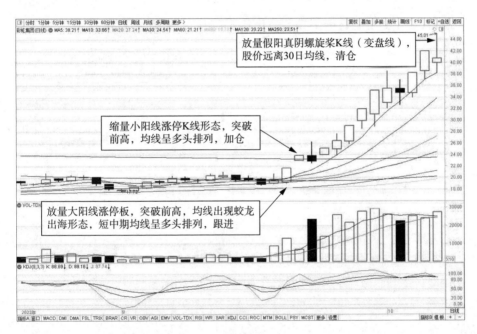

图 5-33

从拉升情况看，9 月 23 日主力机构强势调整了一个交易日，正是普通投资者跟庄进场买进筹码的好时机。从 9 月 26 日起，主力机构依托 5 日均线，采用直线拉升、盘中洗盘、迅速拔高的操盘手法，急速向上拉升股价，至 10 月 13 日共 9 个交易日的时间，拉出了 8 根阳线，其中有 6 个涨停板，股价从 9 月 23 日的收盘价 22.80 元，上涨至 10 月 13 日的收盘价 41.99 元，涨幅巨大。

10 月 14 日截图当日，该股大幅低开（向下跳空 4.98% 开盘），股价冲高回落，收出一根假阳真阴螺旋桨 K 线，成交量较前一交易日明显放大，显露出主力机构利用低开、盘中对敲拉高的操盘手法，吸引跟风盘进场而开始高位震荡出货的痕迹。此时，股价远离30日均线且涨幅大，KDJ等部分技术指标开始走弱，盘口的弱势特征已经显现。像这种情况，普通投资者如果手中还有筹码当天没有出完，次日应该逢高清仓。

图5-34是003027同兴环保2022年9月20日星期二下午收盘时的K线走势图。在软件上将该股整个K线走势图缩小后可以看出，该股2020年12月18日上市（当日大盘疲软），股价上涨至当日最高价57.76元后震荡下跌，至2022年4月27日的最低价15.03元止跌企稳，下跌时间长、跌幅大，其间有过1次较大幅度的反弹。

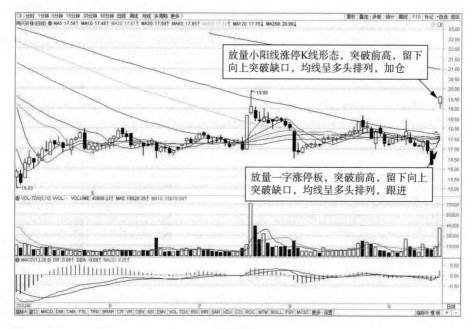

图5-34

2022年4月27日股价止跌企稳后，主力机构快速推升，收集筹码。然后该股展开震荡整理洗盘吸筹行情，K线走势呈红多绿少、红肥绿瘦态势，成交量呈间断性放（缩）量状态，其间主力机构收出一个吸筹建仓型大阳线涨停板。

9月19日，该股涨停开盘，收出一个一字涨停板（涨停原因为"签署合作协议+节能环保"概念炒作），突破前高，留下向上突破缺口，成交量较前一交易日放大，形成向上突破缺口和一字涨停K线形态。此时，均线（除120日和250日均线外）呈多头排列，MACD、KDJ等技术指标开始走强，盘口的强势特征已经显现，后市快速上涨的概率大。像这种情况，普通投资者可以在当日跟庄抢板或在次日集合竞价时以涨停价挂买单排队等候买进。

9 月 20 日截图当日，由于"签署合作协议＋节能环保"概念利好刺激，该股大幅高开（向上跳空 8.19% 开盘），收出一个小阳线涨停板，突破前高，再次留下向上突破缺口，成交量较前一交易日大幅放大，形成向上突破缺口和小阳线涨停 K 线形态。此时，均线（除 120 日和 250 日均线外）呈多头排列，MACD、KDJ 等技术指标走强，股价的强势特征已经非常明显，后市持续快速上涨的概率大。像这种情况，普通投资者可以在当日跟庄抢板或在次日集合竞价时以涨停价挂买单排队等候加仓买进，然后持股待涨。

图 5-35 是 003027 同兴环保 2022 年 9 月 20 日星期二上午开盘后至 9:32 的分时截图。从分时截图可以看出，当日该股大幅高开，左上方为开市后大幅跳空高开的分时价格线，在 K 线走势上形成小阳线涨停 K 线形态，盘口左下方为开盘后成交量迅速放大的量柱，右边是 9:32 封上涨停板后 2 分钟内的成交明细。从封板情况看，9:30 开盘后，主力机构用一笔 14978 手的大买单将股价封停，此后成交逐渐萎缩，当日在集合竞价时直接以涨停价挂买单排队等候买进的普通投资者，成交的可能性有，但不是太大，如果当日没能成交也没关系，普通投资者可以在次日集合竞价时继续以涨停价挂买单排队等候加仓买进。

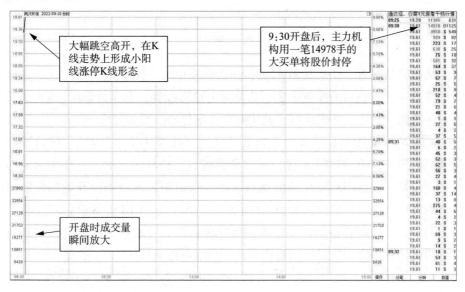

图 5-35

图 5-36 是 003027 同兴环保 2022 年 9 月 26 日星期一下午收盘时的 K 线走势图。从 K 线走势可以看出，9 月 20 日，该股大幅高开，收出一个放量小阳线涨停板，突破前高，留下向上突破缺口，形成向上突破缺口和小阳线涨停 K 线形态，均线呈多头排列，股价的强势特征相当明显。此后，该股展开快速拉升行情。

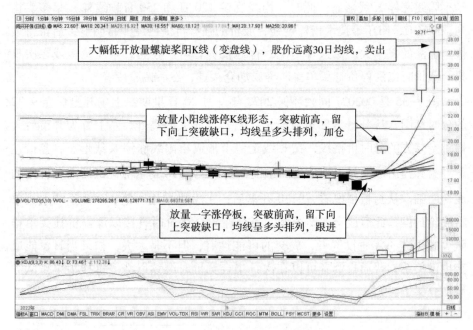

图 5-36

从拉升情况看，从 9 月 21 日起，主力机构依托 5 日均线，采用直线拉升、盘中洗盘、迅速拔高的操盘手法，急速向上拉升股价，至 9 月 26 日共 4 个交易日的时间，拉出了 4 根阳线，其中有 3 个涨停板，涨幅较大。

9 月 26 日截图当日，该股大幅低开（向下跳空 4.21% 开盘），股价冲高回落，收出一根螺旋桨阳 K 线，成交量较前一交易日明显放大，显露出主力机构利用低开、盘中对敲拉高的操盘手法，吸引跟风盘进场而开始高位震荡出货的痕迹。此时，股价远离 30 日均线且涨幅较大，KDJ 等部分技术指标开始走弱，盘口的弱势特征已经显现。像这种情况，普通投资者如果手中还有筹码当天没有出完，次日应该逢高卖出，然后跟踪观察。

二、大阳线涨停 K 线形态

大阳线涨停 K 线形态，属于普通涨停 K 线形态中强势的 K 线形态，是涨停阳线实体部分的长度超过 5% 的涨停 K 线形态。

大阳线涨停 K 线形态，是指个股当日开盘后（不论高开、低开或平开），主力机构向上拉升股价，直至封上涨停板，至收盘涨停板没有被打开，收盘后的 K 线实体为长阳。

大阳线涨停 K 线形态的一般特征是，盘中拉升比较突然（不绝对），封板速度较快，成交量和换手率较大。体现出主力机构及其他投资者看好该股后市行情，预示强势上升势头将持续。但也要区别对待，如果大阳线涨停 K 线形态之后（下一交易日）的 K 线，在大阳线涨停板收盘价上方或在大阳线涨停板实体的上半部分运行，则表明股价强势特征持续，普通投资者可以积极跟庄进场买进筹码。如果大阳线涨停 K 线形态之后（下一交易日）的 K 线，在大阳线涨停板实体的下半部分或大阳线涨停板实体的下方运行，则表明股价有走弱的迹象，普通投资者则暂时不能急于介入，以跟踪观察为主。当然，股价处于低位或相对低位的大阳线涨停 K 线形态之后（下一交易日）的 K 线，在大阳线涨停板实体的下半部分或大阳线涨停板实体的下方运行，很大可能是主力机构调整洗盘，为后续上涨积蓄能量。

实战操盘中，普通投资者要重点关注，出现在个股长期下跌之后的底部或震荡横盘之后的大阳线涨停 K 线形态，如成交量放大，其他技术指标开始走强，且大盘相对强势，就可以积极跟庄进场逢低买进筹码，后市盈利的概率极大。

对于股价已经上涨至高位或相对高位的大阳线涨停板，普通投资者要谨慎对待和把握，以防被套。

图 5-37 是 000966 长源电力 2021 年 3 月 10 日星期三下午收盘时的 K 线走势图。在软件上将该股整个 K 线走势图缩小后可以看出，此时该股处于上升趋势中。股价从前期相对高位，即 2019 年 4 月 19 日的最高价 6.80 元，一路震荡下跌，至 2021 年 2 月 4 日的最低价 3.29 元止跌企稳，下跌时间长、跌幅大，其间有过多次较大幅度的反弹。尤其是下跌后期，主力机构利用小幅反弹以及杀跌洗盘，收集了不少筹码。

2021 年 2 月 4 日股价止跌企稳后，主力机构快速推升股价，收集筹码，K 线走势呈红多绿少、红肥绿瘦态势，成交量呈逐步放大状态。

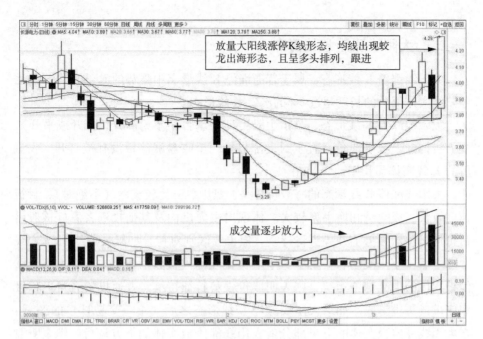

图 5-37

　　3月2日，该股平开，收出一根大阳线（收盘涨幅为4.58%），突破前高，成交量较前一交易日放大近2倍，当日股价向上突破60日、90日、120日和250日均线（一阳穿四线），5日、10日、20日和30日均线在股价下方向上移动，均线蛟龙出海形态形成。此时，短期均线呈多头排列，MACD、KDJ等技术指标开始走强，盘口的强势特征开始显现，后市继续上涨的概率大。像这种情况，普通投资者可以开始逢低分批买进筹码。此后，主力机构继续向上推升股价。

　　3月10日截图当日，该股低开，收出一个大阳线涨停板（涨停原因为"碳中和+电力"概念炒作），突破前高，成交量较前一交易日大幅放大，形成大阳线涨停K线形态。此时，均线呈多头排列，MACD、KDJ等技术指标走强，股价的强势特征已经非常明显，后市持续快速上涨的概率大。像这种情况，普通投资者可以在当日跟庄抢板或在次日择机跟庄进场加仓买进筹码，持股待涨。

　　图5-38是000966长源电力2021年4月13日星期二下午收盘时的K线走势图。从K线走势可以看出，3月10日，该股低开，收出一个放量大阳线涨停板，突破前高，形成大阳线涨停K线形态，均线呈多头排列，股价的强势特征相当明显。此后，该股展开快速拉升行情。

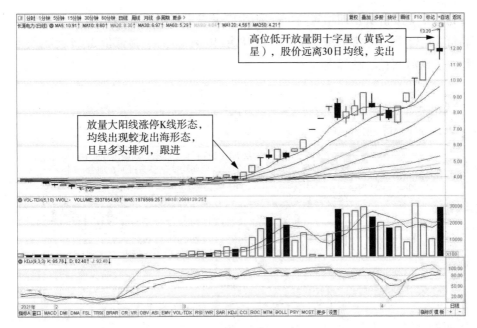

图 5-38

从拉升情况看，从 3 月 11 日起，主力机构依托 5 日均线，向上拉升股价，至 3 月 24 日 10 个交易日的时间，拉出了 9 根阳线（1 根为假阴真阳 K 线），其中有 8 个涨停板。3 月 25 日，该股高开，股价冲高回落，收出一根大阴线，成交量较前一交易日大幅放大，主力机构展开强势洗盘调整行情。4 月 6 日，该股低开，收出一个大阳线涨停板，突破前高，成交量较前一交易日放大，股价收回到 5 日、10 日均线之上，洗盘调整行情结束，普通投资者可以在当日跟庄抢板或在次日择机跟庄进场加仓买进筹码。之后，主力机构再次快速拉升股价，至 4 月 12 日，连续拉出 4 个涨停板。从 K 线走势看，整体走势比较顺畅，涨幅巨大。

4 月 13 日截图当日，该股跳空低开（向下跳空 2.20% 开盘），股价冲高回落，收出一颗阴十字星，成交量较前一交易日放大 2 倍多，显露出主力机构利用低开、盘中对敲拉高的操盘手法，吸引跟风盘进场而开始震荡出货的痕迹。此时，股价远离 30 日均线且涨幅大，KDJ 等部分技术指标开始走弱，盘口的弱势特征已经显现。像这种情况，普通投资者如果手中还有筹码当天没有出完，次日要逢高卖出。

图 5-39 是 002703 浙江世宝 2022 年 6 月 13 日星期一下午收盘时的 K 线走势图。在软件上将该股整个 K 线走势图缩小后可以看出，此时该股处于上

升趋势中。股价从前期相对高位，即 2017 年 8 月 1 日（除权除息次日）的最高价 13.32 元，一路震荡下跌，至 2018 年 10 月 18 日的最低价 3.15 元止跌企稳，下跌时间长、跌幅大。

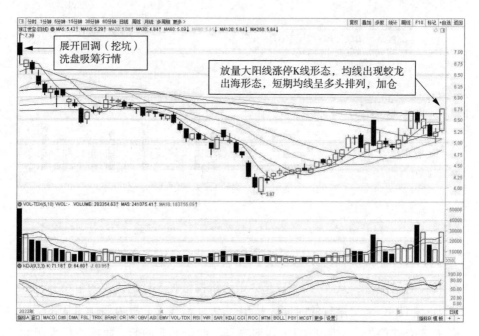

图 5-39

2018 年 10 月 18 日该股止跌企稳后，展开大幅震荡盘升行情，主力机构高抛低吸赚取差价盈利与洗盘吸筹并举，震荡盘升期间成交量呈间断性放大状态。

2022 年 3 月 1 日（大幅震荡盘升行情 3 年 4 个多月后），该股高开，股价冲高回落，收出一根螺旋桨阴 K 线，成交量较前一交易日大幅放大，展开回调（挖坑）洗盘吸筹行情，成交量呈逐步萎缩状态。

4 月 27 日，该股低开，收出一根大阳线（收盘涨幅为 5.50%），股价下探至当日最低价 3.87 元止跌企稳，回调（挖坑）洗盘行情结束。此后，主力机构快速向上推升股价，普通投资者可以开始跟庄进场逢低买入筹码。

6 月 13 日截图当日，该股高开，收出一个大阳线涨停板（涨停原因为"汽车零部件+无人驾驶"概念炒作），突破前高，成交量较前一交易日放大 2 倍多，形成大阳线涨停 K 线形态。当日股价向上突破 5 日、10 日、90 日、120 日和 250 日均线（一阳穿五线），20 日和 30 日均线在股价下方向上移动，

60 日均线在股价下方即将走平，均线蛟龙出海形态形成。此时，短期均线呈多头排列，MACD、KDJ 等技术指标开始走强，盘口的强势特征相当明显，后市持续快速上涨的概率大。像这种情况，普通投资者可以在当日跟庄抢板或在次日择机跟庄进场加仓买进筹码，然后持股待涨，待股价出现明显见顶信号时撤出。

图 5-40 是 002703 浙江世宝 2022 年 6 月 27 日星期一下午收盘时的 K 线走势图。从 K 线走势可以看出，6 月 13 日，该股高开收出一个放量大阳线涨停板，突破前高，形成大阳线涨停 K 线形态，均线呈多头排列，股价的强势特征相当明显。此后，该股展开快速拉升行情。

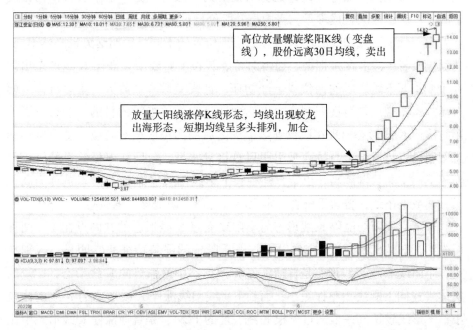

图 5-40

从拉升情况看，从 6 月 14 日起，主力机构依托 5 日均线，采用直线拉升、盘中洗盘、迅速拔高的操盘手法，急速向上拉升股价，至 6 月 27 日共 10 个交易日时间，拉出了 10 根阳线，其中有 9 个涨停板，涨幅巨大。

6 月 27 日截图当日，该股高开，股价冲高回落，收出一根螺旋桨阳 K 线，成交量较前一交易日大幅放大，显露出主力机构利用高开、盘中对敲拉高的操盘手法，引诱跟风盘进场而开始高位震荡出货的痕迹。此时，股价远离 30 日均线且涨幅大，KDJ 等部分技术指标开始走弱，盘口的弱势特征已经显现。像这种情况，普通投资者如果手中还有筹码当天没有出完，次日应该逢高卖出。

三、长下影线阳线涨停 K 线形态

长下影线阳线涨停 K 线形态，属于普通涨停 K 线形态中强势的 K 线形态，是涨停阳 K 线下影线的长度超过了实体部分的 K 线形态。

长下影线阳线涨停 K 线形态，是指个股高开幅度在 5% 以上，然后主力机构向下打压股价洗盘或放任股价回落到一定深度后，再将股价拉回封上涨停板，至收盘涨停板没有被打开，收盘后的 K 线为实体较短的长下影线涨停阳 K 线。

长下影线阳线涨停 K 线形态分时走势的一般特征是，盘中股价回落幅度较大，成交量放大且成堆量，盘中拉升股价且封板速度快。

由于长下影线阳线涨停 K 线形态出现位置的不同，后期走势也必然不同，普通投资者一定要区别把握，谨慎对待。若长下影线阳线涨停 K 线形态出现在个股长期下跌之后的低位或上涨初期，且成交量有效放大，主力机构大幅打压的意图应该是清洗获利盘，以达到洗盘和低位吸筹的目的。若长下影线阳线涨停 K 线形态出现在股价连续上涨之后的高位或相对高位，主力机构的意图明显是打压出货与拉高吸引跟风盘接盘并举，封回涨停板的目的应该是便于下一交易日继续高开出货，这种长下影线阳线涨停 K 线形态被称为高位吊颈线或上吊线，普通投资者一定要小心对待，防范被套的风险。

长下影线阳线涨停 K 线形态与小阳线涨停 K 线形态的共同点在于，两种 K 线形态都是高开幅度在 5% 以上，表示股价的强势特征非常明显。区别在于，小阳线涨停 K 线形态是普通涨停 K 线形态中最强势的 K 线形态，K 线的实体（连同下影线）整体短小；而长下影线阳线涨停 K 线形态的 K 线实体较小，下影线较长（一般超过整根 K 线长度的 1/2），是普通涨停 K 线形态中比较强势的一种 K 线形态。

图 5-41 是 003042 中农联合 2022 年 10 月 31 日星期一下午收盘时的 K 线走势图。在软件上将该股整个 K 线走势图缩小后可以看出，这是该股上涨初期出现的长下影线阳线涨停 K 线形态。股价从相对高位，即 2022 年 1 月 20 日的最高价 44.17 元，一路震荡下跌，至 2022 年 10 月 11 日的最低价 14.58 元止跌企稳，下跌时间虽然不是很长，但跌幅大。下跌后期，主力机构利用小幅反弹以及杀跌洗盘等手法，收集了不少筹码。

2022 年 10 月 11 日股价止跌企稳后，主力机构开始快速推升股价，收集筹码，其间收出了一个大阳线涨停板，为吸筹建仓型涨停板。

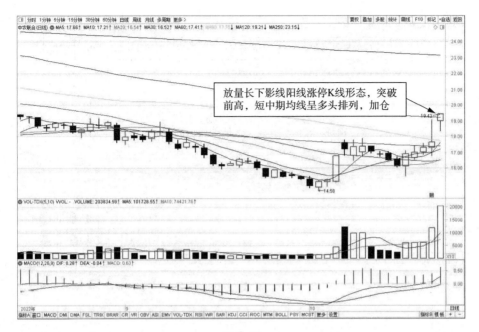

图 5-41

　　10 月 31 日截图当日，该股大幅高开（向上跳空 7.65% 开盘），收出一个长下影线阳线涨停板（涨停原因为"农药+乡村振兴+供销社+三季报增长"概念炒作），突破前高，成交量较前一交易日大幅放大，形成长下影线阳线涨停 K 线形态。此时，短中期均线呈多头排列，MACD、KDJ 等技术指标已经走强，盘口的强势特征相当明显，后市持续快速上涨的概率大。像这种情况，普通投资者可以在当日跟庄抢板或在次日择机跟庄进场加仓买进筹码，持股待涨。

　　图 5-42 是 003042 中农联合 2022 年 11 月 11 日星期五下午收盘时的 K 线走势图。从 K 线走势可以看出，10 月 31 日，该股大幅高开，收出一个放量长下影线阳线涨停板，突破前高，形成长下影线阳线涨停 K 线形态，短中期均线呈多头排列，股价的强势特征相当明显。此后，该股展开快速拉升行情。

　　从拉升情况看，从 11 月 1 日起，主力机构依托 5 日均线，采用直线拉升、盘中洗盘、迅速拔高的操盘手法，急速向上拉升股价，至 11 月 10 日共 8 个交易日时间，拉出了 7 根阳线，其中有 6 个涨停板，涨幅相当可观。

　　11 月 11 日截图当日，该股高开，股价冲高回落，收出一颗假阴真阳十字星，成交量较前一交易日明显放大，显露出主力机构利用高开、盘中对敲拉

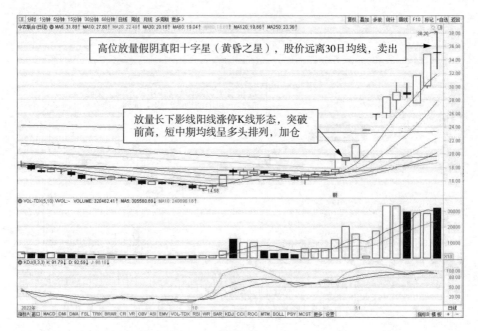

高位放量假阴真阳十字星（黄昏之星），股价远离30日均线，卖出

放量长下影线阳线涨停K线形态，突破前高，短中期均线呈多头排列，加仓

图 5-42

高的操盘手法，吸引跟风盘进场而开始高位震荡出货的痕迹。此时，股价远离 30 日均线且涨幅大，KDJ 等部分技术指标开始走弱，盘口的弱势特征已经显现。像这种情况，普通投资者如果手中还有筹码当天没有出完，次日要逢高卖出。

图 5-43 是 002401 中远海科 2023 年 1 月 4 日星期三下午收盘时的 K 线走势图。在软件上将该股整个 K 线走势图缩小后可以看出，这是该股上涨途中出现的长下影线阳线涨停 K 线形态。股价从前期相对高位，即 2020 年 7 月 15 日的最高价 19.30 元，一路震荡下跌，至 2022 年 4 月 27 日的最低价 6.73 元止跌企稳，下跌时间长、跌幅大，下跌期间有过多次较大幅度的反弹。

2022 年 4 月 27 日股价止跌企稳后，主力机构开始快速推升股价，收集筹码。然后该股展开大幅震荡盘升行情，主力机构高抛低吸赚取差价盈利与洗盘吸筹并举，震荡盘升期间成交量呈间断性放大状态。

2023 年 1 月 3 日，该股低开，收出一个大阳线涨停板（涨停原因为"信创+智能物流+区块链+中字头"概念炒作），突破前高，成交量较前一交易日明显放大，形成大阳线涨停 K 线形态。当日股价向上突破 5、10、20 和 30 日均线（一阳穿四线），60、90、120 和 250 日均线在股价下方向上移动，均线呈蛟龙出海形态。此时，均线呈多头排列，MACD、KDJ 等技

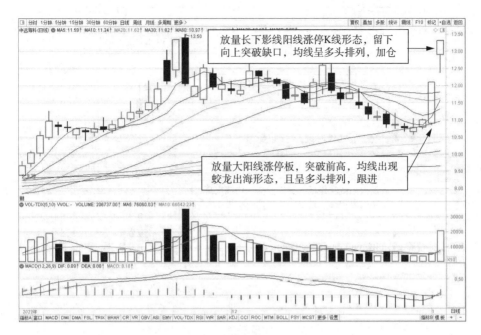

放量长下影线阳线涨停K线形态，留下向上突破缺口，均线呈多头排列，加仓

放量大阳线涨停板，突破前高，均线出现蛟龙出海形态，且呈多头排列，跟进

图 5-43

术指标开始走强，盘口的强势特征已经显现，后市快速上涨的概率大。像这种情况，普通投资者可以在当日跟庄抢板或在次日择机跟庄进场买进筹码。

1月4日截图当日，由于"信创+智能物流+区块链+中字头"利好概念的刺激，该股大幅高开（向上跳空 6.61% 开盘），收出一个长下影线阳线涨停板，突破前高，留下向上突破缺口，成交量较前一交易日放大 3 倍多，形成向上突破缺口和长下影线阳线涨停 K 线形态。此时，均线呈多头排列，MACD、KDJ 等技术指标已经走强，盘口的强势特征相当明显，后市快速上涨的概率大。像这种情况，普通投资者可以在当日跟庄抢板或在次日择机跟庄进场买入筹码。

图 5-44 是 002401 中远海科 2023 年 2 月 1 日星期三下午收盘时的 K 线走势图。从 K 线走势可以看出，1 月 4 日，该股大幅高开，收出一个放量长下影线阳线涨停板，突破前高，留下向上突破缺口，形成向上突破缺口和长下影线阳线涨停 K 线形态，均线呈多头排列，股价的强势特征相当明显。此后，该股展开拉升行情。

从拉升情况看，1 月 5 日主力机构拉出一个大阳线涨停板。1 月 6 日该股大幅高开，收出一根阴 K 线（从当日分时走势看，该股早盘向上跳空 9.29% 开盘，迅速封上涨停板，尾盘涨停板被大卖单砸开，应该是前期获利盘出逃，

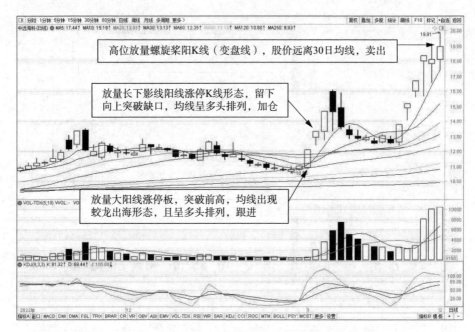

图 5-44

主力机构趁机顺势打压股价做差价），展开回调洗盘行情，成交量呈逐渐萎缩
状态。1月18日，该股高开，收出一个大阳线涨停板，突破前高，成交量较
前一交易日大幅放大，股价收回到5日、10日均线之上，回调洗盘行情结束，
普通投资者可以在当日跟庄抢板或在次日择机跟庄进场加仓买入筹码。之后，
主力机构快速向上拉升股价，至1月30日，连续拉出3个涨停板。从K线走
势看，整体走势比较顺畅，涨幅较大。

　　2月1日截图当日，该股平开，股价冲高回落，收出一根螺旋桨阳K线，
成交量较前一交易日大幅放大，加上前一交易日收出一根假阳真阴螺旋桨K
线，显示股价上涨乏力，主力机构盘中拉高股价的目的是震荡调整出货。此
时，股价远离30日均线且涨幅较大，KDJ等部分技术指标开始走弱，盘口的
弱势特征已经显现。像这种情况，普通投资者如果手中还有筹码当天没有出
完，次日应该逢高卖出。

第六章

▼

强势涨停量价关系实战技法

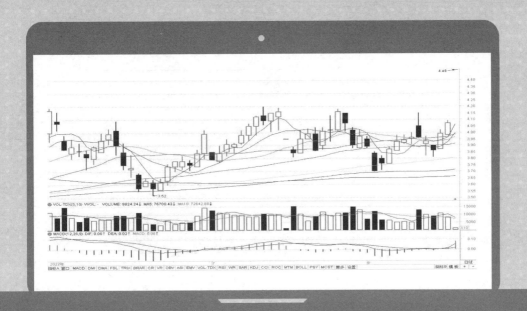

强势量价关系，主要是指成交量放大，股价同步上涨的一种量增价涨关系，即个股在成交量放大的同时，其股价也同步上涨的一种量价配合关系。

强势涨停量价关系，一般是指目标股票随着成交量的放大，股价同步上涨至涨停板的一种量增价涨关系，即目标股票在成交量放大的同时，股价也同步上涨至涨停板的一种量价配合关系。

但在中国特色股票市场尤其是涨停板制度下，强势涨停量价关系并不仅仅表现在量增价涨停这一种量价关系上，由于受政策面、基本面、主力机构资金面、消息面、大盘走势等因素的影响，强势涨停量价关系也有多种形式。比如，主力机构高度控盘的目标股票，连续出现无量涨停或缩量涨停是国内市场尤其是牛市市场经常见到的走势。所以，除了量增价涨停这种强势涨停量价关系外，还有无量价涨停、缩量价涨停两种强势涨停量价关系。

对于强势涨停的目标股票，普通投资者要重点关注，尤其对上涨初期出现的无量涨停、缩量涨停目标股票，普通投资者更要格外重点关注，因为刚刚开始无量涨停或缩量涨停的目标股票，后市连续收出涨停板的概率非常大。另外，封上涨停板的时间越早且当天没有开板的个股，后市连续涨停的概率越大；收盘时涨停板买盘封单数量越大，后续涨停的可能性也越大，但也要注意防范主力机构对敲或对倒做盘放量收出的涨停板。这里分析介绍无量涨停、缩量涨停、放量涨停和巨量涨停 4 种强势涨停量价关系。

第一节　无量涨停

无量涨停，是指目标股票在成交量极小的情况下，股价就达到了涨停板的涨幅限制。需要说明的是，无量涨停并不是没有成交，而是交易日内成交量极小。一般情况下，涨停当天日换手率小于 4% 左右，可视为成交量极小，确定为无量涨停。当然，无量涨停换手率越小越好，低于 1% 更好，换手率越小，说明主力机构筹码集中度越高，控盘越到位，后市的上升空间越大。

无量涨停一般发生在主力机构高度控盘、出现资产重组等重大利好、较长时间停牌等特定股票中。在牛市市场，无量涨停的出现比较常见和普遍。

普通投资者应该摆脱传统惯性思维，多分析研究和关注涨停个股的走势，尤其要高度关注无量涨停个股的走势。重点分析研究和关注目标股票第一个无量涨停的涨停动因，尤其是主力机构的操盘目的和意图，做到深入分析研判，谨慎决策，且充分利用集合竞价的时机，寻机跟庄进场买进筹码，积极做多。

一、相对低位的无量涨停

相对低位的无量涨停，是指个股经过长期下跌调整（或重大利好刺激）之后，主力机构拉出的成交量极小的涨停板。从操盘实践看，无量涨停基本上是主力机构开盘即强势封停的一字板，以及少数成交量极小的 T 字板和小阳线涨停板。

图 6-1 是 002762 金发拉比 2021 年 4 月 2 日星期五下午收盘时的 K 线走势图。在软件上将该股整个 K 线走势图缩小后可以看出，该股从前期相对高位，即 2020 年 9 月 8 日的最高价 9.20 元，一路震荡下跌，至 2021 年 2 月 8 日的最低价 4.16 元止跌企稳，下跌时间虽然不长，但跌幅大，下跌期间有 2 次较大幅度的反弹。下跌后期，主力机构通过反弹、打压股价等操盘手法，收集了不少筹码。

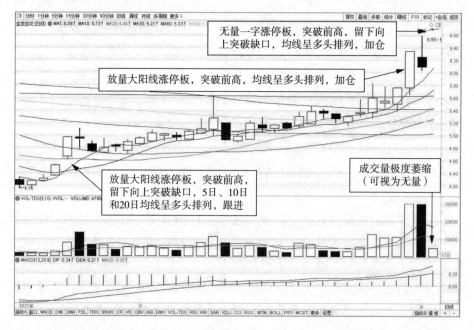

图 6-1

2021 年 2 月 8 日股价止跌企稳后，主力机构迅速推升股价，收集筹码，K 线走势呈红多绿少、红肥绿瘦态势，成交量呈逐步放大状态。

2 月 19 日，该股大幅跳空高开（向上跳空 3.10% 开盘），收出一个大阳线涨停板，突破前高，留下向上突破缺口，成交量较前一交易日放大近 3 倍，形成向上突破缺口和大阳线涨停 K 线形态。此时，5 日、10 日和 20 日均线呈多头排列，MACD、KDJ 等技术指标开始走强，股价的强势特征开始显现，后市上涨的概率大。像这种情况，普通投资者可以开始跟庄进场逢低分批买进筹码。此后，主力机构继续向上推升股价。

3 月 31 日，该股平开，收出一个大阳线涨停板（涨停原因为"医美 + 三胎"概念炒作），突破前高，成交量较前一交易日放大 2 倍多，形成大阳线涨停 K 线形态。此时，均线呈多头排列，MACD、KDJ 等技术指标走强，股价的强势特征已经非常明显，后市持续快速上涨的概率大。像这种情况，普通投资者可以在当日跟庄抢板或在次日跟庄进场加仓买进筹码。4 月 1 日，主力机构强势调整了一个交易日，正是普通投资者跟庄进场加仓买进筹码的好时机。

4 月 2 日截图当日，由于"医美 + 三胎"概念利好刺激，该股涨停开盘（至收盘涨停板没有被打开），收出一个一字涨停板，突破前高，留下向上突破缺口，成交量较前一交易日大幅萎缩，换手率为 2.49%（可视为无量涨停），形成向上突破缺口和一字涨停 K 线形态。此时，均线呈多头排列，MACD、KDJ 等技术指标持续走强，股价的强势特征已经十分明显，后市继续快速上涨的概率非常大。像这种情况，普通投资者可以在当日跟庄抢板或在次日集合竞价时以涨停价挂买单排队等候加仓买进筹码。

图 6-2 是 002762 金发拉比 2021 年 4 月 26 日星期一下午收盘时的 K 线走势图。从 K 线走势可以看出，4 月 2 日，该股开盘直接封停，至收盘涨停板没有被打开，收出一个一字涨停板，留下向上突破缺口，形成无量一字涨停 K 线形态，均线呈多头排列，股价的强势特征十分明显。此后，该股展开向上拉升行情。

从拉升情况看，从 4 月 6 日起，主力机构依托 5 日均线，采用直线拉升、盘中洗盘、迅速拔高的操盘手法，急速向上拉升股价，至 4 月 16 日共 9 个交易日时间，拉出了 9 根阳线，其中有 8 个涨停板，涨幅巨大。

4 月 18 日晚间金发拉比披露公告称，由于股票交易异常波动，公司股票将于 4 月 19 日开始停牌核查，在披露核查公告后复牌。

4 月 25 日晚间金发拉比发布公告称，公司股票异动核查完成，将于 4 月 26 日起开始复牌。金发拉比表示，经核查，公司未发现前期披露的信息存在

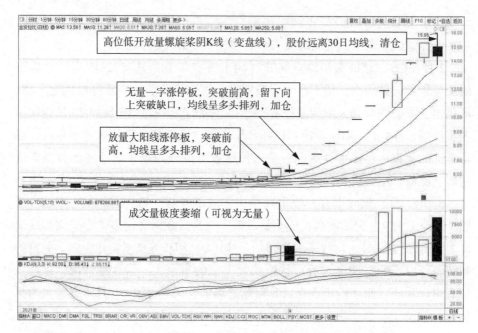

图 6-2

需要更正、补充之处，目前经营情况及内外部经营环境未发生重大变化，处于正常经营的状态。

4月26日截图当日，该股低开，股价冲高回落，收出一根螺旋桨阴K线，成交量较前一交易日放大2倍，显示股价上涨乏力，主力机构盘中拉高股价的目的是震荡调整出货。此时，股价远离30日均线且涨幅大，KDJ等部分技术指标开始走弱，盘口的弱势特征已经显现。加上停牌核查带来的不稳定因素，像这种情况，普通投资者如果手中还有筹码当天没有出完，次日应该逢高清仓。

图6-3是002875安奈儿2022年11月25日星期五下午收盘时的K线走势图。在软件上将该股整个K线走势图缩小后可以看出，该股从前期相对高位，即2021年6月1日的最高价13.55元，一路震荡下跌，至2022年10月26日的最低价8.07元止跌企稳，下跌时间长、跌幅大，下跌期间有过多次反弹，且反弹幅度较大。下跌后期，主力机构通过反弹、打压股价等操盘手法，收集了不少筹码。

2022年10月26日该股止跌企稳后，展开强势整理行情，主力机构洗盘吸筹。

11月18日，该股高开，收出一个大阳线涨停板，突破前高，成交量较前

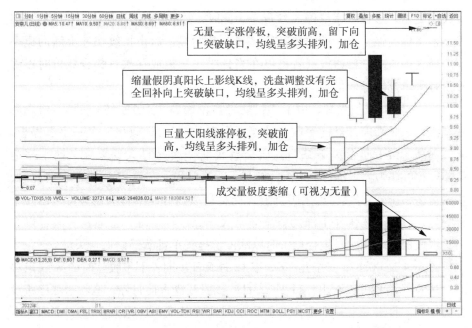

图 6-3

一交易日放大 7 倍多，形成大阳线涨停 K 线形态。此时，均线呈多头排列，MACD、KDJ 等技术指标开始走强，股价的强势特征相当明显，后市上涨的概率大。像这种情况，普通投资者可以在当日跟庄抢板或在次日跟庄进场择机加仓买进筹码。11 月 21 日，该股大幅跳空高开（向上跳空 4.75% 开盘），收出一个大阳线涨停板，突破前高，留下向上突破缺口，成交量较前一交易日放大。

11 月 22 日，该股涨停开盘，收出一根大阴线（从当日分时走势看，该股早盘涨停开盘，9:50 涨停板被 2 笔万手以上大卖单砸开，之后股价震荡回落，应该是主力机构打压股价洗盘做差价，也有前期获利盘出逃），当日成交量较前一交易日放大 2 倍多，展开洗盘调整行情。11 月 23 日，该股大幅跳空高开（向上跳空 5.25% 开盘），收出一根假阴真阳长上影线 K 线，成交量较前一交易日大幅萎缩，洗盘调整结束，股价洗盘调整没有完全回补 11 月 21 日留下的向上突破缺口。此时，均线呈多头排列，MACD 等技术指标走强，股价的强势特征仍然十分明显，经过洗盘调整之后股价快速上涨的概率非常大。像这种情况，普通投资者可以在当日或次日跟庄进场加仓买进筹码。

11 月 24 日，该股涨停开盘，收出一个小 T 字涨停板（涨停原因为"抗病毒抗菌面料+服装家纺+三胎"概念炒作），突破前高，成交量较前一交易

日大幅萎缩，形成 T 字涨停 K 线形态。此时，均线呈多头排列，MACD、KDJ
等技术指标走强，股价的强势特征已经非常明显，后市持续快速上涨的概率
大。像这种情况，普通投资者可以在当日跟庄抢板或在次日集合竞价时以涨
停价挂买单排队等候加仓买进。

11 月 25 日截图当日，由于"抗病毒抗菌面料+服装家纺+三胎"概念利
好刺激，该股涨停开盘（至收盘涨停板没有被打开），收出一个一字涨停板，
突破前高，留下向上突破缺口，成交量较前一交易日大幅萎缩，换手率为
2.68%（可视为无量涨停），形成向上突破缺口和一字涨停 K 线形态。此时，
均线呈多头排列，MACD、KDJ 等技术指标持续强势，股价的强势特征已经十
分明显，后市继续快速上涨的概率非常大。像这种情况，普通投资者可以在
当日跟庄抢板或在次日集合竞价时以涨停价挂买单排队等候加仓买进。

图 6-4 是 002875 安奈儿 2022 年 12 月 5 日星期一下午收盘时的 K 线走势
图。从 K 线走势可以看出，11 月 25 日，该股开盘直接封停，至收盘涨停板没
有被打开，收出一个一字涨停板，留下向上突破缺口，形成无量一字涨停 K
线形态，均线呈多头排列，股价的强势特征相当明显。此后，该股展开向上
拉升行情。

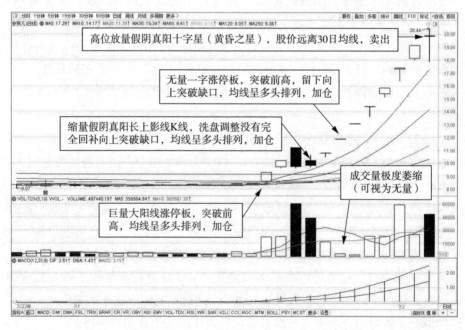

图 6-4

从拉升情况看，从 11 月 28 日起，主力机构依托 5 日均线，采用直线拉

升、盘中洗盘、迅速拔高的操盘手法，急速向上拉升股价，至 12 月 5 日共 6 个交易日时间，拉出了 6 根阳线（1 根为假阴真阳 K 线），其中有 5 个涨停板，涨幅相当可观。

12 月 5 日截图当日，该股大幅高开（向上跳空 4.03% 开盘），股价冲高回落，收出一颗假阴真阳十字星，成交量较前一交易日大幅放大，显露出主力机构利用高开、盘中对敲拉高的操盘手法，吸引跟风盘进场而开始高位震荡出货的痕迹。此时，股价远离 30 日均线且涨幅大，KDJ 等部分技术指标开始走弱，盘口的弱势特征开始显现。像这种情况，普通投资者如果手中还有筹码当天没有出完，次日应该逢高卖出，然后可继续跟踪观察。

二、上涨途中的无量涨停

上涨途中的无量涨停，是指个股初期上涨之后，主力机构开始强势震荡洗盘（或回调洗盘），在确认筹码高度集中、强势控盘的情况下，快速拉升股价的行为。拉升拔高期间，主力机构连续拉出无量（成交量极小）的涨停板。上涨途中的无量涨停，绝大多数出现在主力机构正在拉升拔高的目标股票中，其后市的发展趋势，就是接着涨停，直到成交量放大才出现滞涨。主力机构无量涨停的目的相当明确，就是吸引市场眼球，引诱跟风盘进场，为后面顺利出货打基础、做准备。

图 6-5 是 002547 春兴精工 2022 年 7 月 18 日星期一下午收盘时的 K 线走势图。在软件上将该股整个 K 线走势图缩小后可以看出，此时该股处于上升趋势中。股价从前期相对高位，即 2020 年 2 月 25 日的最高价 10.60 元，一路震荡下跌，至 2022 年 4 月 27 日的最低价 2.77 元止跌企稳，下跌时间长、跌幅大，其间有过多次反弹，且反弹幅度大。

2022 年 4 月 27 日股价止跌企稳后，主力机构快速推升股价，收集筹码，K 线走势呈红多绿少、红肥绿瘦态势，成交量呈逐步放大状态。

6 月 28 日，该股高开，收出一个大阳线涨停板，突破前高，成交量较前一交易日放大 3 倍多，形成大阳线涨停 K 线形态。此时，短中期均线呈多头排列，MACD、KDJ 等技术指标开始走强，股价的强势特征已经显现，后市上涨的概率大。像这种情况，普通投资者可以在当日跟庄抢板或在次日跟庄进场择机加仓买进筹码。

6 月 29 日，该股大幅跳空高开（向上跳空 4.98% 开盘），收出一个大阳线涨停板，突破前高，留下向上突破缺口，成交量较前一交易日放大 2 倍多。

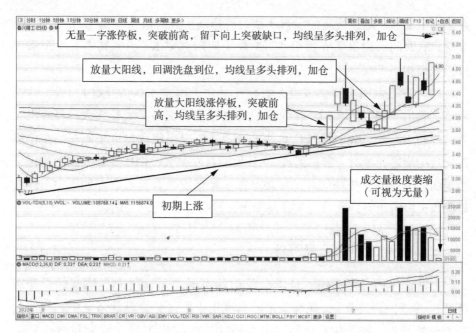

图 6-5

6月30日，该股高开，收出一根长上影线大阴线（从当日分时走势看，该股早盘高开后，股价分2个波次上冲，于9:35触及涨停板，然后瞬间被5笔千手以上大卖单砸开，之后股价震荡回落至收盘，应该是主力机构打压股价洗盘做差价，也有前期获利盘出逃），当日成交量较前一交易日放大近2倍，之后展开回调洗盘行情，成交量呈逐渐萎缩状态。7月7日，该股低开，收出一根大阳线，成交量较前一交易日大幅放大，回调洗盘结束，股价收回到5日、10日均线上方。此时，短中期均线呈多头排列，MACD、KDJ等技术指标开始走强，股价的强势特征仍然十分明显，经过回调洗盘之后股价快速上涨的概率非常大。像这种情况，普通投资者可以在当日或次日跟庄进场加仓买进筹码。此后，主力机构向上推升股价，分别于7月8日、13日、15日收出3个大阳线涨停板（涨停原因为"一体化压铸+光伏储能+5G+华为+精密铝合金构件"概念炒作）。

7月18日截图当日，由于"一体化压铸+光伏储能+5G+华为+精密铝合金构件"概念利好刺激，该股涨停开盘（至收盘涨停板没有被打开），收出一个一字涨停板，突破前高，留下向上突破缺口，成交量较前一交易日大幅萎缩，换手率为0.99%（可视为无量涨停），形成向上突破缺口和一字涨停K线形态。此时，均线呈多头排列，MACD、KDJ等技术指标持续走强，股价的强势特征已经十分明显，后市持续快速上涨的概率非常大。像这种情况，普通投资者可以在当日跟庄抢板或在次日集合竞价时以涨停价挂买单排队等候加仓买进。

图6-6是002547春兴精工2022年7月25日星期一下午收盘时的K线走势图。从K线走势可以看出，7月18日，该股开盘直接封停，至收盘涨停板没有被打开，收出一个一字涨停板，留下向上突破缺口，形成无量一字涨停K线形态，均线呈多头排列，股价的强势特征非常明显。此后，该股展开拉升行情。

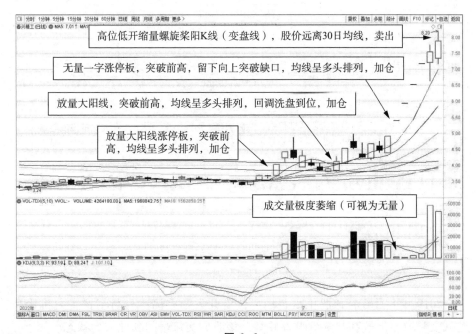

图6-6

从拉升情况看，从7月18日起，主力机构依托5日均线，采用直线拉升、盘中洗盘、迅速拔高的操盘手法，急速向上拉升股价，至7月25日共6个交易日时间，拉出了6根阳线，其中有4个涨停板，涨幅相当不错。

7月25日截图当日，该股低开，股价冲高回落，收出一根螺旋桨阳K线，成交量较前一交易日明显萎缩，加上前一交易日收出一根螺旋桨阳K线，显示股价上涨乏力，主力机构盘中拉高股价的目的是震荡调整出货。此时，股价远离30日均线且涨幅较大，KDJ等部分技术指标开始走弱，盘口的弱势特征开始显现。像这种情况，普通投资者如果手中还有筹码当天没有出完，次日应该逢高卖出。

图6-7是002150通润装备2022年11月23日星期三下午收盘时的K线走势图。在软件上将该股整个K线走势图缩小后可以看出，此时该股处于上升趋势中。股价从前期相对高位，即2017年3月17日的最高价18.00元，一路震荡下跌，至2019年8月6日的最低价4.87元止跌企稳，下跌时间长、跌幅大，其间有过多次反弹，且反弹幅度大。

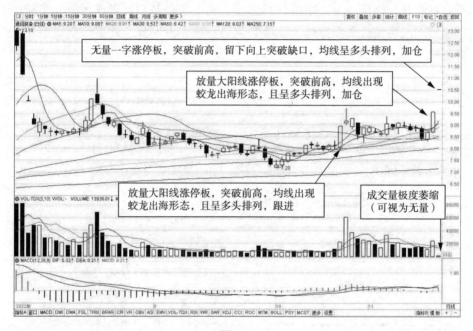

图6-7

2019年8月6日该股止跌企稳后，展开大幅震荡盘升行情，主力机构高抛低吸赚取差价盈利与洗盘吸筹并举，该股成交量呈间断性放大状态。

2022年7月29日（大幅震荡盘升行情近3年后），该股低开，股价冲高至当日最高价13.10元回落，收出一根大阴线，成交量较前一交易日放大近2倍，展开回调（挖坑）洗盘吸筹行情，成交量呈逐渐萎缩状态。10月10日，该股低开，收出一根长上影线假阳真阴小K线（可当作仙人指路K线对待），当日股价跌至最低价7.20元止跌企稳，成交量较前一交易日大幅萎缩，换手率为1.64%，挖坑洗盘行情结束，主力机构快速向上推升股价，收集筹码。

10月25日，该股低开，收出一个大阳线涨停板，突破前高，成交量较前一交易日放大近2倍，形成大阳线涨停K线形态。当日股价向上突破5日、10日、60日和90日均线（一阳穿四线），20日、30日、120日和250日均线在股价下方向上移动，均线呈蛟龙出海形态。此时，均线（除60日均线外）

呈多头排列，MACD、KDJ 等技术指标开始走强，股价的强势特征已经显现，后市上涨的概率大。像这种情况，普通投资者可以开始逢低分批买进筹码。之后，主力机构继续向上推升股价。

11 月 16 日，该股高开，收出一个大阳线涨停板，突破前高，成交量较前一交易日放大 2 倍多，形成大阳线涨停 K 线形态。当日股价向上突破 5 日、10 日和 20 日均线（一阳穿三线），30 日、60 日、90 日、120 日和 250 日均线在股价下方向上移动，均线呈蛟龙出海形态。此时，均线呈多头排列，MACD、KDJ 等技术指标走强，股价的强势特征相当明显，后市持续快速上涨的概率大。像这种情况，普通投资者可以在当日跟庄抢板或在次日集合竞价时以涨停价挂买单排队等候加仓买进。

11 月 17 日，通润装备发布公告称，公司拟筹划控制权变更事项，经公司申请，公司股票于 2022 年 11 月 17 日开市起临时停牌，待公司通过指定媒体披露相关公告后复牌。

11 月 23 日截图当日，早盘股票复牌涨停开盘（至收盘涨停板没有被打开），收出一个一字涨停板，突破前高，留下向上突破缺口，成交量较前一交易日极度萎缩，换手率只有 0.39%（可视为无量涨停），形成向上突破缺口和一字涨停 K 线形态。涨停原因为"正泰入驻+储能+风电+农机"概念。主要内容为正泰电器及其一致行动人拟收购公司 29.99% 股份，正泰电器将成为公司的控股股东。此时，该股均线呈多头排列，MACD、KDJ 等技术指标持续走强，股价的强势特征十分明显，后市持续快速上涨的概率非常大。像这种情况，普通投资者可以在当日跟庄抢板或在次日集合竞价时以涨停价挂买单排队等候加仓买进。

图 6-8 是 002150 通润装备 2022 年 12 月 8 日星期四下午收盘时的 K 线走势图。从 K 线走势可以看出，11 月 23 日，该股开盘直接封停，至收盘涨停板没有被打开，收出一个一字涨停板，留下向上突破缺口，形成向上突破缺口和无量一字涨停 K 线形态，均线呈多头排列，股价的强势特征非常明显。此后，该股展开拉升行情。

从拉升情况看，从 11 月 24 日起，主力机构依托 5 日均线，采用直线拉升、盘中洗盘、迅速拔高的操盘手法，急速向上拉升股价，至 12 月 7 日共 10 个交易日时间，拉出了 10 根阳线，其中有 9 个涨停板，涨幅巨大。

12 月 8 日截图当日，该股低开，股价冲高回落，收出一颗假阳真阴十字星，成交量较前一交易日明显萎缩，显露出主力机构利用低开、盘中对敲拉高的操盘手法，吸引跟风盘进场而开始高位震荡出货的痕迹。此时，股价远

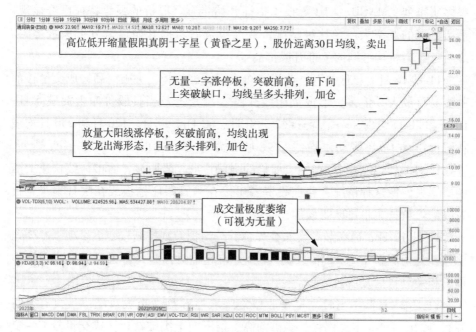

图 6-8

离 30 日均线且涨幅巨大，KDJ 等部分技术指标开始走弱，盘口的弱势特征已经显现。像这种情况，普通投资者如果手中还有筹码当天没有出完，次日应该逢高卖出。

第二节　缩量涨停

缩量涨停，是指目标股票的成交量相对于前一交易日萎缩情况下的涨停。普通投资者要注意的是，缩量涨停只是一个相对性质的概念，到底缩量到什么程度，不好用百分比来明确，这与主力机构筹码锁定程度和控盘力度关系紧密，需要普通投资者根据其他技术指标或数据来进行研究分析。

一般情况下，主力机构在对目标股票完成建仓、洗盘以及初期上涨、控盘基本到位之后，就会采用缩量涨停的手法拉升股价。具体操盘手法就是在买一的位置挂上大买单，阻止散户投资者跟庄进场买入筹码。由于主力机构大买单封板，手中有筹码的其他投资者也会趋向于看好后市，不急于卖出手中筹码，加上散户投资者无法跟庄进场买入股票，成交量自然萎缩。

缩量涨停一般发生在主力机构志存高远、筹码锁定好、控盘程度高的目标股票，或有资产重组等重大利好消息等特定股票中。在牛市中，缩量涨停的出现比较常见和普遍。

实战操盘中，缩量涨停基本上是主力机构开盘即封停的一字板、T字板以及少数成交量较小的小阳线涨停板。大多数出现在主力机构正在拉升的目标股票中，且多数处于股价上涨的初中期，其后市的发展趋势，就是接着涨停，直到成交量放大才可能出现滞涨。像这种情况，普通投资者要充分利用集合竞价、涨停板瞬间打开的时机，寻机跟庄进场买进筹码，积极做多。

少数经过较大幅度上涨的目标股票，经过调整洗盘之后，再次启动时也会出现缩量涨停的走势，对于这种走势，普通投资者当然也可以参与做多，但要注意盯盘观察，出现放量滞涨时，要立马撤出。主力机构缩量涨停的目的相当明确，除了盈利，就是吸引市场眼球，引诱跟风盘，为后面顺利出货打好基础。

一、上涨途中的缩量涨停

上涨途中的缩量涨停，是指主力机构对目标股票反复震荡洗盘并进行初步拉升之后，在确定筹码已基本集中和锁定的情况下，对股价再进行快速拉升拔高，其间收出或连续收出缩量涨停板。主力机构前期所做的一切铺垫，都是为了最后的快速拉升拔高。

上涨途中缩量涨停的走势各不相同，从K线走势角度分析，多在股价上涨的中途，突然出现缩量涨停的一字板、T字板和小阳线涨停板。从分时走势角度分析，则表现出某个交易日涨停开盘至收盘成交萎缩，涨停开盘后涨停板被打开又迅速封回至收盘成交萎缩，大幅高开后股价一路走高，主力机构突然发力封上涨停板至收盘成交萎缩等走势。只要是上涨途中出现的缩量涨停走势，就预示着该股将展开一波拉升行情。普通投资者在实战操盘中遇到这种走势的个股，一定要高度重视，积极寻机跟庄进场买进筹码，待股价出现明显见顶信号时撤出，一般都会有不错的收获。

图6-9是002907华森制药2022年10月19日星期三下午收盘时的K线走势图。在软件上将该股整个K线走势图缩小后可以看出，此时该股处于上升趋势中。股价从前期相对高位，即2022年1月5日的最高价21.85元，一路震荡下跌，至2022年4月27日的最低价10.08元止跌企稳，下跌时间虽然不长，但跌幅大，其间有过1次较大幅度的反弹。

2022年4月27日该股止跌企稳后，展开震荡盘升行情，主力机构洗盘吸

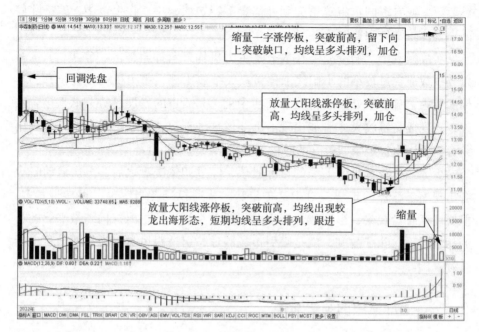

图 6-9

筹并举，成交量呈间断性放大状态，其间，主力机构收出过 3 个大阳线涨停
板，为吸筹建仓型涨停板。

6 月 29 日，该股高开，股价冲高至当日最高价 16.20 元回落，收出一根
长上影线大阴线，成交量较前一交易日大幅放大，展开回调（挖坑）洗盘吸
筹行情，成交量呈逐渐萎缩状态。9 月 26 日，该股高开，收出一根中阴线，
当日股价跌至最低价 10.89 元止跌企稳，成交量较前一交易日大幅萎缩，换
手率为 0.36%，回调（挖坑）洗盘行情结束，然后主力机构向上推升股价，
收集筹码。

9 月 30 日，该股平开，收出一个大阳线涨停板，突破前高，成交量较前
一交易日放大 3 倍多，形成大阳线涨停 K 线形态。当日股价向上突破 5 日、
10 日、20 日和 30 日均线（一阳穿四线），60 日、90 日和 120 日均线在股价
上方即将走平，250 日均线在股价上方向上移动，均线蛟龙出海形态形成。此
时，短期均线呈多头排列，MACD、KDJ 等技术指标开始走强，股价的强势特
征开始显现，后市上涨的概率大。像这种情况，普通投资者可以开始跟庄进
场逢低分批买进筹码。此后，主力机构继续向上拉升股价。

10 月 17 日，该股平开，收出一个大阳线涨停板（涨停原因为"医药+创
新药+仿制药"概念炒作），突破前高，成交量较前一交易日萎缩，形成大阳

线涨停 K 线形态。此时,均线呈多头排列,MACD、KDJ 等技术指标开始走强,股价的强势特征已经相当明显,后市持续快速上涨的概率大。像这种情况,普通投资者可以在当日跟庄抢板或在次日跟庄进场择机加仓买进筹码。由于利好刺激,10 月 18 日,该股再次收出一个大阳线涨停板。

10 月 19 日截图当日,该股涨停开盘(至收盘涨停板没有被打开),收出一个一字涨停板,突破前高,留下向上突破缺口,成交量较前一交易日大幅萎缩,换手率为 1.18%,形成向上突破缺口和一字涨停 K 线形态。此时,均线呈多头排列,MACD、KDJ 等技术指标持续走强,股价的强势特征已经十分明显,后市持续快速上涨的概率非常大。像这种情况,普通投资者可以在当日跟庄抢板或在次日集合竞价时以涨停价挂买单排队等候加仓买进。

图 6-10 是 002907 华森制药 2022 年 11 月 17 日星期四下午收盘时的 K 线走势图。从 K 线走势可以看出,10 月 19 日,该股开盘直接封停,至收盘涨停板没有被打开,收出一个缩量一字涨停板,留下向上突破缺口,形成缩量一字涨停 K 线形态,均线呈多头排列,股价的强势特征非常明显。此后,该股展开向上拉升行情。

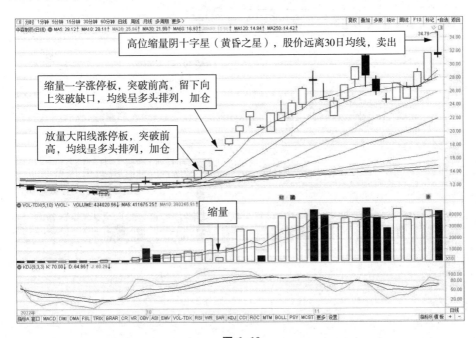

图 6-10

从拉升情况看,从 10 月 20 日起,主力机构依托 5 日均线,采用快速拉升、短期强势洗盘调整的操盘手法向上拉升股价(11 月 1 日和 11 月 8 日,该股展开过 2 次强势洗盘调整行情,调整时间在 3 个交易日内,调整幅度不深,股价跌破 10 日均线很快收回),至 11 月 16 日共 20 个交易日时间,拉出了 13 根阳线,其中有 8 个涨停板,涨幅巨大。

11 月 17 日截图当日,该股高开,股价冲高回落,收出一颗长上影线阴十字星,成交量较前一交易日略有萎缩,显露出主力机构利用高开、盘中对敲拉高的操盘手法,吸引跟风盘进场而开始高位震荡出货的痕迹。此时,股价远离 30 日均线且涨幅大,KDJ 等部分技术指标开始走弱,盘口的弱势特征开始显现。像这种情况,普通投资者如果手中还有筹码当天没有出完,次日应该逢高卖出。

图 6-11 是 002235 安妮股份 2022 年 12 月 28 日星期三下午收盘时的 K 线走势图。在软件上将该股整个 K 线走势图缩小后可以看出,此时该股处于上升趋势中。股价从前期相对高位,即 2022 年 1 月 26 日的最高价 9.64 元,一路震荡下跌,至 2022 年 4 月 27 日的最低价 3.89 元止跌企稳,下跌时间虽然不长,但跌幅大,其间有过 1 次较大幅度的反弹。

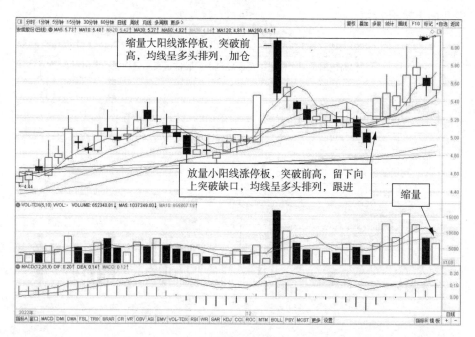

图 6-11

2022 年 4 月 27 日该股止跌企稳后,展开震荡盘升(挖坑)洗盘吸筹行情,成交量呈间断性放大状态,其间,主力机构收出过 3 个涨停板,均为吸筹建仓型涨停板。

12 月 20 日，该股跳空高开（向上跳空 5.26%开盘），收出一个小阳线涨停板，突破前高，留下向上突破缺口，成交量较前一交易日放大 2 倍多，形成向上突破缺口和小阳线涨停 K 线形态。此时，均线（除 10 日均线外）呈多头排列，MACD、KDJ 等技术指标开始走强，股价的强势特征开始显现，后市上涨的概率大。像这种情况，普通投资者可以开始跟庄进场逢低分批买进筹码。此后，主力机构继续向上拉升股价。

12 月 28 日截图当日，该股低开，收出一个大阳线涨停板（涨停原因为"数据确权+数字经济+文化传媒+Web3.0"概念炒作），突破前高，成交量较前一交易日大幅萎缩，形成缩量大阳线涨停 K 线形态。此时，均线呈多头排列，MACD、KDJ 等技术指标开始走强，股价的强势特征已经相当明显，后市持续快速上涨的概率大。像这种情况，普通投资者可以在当日跟庄抢板或在次日集合竞价时以涨停价挂买单排队等候加仓买进。

图 6-12 是 002235 安妮股份 2023 年 1 月 11 日星期三下午收盘时的 K 线走势图。从 K 线走势可以看出，2022 年 12 月 28 日，该股低开收出一个缩量大阳线涨停板，突破前高，形成缩量大阳线涨停 K 线形态，均线呈多头排列，股价的强势特征非常明显。此后，该股展开向上拉升行情。

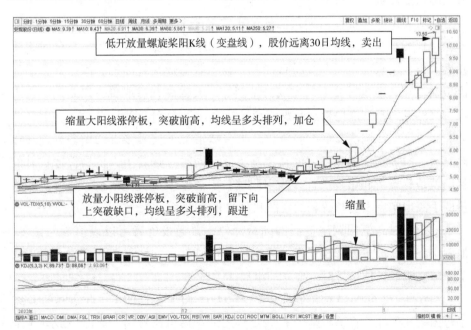

图 6-12

从拉升情况看，从 2022 年 12 月 29 日起，主力机构依托 5 日均线，采用快速拉升、短期强势洗盘调整的操盘手法向上拉升股价（2023 年 1 月 5 日，该股展开过 1 次强势洗盘调整行情，调整时间在 3 个交易日内，调整幅度不深，股价跌破 5 日均线很快收回），至 2023 年 1 月 10 日共 8 个交易日时间，拉出了 7 根阳线（1 根为假阴真阳 K 线），其中有 5 个涨停板，涨幅相当可观。

2023 年 1 月 11 日截图当日，该股低开，股价冲高回落，收出一根螺旋桨阳 K 线，成交量较前一交易日放大，显露出主力机构利用高开、盘中对敲拉高的操盘手法，吸引跟风盘进场而开始高位震荡出货的痕迹。此时，股价远离 30 日均线且涨幅大，KDJ 等部分技术指标开始走弱，盘口的弱势特征开始显现。像这种情况，普通投资者如果手中还有筹码当天没有出完，次日应该逢高卖出。

二、相对高位回调洗盘后的缩量涨停

相对高位回调洗盘后的缩量涨停，是指主力机构将目标股票拉升到一定高度后，开始短暂的强势洗盘，然后再快速向上拉升股价，其间收出或连续收出缩量涨停板。

相对高位回调洗盘后缩量涨停的走势各不相同，从 K 线走势角度分析，多会出现突然缩量涨停的一字板、T 字板和小阳线涨停板走势。从分时走势角度分析，则表现出某个交易日涨停开盘至收盘成交量萎缩，涨停开盘后涨停板被打开又迅速封回至收盘成交量萎缩，大幅高开后股价一路走高、主力机构突然发力封上涨停板至收盘成交量萎缩等缩量涨停走势。

相对高位回调洗盘后缩量涨停，大多数情况下代表多方的做多兴趣在逐渐减弱，做多资金的参与力度在逐渐下降。同时意味着主力机构快速拉升的目的就是有意引起市场关注，吸引眼球，引诱跟风盘进场接盘，通过拉升股价的手法来实现出货与盈利的意图和目的非常明确。

对于相对高位回调洗盘后的缩量涨停，普通投资者可以谨慎参与做多，但要小心操盘，注意盯盘观察，关注量能和 K 线、均线形态的变化，出现放量滞涨或明显见顶信号时，要立马出局。

图 6-13 是 600613 神奇制药 2022 年 11 月 10 日星期四下午收盘时的 K 线走势图。在软件上将该股整个 K 线走势图缩小后可以看出，此时该股处于上升趋势中。股价从前期相对高位，即 2019 年 3 月 8 日的最高价 11.01 元，一路震荡下跌，至 2021 年 2 月 4 日的最低价 3.74 元止跌企稳，下跌时间长、跌幅大，其间有过 3 次反弹，且反弹幅度大。

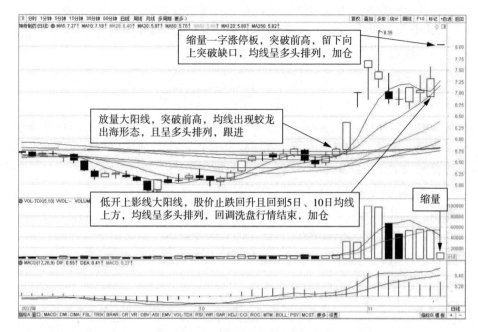

图 6-13

2021 年 2 月 4 日该股止跌企稳后，展开大幅震荡盘升行情，主力机构高抛低吸赚取差价盈利与洗盘吸筹并举，成交量呈间断性放大状态。

2022 年 10 月 27 日（大幅震荡盘升行情 1 年 8 个月之后），该股高开，收出一根中阳线，突破前高，成交量较前一交易日明显放大，股价向上突破 5 日、10 日、90 日、120 日和 250 日均线（一阳穿五线），20 日、30 日均线在股价下方向上移动，60 日均线已经走平，均线蛟龙出海形态形成。此时，均线（除 60 日均线外）呈多头排列，MACD、KDJ 等技术指标开始走强，股价的强势特征已经显现，后市上涨的概率大。像这种情况，普通投资者可以开始逢低分批买进筹码。此后，主力机构快速向上拉升股价，连续拉出 3 个涨停板。

11 月 2 日，该股低开，股价冲高至当日最高价 8.35 元回落，收出一根长上影线假阳真阴倒锤头 K 线，成交量较前一交易日萎缩，展开缩量回调洗盘行情，回调洗盘没有完全回补 10 月 31 日留下的向上跳空突破缺口。

11 月 9 日，该股低开，收出一根带上影线的大阳线，成交量与前一交易日基本持平，股价止跌回升且收回到 5 日、10 日均线上方，回调洗盘行情结束。此时，均线（除 5 日均线外）呈多头排列，MACD、KDJ 等技术指标开始走强，股价的强势特征比较明显，经过回调洗盘之后股价快速上涨的概率非常大。像这种情况，普通投资者可以在当日或次日跟庄进场加仓买进筹码。

　　11月10日截图当日，该股涨停开盘（至收盘涨停板没有被打开），收出一个一字涨停板（涨停原因为"中医药+生物医药"概念炒作），突破前高，留下向上突破缺口，成交量较前一交易日大幅萎缩，换手率为2.39%，形成向上突破缺口和缩量一字涨停K线形态。此时，均线呈多头排列，MACD、KDJ等技术指标持续走强，股价的强势特征已经十分明显，后市持续快速上涨的概率非常大。像这种情况，普通投资者可以在当日跟庄抢板或在次日集合竞价时以涨停价挂买单排队等候加仓买进。

　　图6-14是600613神奇制药2022年11月18日星期五下午收盘时的K线走势图。从K线走势可以看出，2022年11月10日，该股涨停开盘，收出一个缩量一字涨停板，突破前高，留下向上突破缺口，形成向上突破缺口和缩量一字涨停K线形态，均线呈多头排列，股价的强势特征非常明显。此后，该股展开向上拉升行情。

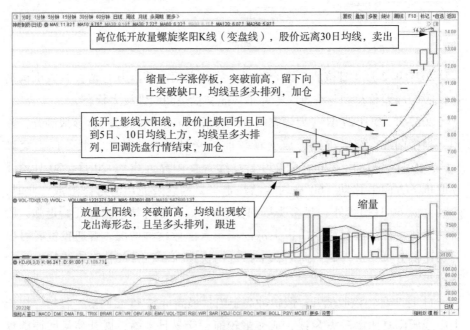

图6-14

　　从拉升情况看，从2022年11月10日起，主力机构依托5日均线，采用直线拉升、盘中洗盘、迅速拔高的操盘手法，急速向上拉升股价，至11月17日共6个交易日时间，拉出了6个涨停板（其中有3个一字涨停板、2个小T字涨停板、1个大阳线涨停板），相对高位回调洗盘之后的涨幅十分可观。

2022 年 11 月 18 日截图当日，该股低开，股价冲高回落，收出一根螺旋桨阳 K 线，成交量较前一交易日明显放大，显露出主力机构利用低开、盘中对敲拉高的操盘手法，吸引跟风盘进场而开始高位震荡出货的痕迹。此时，股价远离 30 日均线且涨幅大，KDJ 等部分技术指标开始走弱，盘口的弱势特征开始显现。像这种情况，普通投资者如果手中还有筹码当天没有出完，次日应该逢高卖出。

图 6-15 是 002186 全聚德 2022 年 12 月 16 日星期五下午收盘时的 K 线走势图。在软件上将该股整个 K 线走势图缩小后可以看出，此时该股处于上升趋势中。股价从前期相对高位，即 2020 年 7 月 15 日的最高价 13.75 元，一路震荡下跌，至 2022 年 4 月 28 日的最低价 7.11 元止跌企稳，下跌时间长、跌幅大，其间有过 3 次反弹，且反弹幅度大。

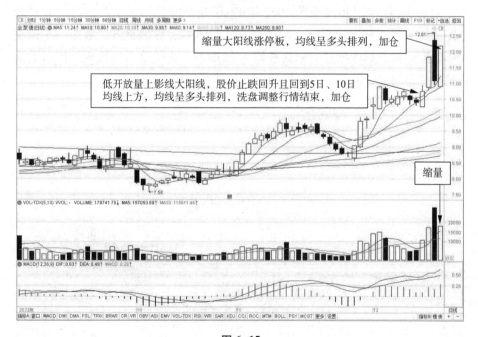

图 6-15

2022 年 4 月 28 日该股止跌企稳后，展开大幅震荡盘升行情，主力机构高抛低吸赚取差价盈利与洗盘吸筹并举，成交量呈间断性放大状态。

2022 年 12 月 5 日，该股低开，收出一根大阴线（收盘涨幅为 -3.95%），成交量较前一交易日萎缩，展开强势调整洗盘行情，成交量呈逐渐萎缩状态。

12 月 13 日，该股低开，收出一根带上影线的大阳线，成交量较前一交易日明显放大，股价止跌回升且收回到 5 日、10 日均线上方，回调洗盘行情结束。此时，均线呈多头排列，MACD、KDJ 等技术指标开始走强，股价的强势特征明显，经过强势洗盘调整之后股价快速上涨的概率非常大。像这种情况，普通投资者可以在当日或次日跟庄进场加仓买入筹码。12 月 14 日该股收出一个放量大阳线涨停板，12 月 15 日该股大幅调整了一个交易日，正是普通投资者跟庄进场买入筹码的好时机。

12 月 16 日截图当日，该股低开，收出一个大阳线涨停板（涨停原因为"酒店餐饮＋预制菜＋国企改革"概念炒作），成交量较前一交易日大幅萎缩，形成缩量大阳线涨停 K 线形态。此时，均线呈多头排列，MACD、KDJ 等技术指标开始走强，股价的强势特征已经相当明显，后市持续快速上涨的概率大。像这种情况，普通投资者可以在当日跟庄抢板或在次日集合竞价时以涨停价挂买单排队等候加仓买进。

图 6-16 是 002186 全聚德 2022 年 12 月 26 日星期一下午收盘时的 K 线走势图。从 K 线走势可以看出，2022 年 12 月 16 日，该股低开，收出一个缩量大阳线涨停板，形成缩量大阳线涨停 K 线形态，均线呈多头排列，股价的强势特征非常明显。此后，该股展开向上拉升行情。

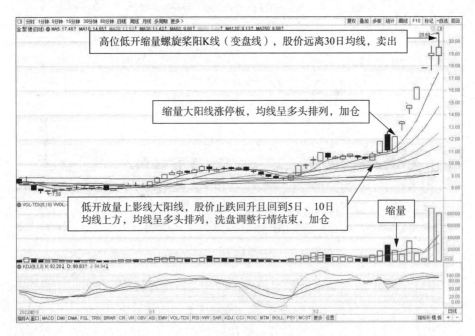

图 6-16

从拉升情况看，从 2022 年 12 月 19 日起，主力机构依托 5 日均线，采用直线拉升、盘中洗盘、迅速拔高的操盘手法，急速向上拉升股价，至 12 月 23 日共 5 个交易日时间，拉出了 5 根阳线，其中有 4 个涨停板（1 个一字涨停板、2 个小阳线涨停板、1 个大阳线涨停板），相对高位回调洗盘之后的涨幅相当不错。

2022 年 12 月 26 日截图当日，该股低开，股价冲高回落，收出一根螺旋桨阳 K 线，成交量较前一交易日明显萎缩，显露出主力机构利用低开、盘中对敲拉高的操盘手法，吸引跟风盘进场而开始高位震荡出货的痕迹。此时，股价远离 30 日均线且涨幅大，KDJ 等部分技术指标开始走弱，盘口的弱势特征开始显现。像这种情况，普通投资者如果手中还有筹码当天没有出完，次日应该逢高卖出。

第三节　放量涨停

放量涨停，是指目标股票的成交量相对于前一交易日放大情况下的涨停，或者说，是指成交量大幅度放大而产生的涨停。放量涨停的情况，说明有获利筹码卖出，或者有解套盘在涨停过程中卖出，但也有可能是主力机构获利出逃，关键要看放量涨停板在个股 K 线走势中所处的位置等情况。这里，我们只研究分析相对低位股价启动上涨以及上涨途中的强势放量涨停，对于相对高位或连续涨停后的放量涨停不做分析。

一般情况下，主力机构在对目标股票完成建仓、洗盘以及初期上涨之后，都会采用拉涨停板的操盘手法快速拉升拔高股价。具体是缩量封涨停还是放量封涨停，要看主力机构的控盘程度、操盘目的和意图。

但不管主力机构如何操盘，股价在相对低位启动不久或在上涨中途出现放量涨停，意味着主力机构开启拉升行情，后市盈利是大概率的事情，普通投资者要敢于跟庄进场买进筹码。

实战操盘中，放量涨停一般是开盘之后股价向上冲高或稳步上涨拉出的涨停板，涨停的 K 线形态以大阳线涨停板、长下影线涨停板或 T 字板为主，也有少数放量涨停的小阳线涨停板。放量涨停大多数出现在股价突破前高、突破平台或突破前期密集成交区且当日涨停的目标股票中。有些个股在突破之后会出现强势调整洗盘，但其后市整体发展趋势，还是接着涨停，直到股价有了较大幅度的涨幅、成交量放大才可能出现滞涨。像这种情况，普通投资者要充分利用集合竞价、涨停板瞬间打开的时机，寻机跟庄进场买进筹码，积极做多。

对于上涨途中出现的放量涨停，普通投资者当然也可以参与做多，但要注意盯盘观察，当出现放量滞涨时，要立马出局。主力机构放量涨停（尤其是尾盘对敲或对倒放量）的目的，就是吸引市场眼球，引诱跟风盘进场接盘，以便顺利派发出货，实现盈利。

一、相对低位（底部）的放量涨停

相对低位（底部）的放量涨停，是指主力机构对经过长期震荡下跌、跌幅较深的目标股票，在完成建仓、横盘震荡洗盘吸筹之后，在确定筹码锁定度、控盘程度较高的情况下，放量拉升股价至涨停的行为。

个股在相对低位（底部）放量涨停，意味着主力机构已经启动拉升行情，后市盈利是大概率的事情，此时普通投资者要敢于寻机跟庄进场买入筹码，积极做多。

图 6-17 是 600705 中航产融 2023 年 1 月 13 日星期五下午收盘时的 K 线走势图。在软件上将该股整个 K 线走势图缩小后可以看出，此时该股处于上升趋势中。股价从前期相对高位，即 2020 年 8 月 6 日的最高价 5.79 元，一路震荡下跌，至 2022 年 9 月 29 日的最低价 2.99 元止跌企稳，下跌时间长、跌幅大，下跌期间有过多次反弹，且反弹幅度较大。

2022 年 9 月 29 日该股止跌企稳后，展开震荡盘升行情，主力机构洗盘吸筹并举，成交量呈放大状态。

12 月 6 日，该股大幅跳空高开，股价冲高回落，收出一根长上影线假阴真阳倒锤头 K 线，成交量较前一交易日放大 2 倍多，展开回调（挖坑）洗盘行情，成交量呈逐渐萎缩状态。此时普通投资者可以在当日或次日逢高先卖出手中筹码，待回调到位后再将筹码接回来。

2023 年 1 月 11 日，该股平开，收出一颗阴十字星，股价跌至当日最低价 3.23 元止跌企稳，成交量与前一交易日基本持平，换手率为 0.32%，回调（挖坑）洗盘行情结束，普通投资者可以在当日或次日跟庄进场买入筹码。

1 月 12 日，该股大幅跳空高开（向上跳空 5.25% 开盘），股价冲高回落，收出一颗假阴真阳十字星，突破前高，留下向上突破缺口，成交量较前一交易日放大 4 倍多。此时，均线系统表现较弱（5 日、10 日均线向上移动），但 MACD、KDJ 等技术指标开始走强，股价的强势特征开始显现，后市上涨的概

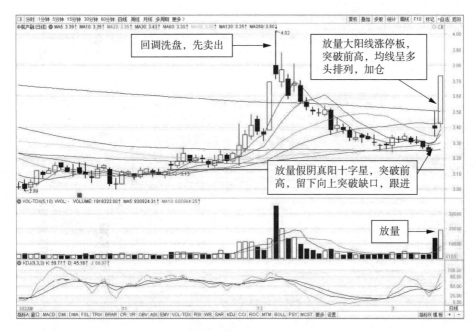

图 6-17

率大。像这种情况，普通投资者可以在当日或次日跟庄进场加仓买入筹码。

　　1月13日截图当日，该股高开，收出一个大阳线涨停板（涨停原因为"多元金融+军工+中字头"概念炒作），突破前高，成交量较前一交易日大幅放大，形成放量大阳线涨停 K 线形态。此时，均线（除 250 日均线外）呈多头排列，MACD、KDJ 等技术指标走强，股价的强势特征已经相当明显，后市持续快速上涨的概率大。像这种情况，普通投资者可以在当日跟庄抢板或在次日跟庄进场加仓买进筹码，持股待涨，待股价出现明显见顶信号时撤出。

　　图 6-18 是 600705 中航产融 2023 年 1 月 31 日星期二下午收盘时的 K 线走势图。从 K 线走势可以看出，2023 年 1 月 13 日，该股收出一个放量大阳线涨停板，突破前高，形成放量大阳线涨停 K 线形态，均线呈多头排列，股价的强势特征非常明显。此后，主力机构快速向上拉升股价。

　　从拉升情况看，主力机构依托 5 日均线，采用直线拉升、盘中洗盘、迅速拔高的操盘手法，急速向上拉升股价，至 1 月 30 日，6 个交易日的时间，收出了 5 根阳线，其中有 3 个涨停板（从 1 月 16 日长下影线阳线涨停板当日的分时走势看，普通投资者如果想在当日跟庄进场买进筹码的话，早盘开盘后有大把的机会）。股价从 1 月 13 日主力机构收出一个放量大阳线涨停板当日的收盘价 3.73 元，上涨到 1 月 30 日收出一个小阳线涨停板当日的收盘价

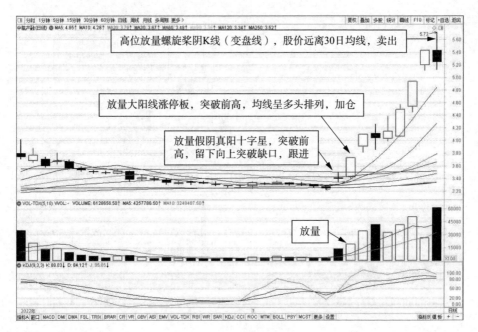

图 6-18

5.43 元，涨幅还是相当可观的。

1 月 31 日截图当日，该股平开，股价冲高回落，收出一根螺旋桨阴 K 线，成交量较前一交易日放大 2 倍多，显露出主力机构利用平开、盘中对敲拉高的操盘手法，吸引跟风盘进场而开始震荡出货的痕迹。此时，股价远离 30 日均线且涨幅大，KDJ 等部分技术指标开始走弱，盘口的弱势特征已经显现。像这种情况，普通投资者如果手中还有筹码当天没有出完，次日应该逢高卖出。

图 6-19 是 002576 通达动力 2023 年 1 月 5 日星期四下午收盘时的 K 线走势图。在软件上将该股整个 K 线走势图缩小后可以看出，此时该股处于上升趋势中。股价从前期相对高位，即 2021 年 11 月 17 日的最高价 21.35 元，一路震荡下跌，至 2022 年 4 月 27 日的最低价 8.46 元止跌企稳，下跌时间虽然不是很长，但跌幅大。

2022 年 4 月 27 日该股止跌企稳后，展开震荡盘升行情，主力机构洗盘吸筹并举，K 线走势呈红多绿少、红肥绿瘦态势，成交量呈间断性放大状态。其间，主力机构收出过 8 个涨停板，均为吸筹建仓型涨停板。

8 月 10 日，该股平开，股价冲高回落，收出一根长上影线螺旋桨阴 K 线（当日股价一度触及涨停板），成交量较前一交易日大幅放大，展开回调（挖

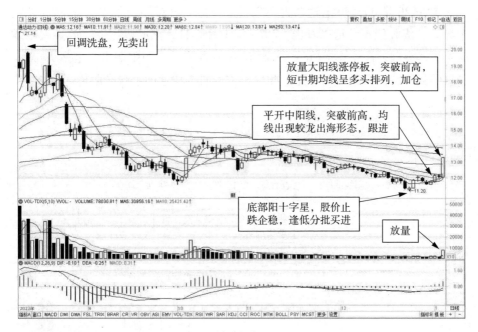

图 6-19

坑）洗盘行情，成交量呈逐渐萎缩状态。此时普通投资者可以在当日或次日逢高先卖出手中筹码，待回调到位后再将筹码接回来。回调（挖坑）洗盘期间，主力机构收出过 2 个涨停板，为吸筹建仓型涨停板。

12 月 23 日，该股低开，收出一颗阳十字星，股价跌至当日最低价 11.20 元止跌企稳，成交量与前一交易日基本持平，换手率为 0.97%，回调（挖坑）洗盘行情结束，普通投资者可以开始跟庄进场逢低分批买入筹码。

2023 年 1 月 3 日，该股平开，收出一根中阳线，突破前高，成交量与前一交易日持平，股价向上突破 5 日、10 日和 20 日均线（一阳穿三线），30 日、60 日、90 日、120 日和 250 日均线在股价上方下行，均线蛟龙出海形态形成。此时，均线系统表现较弱，但 MACD、KDJ 等技术指标开始走强，股价的强势特征开始显现，普通投资者可以跟庄进场逢低加仓买进筹码。

1 月 5 日截图当日，该股低开，收出一个大阳线涨停板（涨停原因为"电机+新能源汽车+机器人+风电"概念炒作），突破前高，成交量较前一交易日放大 4 倍多，形成放量大阳线涨停 K 线形态。此时，短中期均线呈多头排列，MACD、KDJ 等技术指标走强，股价的强势特征已经相当明显，后市持续快速上涨的概率大。像这种情况，普通投资者可以在当日跟庄抢板或在次日跟庄进场加仓买进筹码，持股待涨，待股价出现明显见顶信号时撤出。

图 6-20 是 002576 通达动力 2023 年 1 月 16 日星期一下午收盘时的 K 线走势图。从 K 线走势可以看出，2023 年 1 月 5 日，该股收出一个放量大阳线涨停板，突破前高，形成放量大阳线涨停 K 线形态，短中期均线呈多头排列，股价的强势特征已经相当明显。此后，主力机构快速向上拉升股价。

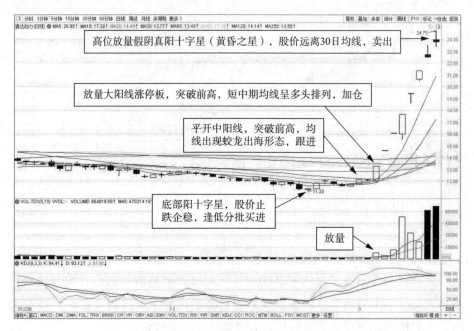

图 6-20

从拉升情况看，主力机构依托 5 日均线，采用直线拉升、盘中洗盘、迅速拔高的操盘手法，急速向上拉升股价，至 1 月 16 日，7 个交易日的时间，收出了 7 根阳线（2 根为假阴真阳 K 线），其中有 5 个涨停板。股价从 1 月 5 日主力机构收出一个放量大阳线涨停板当日的收盘价 13.26 元，上涨到 1 月 16 日收出一颗假阴真阳十字星当日的收盘价 23.77 元，涨幅相当大。

1 月 16 日截图当日，该股大幅高开（向上跳空 6.67% 开盘），股价冲高回落，收出一颗假阴真阳十字星，成交量较前一交易日明显放大。从当日分时走势看，该股早盘大幅高开后，股价分 2 个波次快速冲高，于 9:35 封上涨停板，9:49 涨停板被 5 笔千手以上大卖单砸开，此后股价高位震荡盘整至收盘，收盘涨幅为 5.64%，加上前一交易日收出的假阴真阳十字星（同样是大幅高开后涨停，此后涨停板打开、封回再打开反复多次，11:28 涨停板被砸开后股价高位震荡盘整至收盘），显露出主力机构利用大幅高开、盘中涨停及涨停板打开、高位震荡盘整的操盘手法，吸引跟风盘进场而开始派发出货的痕迹。此时，股价远离 30 日均线且涨幅大，KDJ 等部分技术指标开始走弱，盘口的弱势特征开始显现。像这种情况，普通投资者如果手中还有筹码当天没有出完，次日应该逢高卖出。

二、上涨途中的放量涨停

上涨途中的放量涨停，是指主力机构对下跌时间较长、跌幅较大的目标股票，在股价止跌企稳并且展开初期上涨行情之后，股价回调或横盘震荡洗盘行情之后，在确定筹码已经锁定较好、控盘比较到位的情况下，以涨停的方式快速向上拉升股价，成交量同步放大。

上涨途中出现放量涨停，预示着该股将展开一波快速拉升行情，普通投资者可以积极跟庄进场参与做多，但要注意盯盘观察，当股价出现放量滞涨或其他见顶信号时，应立马出局。上涨途中的放量涨停，与放量涨停冲高回落强势调整洗盘之后的放量涨停有相似之处。

图 6-21 是 002317 众生药业 2022 年 10 月 21 日星期五下午收盘时的 K 线走势图。在软件上将该股整个 K 线走势图缩小后可以看出，此时该股处于上升趋势中。股价从前期相对高位，即 2020 年 7 月 1 日的最高价 18.58 元，一路震荡下跌，至 2021 年 2 月 5 日的最低价 7.88 元止跌企稳，下跌时间虽然不是很长，但跌幅大，下跌期间有过多次反弹，且反弹幅度较大。

2021 年 2 月 5 日该股止跌企稳后，展开大幅震荡盘升行情，主力机构高抛低吸赚取差价盈利与洗盘吸筹并举，成交量呈间断性放大状态。震荡盘升期间，主力机构收出过 13 个涨停板，多数为吸筹建仓型涨停板。

2022 年 5 月 13 日，该股高开，股价冲高回落，收出一根长上影线螺旋桨阴 K 线，成交量较前一交易日大幅放大，展开回调洗盘行情，成交量呈逐渐萎缩状态。此时普通投资者可以在当日或次日逢高先卖出手中筹码，待回调到位后再将筹码接回来。回调洗盘期间，主力机构收出过 3 个涨停板，为吸筹建仓型涨停板。

9 月 26 日，该股低开，收出一根中阴线，股价跌至当日最低价 11.88 元止跌企稳，成交量较前一交易日略有放大，换手率为 1.73%，回调洗盘行情结束，普通投资者可以开始跟庄进场逢低分批买入筹码。此后，该股展开向上拉升行情，K 线走势直线上升，全线收红（阳），成交量呈温和放大状态。

10 月 18 日，该股低开，收出一根大阳线（收盘涨幅为 7.00%），突破前高，成交量较前一交易日明显放大。此时，均线呈多头排列，MACD、KDJ 等

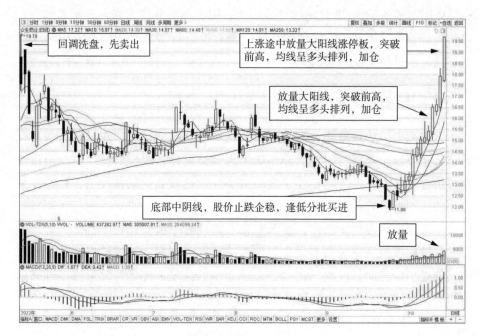

图 6-21

技术指标走强，股价的强势特征已经相当明显，普通投资者可以跟庄进场逢低加仓买进筹码。此后，主力机构继续向上推升股价。

10 月 21 日截图当日，该股低开，收出一个大阳线涨停板（涨停原因为"创新药+NMN+新冠治疗"概念炒作），突破前高，成交量较前一交易日明显放大，形成上涨途中放量大阳线涨停 K 线形态。此时，均线呈多头排列，MACD、KDJ 等技术指标持续走强，股价的强势特征已经十分明显，后市持续快速上涨的概率大。像这种情况，普通投资者可以在当日跟庄进场抢板或在次日跟庄进场择机加仓买进筹码。

图 6-22 是 002317 众生药业 2022 年 11 月 11 日星期五下午收盘时的 K 线走势图。从 K 线走势可以看出，10 月 21 日，该股低开，收出一个放量大阳线涨停板，突破前高，形成上涨途中放量大阳线涨停 K 线形态，均线呈多头排列，股价的强势特征已经相当明显。此后，主力机构快速向上拉升股价。

从拉升情况看，10 月 24 日、25 日，主力机构强势调整了 2 个交易日，成交量呈萎缩状态。从 10 月 26 日起，主力机构依托 5 日均线，采用直线拉升、盘中洗盘、迅速拔高的操盘手法，快速向上拉升股价，至 11 月 10 日，12 个交易日的时间，收出了 10 根阳线，其中有 5 个涨停板。股价从 10 月 21 日主力机构收出一个放量大阳线涨停板当日的收盘价 19.69 元，上涨到 11 月

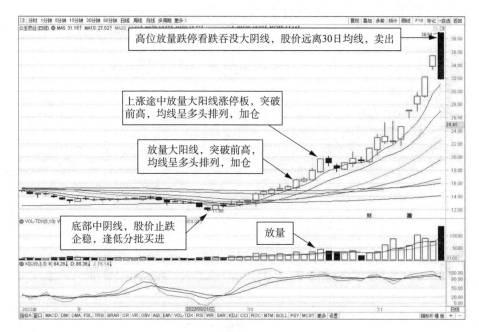

图 6-22

10 日收出一个缩量大阳线涨停板当日的收盘价 35.40 元，涨幅还是相当可观的。

11 月 11 日截图当日，该股涨停开盘，收出一根跌停看跌吞没大阴线，当日成交量较前一交易日大幅放大。从当日分时走势看，早盘涨停开盘，9:35 涨停板被连续 3 笔千（万）手以上大卖单砸开，成交量急速放大，此后涨停板封回打开反复多次，9:57 封回涨停板；14:04 涨停板被连续 5 笔千（万）手以上大卖单砸开，成交量迅速放大，股价急速下跌，14:31 股价跌停躺倒在跌停板上至收盘，显露出主力机构利用涨停、涨停板反复打开封回等操盘手法，引诱跟风盘进场而大量派发出货以及尾盘毫无顾忌打压出货的坚决态度。此时，股价远离 30 日均线且涨幅大，KDJ 等部分技术指标开始走弱，盘口的弱势特征已经显现。像这种情况，普通投资者如果手中还有筹码当天没有出完，次日应该逢高卖出。

图 6-23 是 002882 金龙羽 2023 年 2 月 7 日星期二下午收盘时的 K 线走势图。在软件上将该股整个 K 线走势图缩小后可以看出，此时该股处于上升趋势中。股价从前期相对高位，即 2021 年 8 月 19 日的最高价 16.22 元，一路震荡下跌，至 2022 年 4 月 27 日的最低价 7.40 元止跌企稳，下跌时间虽然不是

很长，但跌幅大，下跌期间有过 2 次较大幅度的反弹。

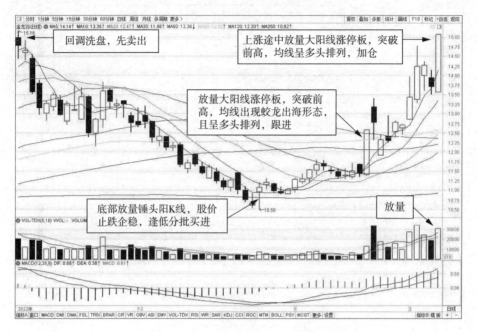

图 6-23

2022 年 4 月 27 日该股止跌企稳后，展开大幅震荡盘升行情，主力机构高抛低吸赚取差价盈利与洗盘吸筹并举，成交量呈间断性放大状态。震荡盘升期间，主力机构收出过 12 个涨停板，多数为吸筹建仓型涨停板。

11 月 8 日，该股低开，股价冲高回落，收出一根螺旋桨阴 K 线，成交量较前一交易日大幅萎缩，展开回调洗盘行情，成交量呈逐渐萎缩状态。此时普通投资者可以在当日或次日逢高先卖出手中筹码，待股价回调到位后再将筹码接回来。

12 月 26 日，该股跳空高开，收出一根长下影线锤头阳 K 线（收盘涨幅为 3.75%），股价探至当日最低价 10.50 元止跌企稳，成交量较前一交易日放大 2 倍多，回调洗盘行情结束，普通投资者可以开始跟庄进场逢低分批买入筹码。此后，该股展开向上拉升行情，K 线走势呈红多绿少、红肥绿瘦态势，成交量呈逐渐放大状态。

2023 年 1 月 17 日，该股低开，收出一个大阳线涨停板，突破前高，成交量较前一交易日放大 2 倍多，形成大阳线涨停 K 线形态。当日股价向上突破 5 日、10 日、30 日、60 日、90 日和 120 日均线（一阳穿六线），20 日和 250 日均线在股价下方向上移动，均线呈蛟龙出海形态。此时，均线（除 60 日均线外）呈多头排列，MACD、KDJ 等技术指标开始走强，股价的强势特征开始显现，普通投资者可以跟庄进场继续逢低加仓买进筹码。此后，主力机构继续向上推升股价。

2月7日截图当日，该股低开，收出一个大阳线涨停板（涨停原因为"固态电池+锂电池+电线电缆"概念炒作），突破前高，成交量较前一交易日大幅放大，形成上涨途中放量大阳线涨停 K 线形态。此时，均线（除 60 日均线外）呈多头排列，MACD、KDJ 等技术指标持续走强，股价的强势特征已经十分明显，后市持续快速上涨的概率大。像这种情况，普通投资者可以在当日跟庄进场抢板或在次日跟庄进场择机加仓买进筹码。

图 6-24 是 002882 金龙羽 2023 年 2 月 13 日星期一下午收盘时的 K 线走势图。从 K 线走势可以看出，2 月 7 日，该股低开，收出一个放量大阳线涨停板，突破前高，形成上涨途中放量大阳线涨停 K 线形态，均线呈多头排列，股价的强势特征已经相当明显。此后，主力机构快速向上拉升股价。

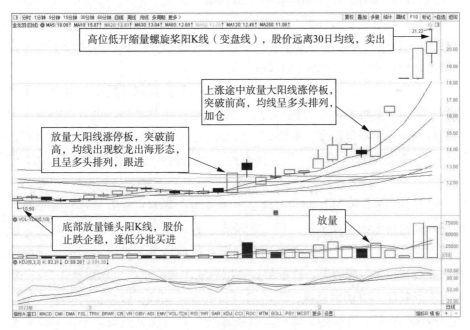

图 6-24

从拉升情况看，从 2 月 8 日起，主力机构依托 5 日均线，采用直线拉升、盘中洗盘、迅速拔高的操盘手法，快速向上拉升股价，至 2 月 13 日，4 个交易日的时间，收出了 4 根阳线，其中有 3 个涨停板。股价从 2 月 7 日主力机构收出一个放量大阳线涨停板当日的收盘价 15.07 元，上涨到 2 月 13 日收出一根螺旋桨阳 K 线当日的收盘价 20.44 元，涨幅还是不错的。

2 月 13 日截图当日，该股低开，股价冲高回落，收出一根螺旋桨阳 K 线，成交量较前一交易日明显萎缩，显露出主力机构利用低开、盘中对敲拉高的操盘手法，吸引跟风盘进场而开始高位震荡出货的痕迹。此时，股价远离 30 日均线且涨幅较大，KDJ 等部分技术指标开始走弱，盘口的弱势特征开始显现。像这种情况，普通投资者如果手中还有筹码当天没有出完，次日应该逢高卖出。

第四节　巨量涨停

巨量涨停，也可称为天量涨停，是指目标股票的成交量相对于前一交易日成交量成倍放大情况下的涨停，或者说，是指成交量巨量放大而产生的涨停。由于个股的实际流通盘各不相同，成交量较前一交易日放大多少的涨停才算是巨量涨停，没有统一的标准，一般较前一交易日放大 2 倍以上成交量的涨停可称为巨量涨停。从实战操盘的角度来看，巨量涨停的 K 线形态基本上是大阳线涨停板，也即大阳线涨停 K 线形态。

巨量涨停，也是伴有巨量封单的涨停。说明有获利筹码或解套盘在涨停过程中卖出，有可能是主力机构为了快速建仓拉出的涨停，也有可能是主力机构获利出逃的涨停诱多，关键要看巨量涨停板在目标股票 K 线走势中所处的位置，所处位置的不同，其所代表的主力机构操盘的意图和目的也不尽相同。

如果目标股票经过长期的下跌，主力机构已基本完成吸筹建仓或长时间的横盘震荡洗盘或初期上涨之后，在较低位置出现巨量涨停，应该是主力机构启动拉升的信号。拉升又分为两种情况：一种是主力机构对筹码锁定程度高、控盘到位的目标股票，放巨量直接拉出涨停板，正式启动快速拉升行情，吸引市场眼球，引诱跟风盘，为后期顺利出货打基础、做准备。另一种是拉出巨量涨停板后，开始强势调整洗盘吸筹（也有可能是突破重要阻力位如前期高点、下跌密集成交区、平台阻力线、下降趋势线、均线、重要技术形态等关键部位之后的调整洗盘吸筹），这是一种主力机构洗盘补仓的信号，待筹码集中度较高、控盘比较到位后，再快速拉升股价。

还有一种情况是上涨途中的巨量涨停，即目标股票经过长期的下跌，止跌企稳后主力机构逐步推升股价收集筹码，并对目标股票反复震荡洗盘，个股整体走势处于不断盘升状态，股价上涨到一定高度后，主力机构突然放巨量拉出涨停板，突破前高，正式开启快速拉升行情。

普通投资者需要注意的是，高位出现的巨量涨停，千万别去碰，很大可能是主力机构利用对敲或对倒做量、涨停的方式，来吸引市场眼球，引诱跟风盘，达到其偷偷出逃的目的。对于高位出现的巨量涨停以及连续涨停后的巨量涨停，这里不做分析。我们主要研究分析低位巨量涨停以及上涨途中的巨量涨停两种情况。

一、低位巨量涨停

低位巨量涨停，是指主力机构对经过长期震荡下跌、跌幅较大的目标股票，在完成大部分仓位的建仓后（或横盘震荡洗盘吸筹之后），在控盘比较到位的情况下，放巨量拉升股价至涨停板的行为。这种巨量涨停多数带有快速吸筹建仓补仓的性质，且多数为伴有巨量封单的涨停。

目标股票经过长期的下跌，主力机构已基本完成吸筹建仓（或长时间的横盘震荡洗盘吸筹或初期上涨之后），在控盘程度较高的情况下，在低位拉出的巨量涨停，应该是主力机构启动拉升的信号。只要目标股票巨量涨停之后，后续短期内成交量依旧处于持续放大（拉升中期成交量相对萎缩）的状态，后市的上涨动力依然会很强劲，连续拉升是大概率事件。对于这种处于低位或相对低位走势的个股，普通投资者要敢于寻机跟庄进场买入筹码，积极看多做多。

图6-25是002031巨轮智能2022年6月21日星期二下午收盘时的K线走势图。在软件上将该股整个K线走势图缩小后可以看出，此时该股处于上升趋势中。股价从前期相对高位，即2019年3月7日的最高价3.06元，一路震荡下跌，至2021年2月2日的最低价1.57元止跌企稳，下跌时间长、跌幅大，下跌期间有过3次较大幅度的反弹。

2021年2月2日该股止跌企稳后，展开震荡盘升行情，主力机构推升股价，收集筹码，同时高抛低吸赚取差价盈利与洗盘吸筹并举，成交量呈间断性放大状态。

2022年6月21日截图当日（大幅震荡盘升行情1年4个多月后），该股平开，收出一个大阳线涨停板（涨停原因为"机器人+工业母机+高端装备"概念炒作），突破前高，成交量较前一交易日放大8倍多，形成低位巨量大阳线涨停K线形态。此时，均线呈多头排列，MACD、KDJ等技术指标走强，股

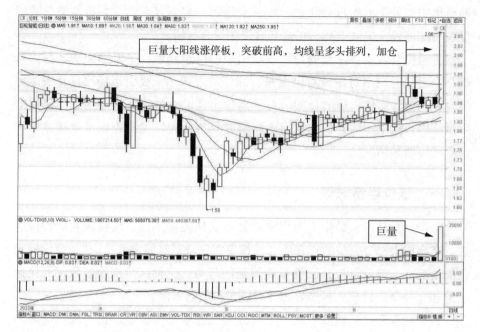

图 6-25

价的强势特征已经十分明显，后市持续快速上涨的概率大。像这种情况，普通投资者可以在当日跟庄进场抢板或在次日跟庄进场加仓买入筹码。

图 6-26 是 002031 巨轮智能 2022 年 7 月 7 日星期四下午收盘时的 K 线走势图。从 K 线走势可以看出，2022 年 6 月 21 日，该股平开，收出一个巨量大阳线涨停板，突破前高，形成低位巨量大阳线涨停 K 线形态，均线呈多头排列，股价的强势特征已经相当明显。此后，主力机构快速向上拉升股价。

从拉升情况看，从 6 月 22 日起（从当日分时走势看，该股早盘平开后，股价略回落，在前一交易日收盘价下方展开强势整理行情，整个上午都是普通投资者跟庄进场逢低买进筹码的好时机），主力机构依托 5 日均线，采用直线拉升、盘中洗盘、迅速拔高的操盘手法，快速向上拉升股价（拉升途中洗盘调整了 2 个交易日，股价刺破 5 日均线但很快收回），至 7 月 6 日，11 个交易日的时间，收出了 9 根阳线，其中有 8 个涨停板。股价从 6 月 21 日主力机构收出一个巨量大阳线涨停板当日的收盘价 2.06 元，上涨到 7 月 6 日收出一个缩量大阳线涨停板当日的收盘价 4.27 元，涨幅巨大。

7 月 7 日截图当日，该股大幅高开（向上跳空 6.56% 开盘），股价冲高回落，收出一根螺旋桨阴 K 线，成交量较前一交易日放大 2 倍多（当日换手率达到 51.15%），显露出主力机构利用大幅高开、盘中打压股价，然后用对敲

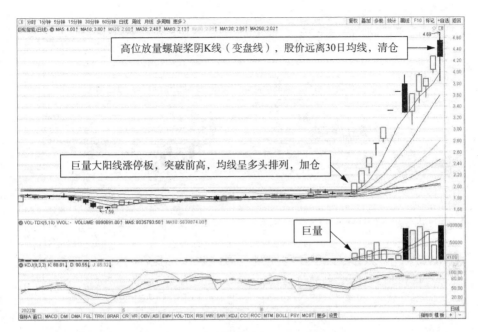

图 6-26

拉高的操盘手法，吸引跟风盘进场而开始震荡出货的痕迹。此时，股价远离
30 日均线且涨幅较大，KDJ 等部分技术指标开始走弱，盘口的弱势特征开始
显现。像这种情况，普通投资者如果手中还有筹码当天没有出完，次日应该
逢高卖出。

　　图 6-27 是 600819 耀皮玻璃 2023 年 1 月 30 日星期一下午收盘时的 K 线
走势图。在软件上将该股整个 K 线走势图缩小后可以看出，此时该股处于上
升趋势中。股价从前期相对高位，即 2022 年 3 月 22 日的最高价 7.37 元，一
路震荡下跌，至 2022 年 10 月 31 日的最低价 4.31 元止跌企稳，下跌时间虽然
不是很长，但跌幅大，下跌期间有过 1 次较大幅度的反弹。

　　2022 年 10 月 31 日该股止跌企稳后，展开震荡盘升洗盘（挖坑）吸筹行
情，K 线走势呈红多绿少、红肥绿瘦态势，成交量呈逐渐放大状态。

　　2023 年 1 月 16 日，该股平开，收出一根中阳线，突破前高，成交量较前
一交易日放大近 3 倍，股价向上突破 5 日、10 日、20 日、30 日、60 日和 90
日均线（一阳穿六线），120 日和 250 日均线在股价上方下行，均线蛟龙出海
形态形成。此时，均线系统表现较弱，但 MACD、KDJ 等技术指标开始走强，
股价的强势特征开始显现，普通投资者可以开始跟庄进场逢低分批买进筹码。
此后，主力机构继续向上推升股价。

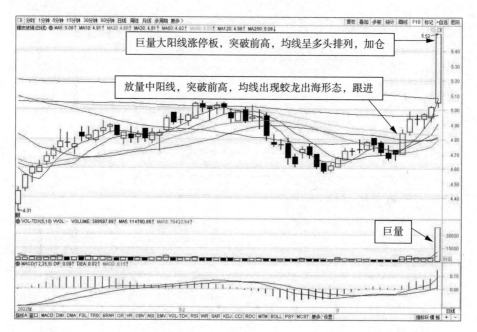

图 6-27

1月 30 日截图当日，该股高开，收出一个大阳线涨停板（涨停原因为"航空玻璃+汽车玻璃+低辐射玻璃"概念炒作），突破前高，成交量较前一交易日放大 10 倍多，形成低位巨量大阳线涨停 K 线形态。此时，均线（除 250日均线外）呈多头排列，MACD、KDJ 等技术指标走强，股价的强势特征已经十分明显，后市持续快速上涨的概率大。像这种情况，普通投资者可以在当日跟庄进场抢板或在次日跟庄进场加仓买入筹码。

图 6-28 是 600819 耀皮玻璃 2023 年 2 月 6 日星期一下午收盘时的 K 线走势图。从 K 线走势可以看出，2023 年 1 月 30 日，该股高开，收出一个巨量大阳线涨停板，突破前高，形成低位巨量大阳线涨停 K 线形态，均线呈多头排列，股价的强势特征已经相当明显。此后，主力机构快速向上拉升股价。

从拉升情况看，从 1 月 31 日起（从当日分时走势看，该股早盘低开后，股价缓慢震荡回落，10:15 开始展开震荡盘升行情，普通投资者可以在分时价格线向上穿过前一交易日收盘价时，跟庄进场买进筹码），主力机构依托 5 日均线，采用直线拉升、盘中洗盘、迅速拔高的操盘手法，快速向上拉升股价，至 2 月 3 日，4 个交易日的时间，收出了 4 根阳线，其中有 3 个涨停板。股价从 1 月 31 日主力机构收出一个巨量大阳线涨停板当日的收盘价 5.52 元，上涨到2 月 3 日收出一个缩量大阳线涨停板当日的收盘价 7.76 元，涨幅还是挺大的。

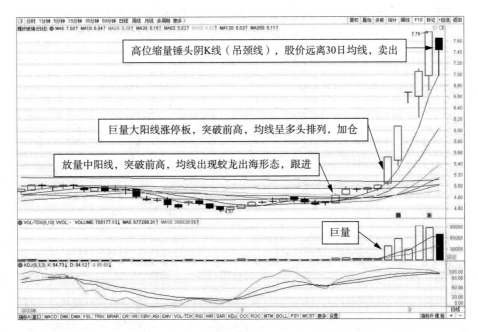

图 6-28

2月6日截图当日，该股低开，股价回落，收出一根锤头阴K线，成交量较前一交易日大幅萎缩，显示股价上涨乏力，主力机构在前一交易日收盘价下方开始出货。此时，股价远离30日均线且涨幅较大，KDJ等部分技术指标开始走弱，盘口的弱势特征已经显现。像这种情况，普通投资者如果手中还有筹码当天没有出完，次日应该逢高卖出。

二、上涨途中的巨量涨停

上涨途中的巨量涨停，是指主力机构对下跌时间较长、跌幅较大的目标股票，在股价止跌企稳后，逐步推升股价，收集筹码，然后经过反复震荡洗盘吸筹，待股价有了一定涨幅且基本控盘的情况下，以巨量涨停（多数为伴有巨量封单的涨停）的方式快速拉升股价的行为。

目标股票在上涨途中出现巨量涨停，表明主力机构筹码集中度较高、控盘比较到位，预示主力机构即将启动一波快速拉升行情，普通投资者可以跟庄进场积极参与做多。但也要注意盯盘观察，如出现放量滞涨或其他见顶信号时，要立马出局。

图 6-29 是 000593 德龙汇能 2022 年 8 月 19 日星期五下午收盘时的 K 线走势图。在软件上将该股整个 K 线走势图缩小后可以看出，此时该股处于上

升趋势中。股价从前期相对高位，即 2019 年 3 月 20 日的最高价 8.90 元，一路震荡下跌，至 2021 年 2 月 9 日的最低价 4.14 元止跌企稳，下跌时间长、跌幅大，下跌期间有过多次反弹，且反弹幅度较大。

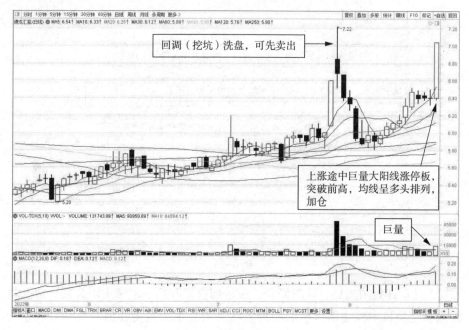

图 6-29

2021 年 2 月 9 日该股止跌企稳后，展开大幅震荡盘升行情，主力机构高抛低吸赚取差价盈利与洗盘吸筹并举，成交量呈间断性放大状态。

2022 年 7 月 28 日（大幅震荡盘升 1 年 5 个多月后），该股大幅跳空高开（向上跳空 3.79% 开盘），股价冲高至当日最高价 7.22 元回落，收出一根长上影线假阴真阳螺旋桨 K 线，展开大幅震荡盘升过程中最后一次回调（挖坑）洗盘吸筹行情，成交量呈逐渐萎缩状态，普通投资者可以在当日或次日逢高先卖出手中筹码。8 月 4 日，该股高开，收出一颗阳十字星，股价探至当日最低价 5.83 元止跌企稳，成交量较前一交易日萎缩，回调（挖坑）洗盘行情结束，普通投资者可以开始跟庄进场逢低分批买入筹码。此后，主力机构开始向上推升股价。

8 月 19 日截图当日，该股平开，收出一个大阳线涨停板（涨停原因为"天然气+地下管网+锂浆料电池"概念炒作），突破前高，成交量较前一交易日放大 2 倍多，形成上涨途中巨量大阳线涨停 K 线形态（当日涨停收盘价为 7.04 元，与 2021 年 2 月 9 日止跌企稳当日的收盘价 4.14 元相比，已有较大的涨幅）。此时，均线呈多头排列，MACD、KDJ 等技术指标走强，股价的强势特征已经十分明显，后市持续快速上涨的概率大。像这种情况，普通投资者可以在当日跟庄进场抢板或在次日跟庄进场加仓买入筹码。

图 6-30 是 000593 德龙汇能 2022 年 8 月 29 日星期一下午收盘时的 K 线走势图。从 K 线走势可以看出，8 月 19 日，该股平开，收出一个巨量大阳线涨停板，突破前高，形成上涨途中巨量大阳线涨停 K 线形态，均线呈多头排列，股价的强势特征已经十分明显。此后，主力机构快速向上拉升股价。

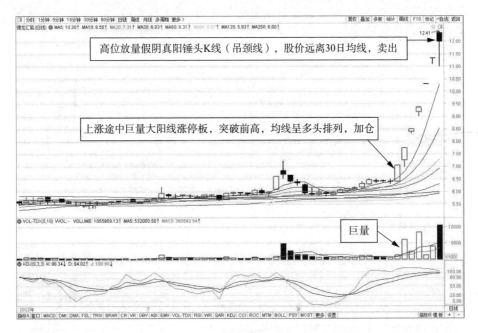

高位放量假阴真阳锤头K线（吊颈线），股价远离30日均线，卖出

上涨途中巨量大阳线涨停板，突破前高，均线呈多头排列，加仓

巨量

图 6-30

从拉升情况看，从 8 月 22 日起（从当日分时走势看，该股早盘高开后，股价震荡回落，然后围绕前一交易日收盘价展开小幅震荡整理走势，10:09 展开第一波拉升走势，普通投资者可以在分时价格线向上穿过前一交易日收盘价时，跟庄进场买进筹码），主力机构依托 5 日均线，采用直线拉升、盘中洗盘、迅速拔高的操盘手法，快速向上拉升股价，至 8 月 26 日，5 个交易日的时间收出了 5 根阳线，均为涨停板。股价从 8 月 19 日主力机构收出一个巨量大阳线涨停板当日的收盘价 7.04 元，上涨到 8 月 26 日收出一个放量小 T 字涨停板当日的收盘价 11.33 元，涨幅相当可观。

8 月 29 日截图当日，该股大幅高开（向上跳空 9.00% 开盘），股价回落，收出一根假阴真阳锤头 K 线，成交量较前一交易日放大 2 倍多，显露出主力机构利用大幅高开、高位大幅震荡的操盘手法，引诱跟风盘进场而大量派发出货的迹象。此时，股价远离 30 日均线且涨幅大，KDJ 等部分技术指标开始走弱，盘口的弱势特征已经显现。像这种情况，普通投资者如果手中还有筹码当天没有出完，次日应该逢高清仓。

图 6-31 是 000948 南天信息 2022 年 9 月 30 日星期五下午收盘时的 K 线走势图。在软件上将该股整个 K 线走势图缩小后可以看出，此时该股处于上升趋势中。股价从前期相对高位，即 2020 年 7 月 13 日的最高价 15.55 元，一路震荡下跌，至 2021 年 2 月 9 日的最低价 8.20 元止跌企稳，下跌时间虽然不是很长，但跌幅较大。

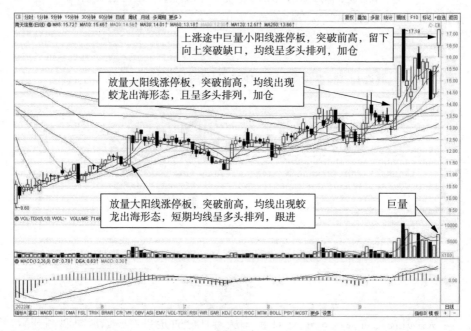

图 6-31

2021 年 2 月 9 日该股止跌企稳后，展开大幅震荡盘升行情，主力机构高抛低吸赚取差价盈利与洗盘吸筹并举，成交量呈间断性放大状态。

2022 年 4 月 11 日（大幅震荡盘升 1 年 1 个多月后），该股高开，股价冲高至当日的最高价 17.12 元回落，收出一根长上影线螺旋桨阴 K 线，展开大幅震荡盘升之后的打压（挖坑）洗盘吸筹行情，成交量呈逐渐萎缩状态，普通投资者可以在当日或次日逢高先卖出手中筹码。4 月 27 日，该股低开，收出一根大阳线（收盘涨幅 5.70%），股价探至当日最低价 9.60 元止跌回升，成交量较前一交易日放大，挖坑洗盘行情结束，此后，主力机构开始向上推升股价。

6月13日，该股低开，收出一个大阳线涨停板，突破前高，成交量较前一交易日放大4倍多，股价向上突破5日、10日和60日均线（一阳穿三线），20日和30日均线在股价下方向上移动，90日、120日和250日均线在股价上方下行，均线蛟龙出海形态形成。此时，短期均线呈多头排列，MACD、KDJ等技术指标开始走强，股价的强势特征开始显现，普通投资者可以开始跟庄进场逢低分批买进筹码。此后，主力机构继续向上推升股价。

9月15日，该股高开，收出一个大阳线涨停板，突破前高，成交量较前一交易日放大4倍多，股价向上突破5日、10日、20日、30日和250日均线（一阳穿五线），60日、90日和120日均线在股价下方向上移动，均线蛟龙出海形态形成。此时，均线（除120日均线外）呈多头排列，MACD、KDJ等技术指标走强，股价的强势特征已经相当明显，普通投资者可以跟庄进场逢低加仓买进筹码。此后，主力机构继续向上推升股价。

9月30日截图当日，该股大幅高开（向上跳空5.63%开盘），收出一个小阳线涨停板（涨停原因为"国产软件+跨境支付+数字经济+医疗器械"概念炒作），突破前高，留下向上突破缺口，成交量较前一交易日放大近2倍，形成上涨途中巨量小阳线涨停K线形态（当日涨停收盘价为17.18元，与2021年2月9日止跌企稳当日的收盘价8.20元相比，已有较大的涨幅）。此时，均线呈多头排列，MACD、KDJ等技术指标持续走强，股价的强势特征已经十分明显，后市持续快速上涨的概率大。像这种情况，普通投资者可以在当日跟庄进场抢板或在次日跟庄进场加仓买入筹码。

图6-32是000948南天信息2022年10月18日星期二下午收盘时的K线走势图。从K线走势可以看出，9月30日，该股大幅跳空高开，收出一个巨量小阳线涨停板，突破前高，留下向上突破缺口，形成上涨途中巨量小阳线涨停K线形态，均线呈多头排列，股价的强势特征已经十分明显。此后，主力机构快速向上拉升股价。

从拉升情况看，从10月10日起（该股当日调整了一个交易日，正是普通投资者跟庄进场买进筹码的好时机），主力机构依托5日均线，采用直线拉升、盘中洗盘、迅速拔高的操盘手法，快速向上拉升股价，至10月18日，7个交易日的时间收出了6根阳线，其中有5个涨停板。股价从9月30日主力机构收出一个巨量小阳线涨停板当日的收盘价17.18元，上涨到10月18日收出一个放量小阳线涨停板当日的收盘价28.17元，涨幅较大。

10月18日截图当日，该股大幅高开（向上跳空8.43%开盘），收出一个小阳线涨停板，成交量较前一交易日放大。从该股后期拉升情况看，10月14

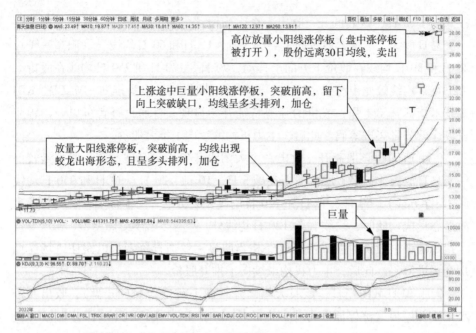

图 6-32

日、17 日和 18 日，主力机构连续拉出大幅高开带下影线的小阳线涨停板，显露出主力机构采用边拉边出、涨停诱多的操盘手法，利用每天早盘大幅高开封上涨停板，然后打开涨停板出一部分货，再封回涨停板（有时打开封回反复多次），引诱跟风盘进场而大量派发手中筹码的迹象；涨停诱多过程中，主力机构主要采用撤换买盘一位置的单量以及小单进大单出的操盘手法隐蔽出货（主力机构的这种出货手法，普通投资者很难防范，最好的办法是只要股价涨幅较大且远离 30 日均线，就立马出局，落袋为安）。此时，股价远离 30 日均线且涨幅较大，KDJ 等部分技术指标开始走弱，盘口的弱势特征已经显现。像这种情况，普通投资者如果手中还有筹码当天没有出完，次日应该逢高卖出。

第七章

强势涨停均线形态实战技法

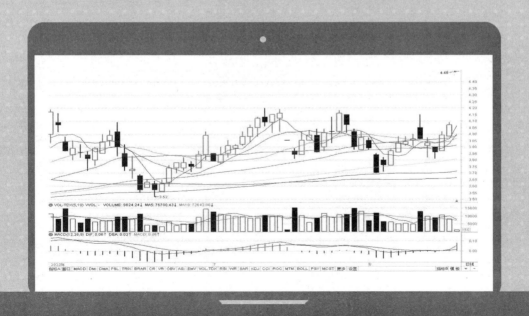

均线形态，是均线系统本身在一定的时空条件下，反映出的股价或指数运行方向和运行趋势的表现形式。这种表现形式按照均线系统排列的样式，可以分为多头、空头、平行、交叉（黏合）等均线形态。

强势涨停均线形态，是指在个股上涨初期或持续上涨行情中由涨停板所形成的强势均线形态。该均线形态个股由主力机构操盘运作，市场其他做多力量积极参与，所形成的涨停板对股价回落有较强的支撑作用，是启动上涨行情时或拉升行情中极具实战价值的强势均线形态。

本章我们重点研究分析，实战操盘中个股上涨中期强势涨停均线形态和拉升环节强势涨停均线形态两种情况。由于上涨初期涨停均线形态一般是主力机构进行初步拉升、收集筹码建仓增仓所需，行情比较短暂，这里就不做研究分析了；个股在下跌途中或下降通道中因反弹而出现的涨停均线形态，不属于强势涨停均线形态范畴，这里也不做研究分析。

为便于分析和阅读理解，本章我们将软件均线系统按照混搭组合配置，分别从短中长期均线中挑出 5 日、10 日、30 日、60 日和 120 日 5 条均线，设置新的均线系统。

第一节　上涨中期强势涨停均线形态

个股经过初期上涨之后，有了一定的涨幅，积累了不少获利盘，主力机构利用此时政策面、基本面、消息面和大盘等因素的影响，通过采用小幅回调或深度回调洗盘或横盘震荡整理洗盘等手法，消化获利盘，拉高新进场普通投资者的入场成本，以减轻后市拉升压力。洗盘调整结束后，随着主力机构慢慢推升股价，各种中期强势涨停均线形态逐渐形成，普通投资者即可跟庄进场逢低买进筹码。

比如，横盘震荡整理末期，主力机构收出一个放量大阳线涨停板，突破均线黏合向上发散形态，即形成上涨中期均线再次黏合向上发散涨停形态。均线再次黏合向上发散涨停形态，意味着股价突破平台，开启一波上涨行情，是普通投资者跟庄进场买进筹码的明确信号。

实战操盘中，由于股价初期上涨之后调整时间和调整幅度的不确定性，加上主力机构操盘手法和风格的不同，普通投资者在确认调整结束之后的某种涨停均线形态买点时，不能光看均线的形态，还要结合政策面、消息面、大盘走势、目标股票的基本面、成交量以及其他技术指标进行综合分析后，再做决策。

一、上涨中期均线蛟龙出海涨停形态

上涨中期均线蛟龙出海涨停形态，是指个股经过初期上涨行情之后，股价有了一定涨幅或股价远离 30 日均线或受到上方周期较长均线的压制等原因，展开洗盘调整行情，洗盘调整到位后，主力机构以涨停板的形式开启新的一波上涨行情。市场表现为，洗盘调整行情末期，主力机构拉出一个放（缩）量大（小）阳线涨停板，向上突破（穿过）至少 3 条均线（如 5 日、10 日、30 日均线），且股价收在 3 条以上均线的上方，形成上涨中期均线蛟龙出海涨停形态，预示新的一波上升行情正式启动。

上涨中期均线蛟龙出海涨停形态，是目标股票经过较长时间的横盘震荡整理或回调洗盘，在洗盘到位之后出现的，是一种上涨确认走势，表明洗盘调整行情结束，股价将重拾升势，接续原来的上升趋势。

图 7-1 是 603366 日出东方 2022 年 7 月 19 日星期二下午收盘时的 K 线走势图。在软件上将该股整个 K 线走势图缩小后可以看出，此时该股处于上升趋势中。股价从前期相对高位，即 2020 年 1 月 9 日的最高价 9.56 元，一路震荡下跌，至 2022 年 4 月 27 日的最低价 3.58 元止跌企稳，下跌时间长、跌幅大，其间有过多次反弹，且反弹幅度大。下跌后期，主力机构借助当时大盘大跌之势，加速杀跌洗盘，收集了不少筹码。

2022 年 4 月 27 日该股止跌企稳后，展开初期上涨行情，主力机构推升股价，收集筹码，K 线走势呈红多绿少、红肥绿瘦态势，成交量呈间断性放大状态。其间，主力机构收出过 2 个大阳线涨停板，为吸筹建仓型涨停板。

5 月 6 日，该股跳空高开，收出一个大阳线涨停板，突破前高，留下向上突破缺口，成交量较前一交易日明显放大，股价突破 5 日、10 日均线且收在 5 日、10 日均线上方，形成向上突破缺口和大阳线涨停 K 线形态。此时，均线系统表现较弱，但 MACD、KDJ 等技术指标开始走强，股价的强势特征开始显现，后市上涨的概率大。像这种情况，普通投资者可以开始跟庄进场逢

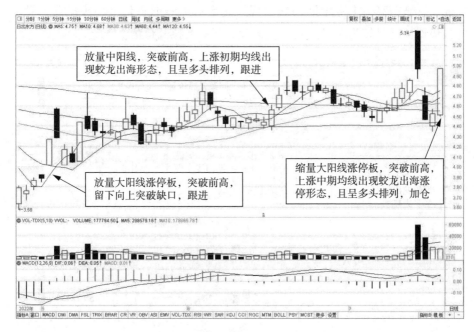

图 7-1

低分批买入筹码。

6 月 17 日，该股低开，收出一根中阳线，突破前高，成交量较前一交易日放大 2 倍多，当日股价向上突破 5 日、10 日、30 日和 60 日均线（一阳穿四线），120 日均线在股价上方下行，上涨初期均线蛟龙出海形态形成。此时，均线（除 120 日均线外）呈多头排列，MACD、KDJ 等技术指标走强，股价的强势特征比较明显，后市继续上涨的概率大。像这种情况，普通投资者可以跟庄进场继续逢低分批买入筹码。

7 月 19 日截图当日，该股低开，收出一个大阳线涨停板（涨停原因为"白色家电+光伏+建筑节能"概念炒作），突破前高，成交量较前一交易日萎缩（涨停缩量的原因），形成大阳线涨停 K 线形态。当日股价向上突破 5 日、10 日、30 日和 120 日均线（一阳穿四线），60 日均线在股价下方向上移动，上涨中期均线蛟龙出海涨停形态形成。此时，均线（除 120 日均线外）呈多头排列，MACD、KDJ 等技术指标走强，股价的强势特征较为明显，后市继续上涨的概率大。像这种情况，普通投资者可以在当日跟庄抢板或在次日跟庄进场加仓买入筹码。

图 7-2 是 603366 日出东方 2022 年 8 月 12 日星期五下午收盘时的 K 线走势图。从 K 线走势可以看出，7 月 19 日，该股低开，收出一个缩量大阳线涨

停板，突破前高，上涨中期均线出现蛟龙出海涨停形态且呈多头排列，股价
的强势特征已经较为明显。此后，该股展开向上拉升行情。

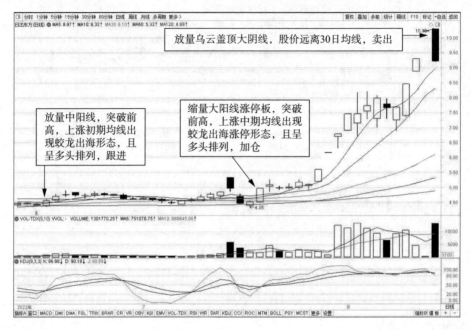

图 7-2

　　从拉升情况看，7 月 20—26 日，该股展开了 5 个交易日的强势整理洗盘
吸筹行情，正是普通投资者跟庄进场买入筹码的好时机。从 7 月 27 日起，主
力机构依托 5 日均线，采用快速拉升、短期强势洗盘调整的操盘手法，向上
拉升股价（2022 年 8 月 2—8 日，该股展开过 5 个交易日的强势整理洗盘行
情，调整幅度不深，股价跌破 5 日均线很快收回），至 8 月 11 日共 12 个交易
日时间，拉出了 11 根阳线，其中有 7 个涨停板，涨幅相当不错。

　　8 月 12 日截图当日，该股高开，收出一根跌停看跌吞没大阴线，当日成
交量较前一交易日放大 38 倍多。从当日分时走势看，该股早盘高开后，股价
震荡回落，11:10 股价跌停，之后盘中股价有 2 次幅度不大的反弹，显露出主
力机构利用高开、盘中震荡回落的操盘手法，引诱跟风盘进场而大量派发出
货以及之后盘中毫无顾忌打压出货的坚决态度。此时，股价远离 30 日均线且
涨幅大，KDJ 等部分技术指标开始走弱，盘口的弱势特征已经显现。像这种
情况，普通投资者如果手中还有筹码当天没有出完，次日应该逢高清仓。

　　图 7-3 是 002084 海鸥住工 2022 年 9 月 19 日星期一下午收盘时的 K 线走
势图。在软件上将该股整个 K 线走势图缩小后可以看出，此时该股处于上升

趋势中。股价从前期相对高位，即 2021 年 8 月 16 日的最高价 6.49 元，一路震荡下跌，至 2022 年 4 月 27 日的最低价 3.61 元止跌企稳，下跌时间虽然不是很长，但跌幅大，其间有过多次反弹，且反弹幅度大。下跌后期，主力机构借助当时大盘大跌之势，加速杀跌洗盘，收集了不少筹码建仓。

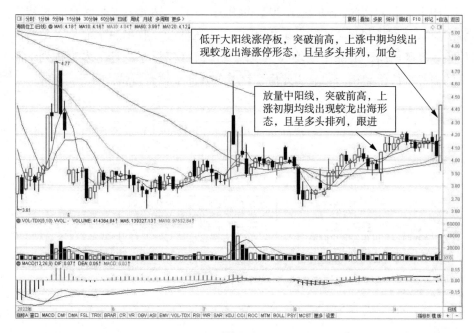

图 7-3

2022 年 4 月 27 日股价止跌企稳后，主力机构快速推升股价，收集筹码。然后该股展开震荡盘升行情（初期上涨行情），K 线走势呈红多绿少、红肥绿瘦态势，成交量呈间断性放大状态。其间，主力机构收出过 3 个大阳线涨停板，为吸筹建仓型涨停板。

8 月 29 日，该股低开，收出一根中阳线，突破前高，成交量较前一交易日放大 2 倍多，当日股价向上突破 5 日、10 日、30 日和 60 日均线（一阳穿四线），120 日均线在股价上方下行，上涨初期均线蛟龙出海形态形成。此时，均线（除 5 日、120 日均线外）呈多头排列，MACD、KDJ 等技术指标走强，股价的强势特征比较明显，后市上涨的概率大。像这种情况，普通投资者可以开始跟庄进场逢低分批买入筹码。

9 月 19 日截图当日，该股低开，收出一个大阳线涨停板（涨停原因为"空气能热泵+家居用品+外销"概念炒作），突破前高，成交量较前一交易日放大 4 倍多，形成大阳线涨停 K 线形态。当日股价向上突破 5 日、10 日、30

日、60 日和 120 日均线（一阳穿五线），上涨中期均线蛟龙出海涨停形态形成。此时，均线（除 120 日均线外）呈多头排列，MACD、KDJ 等技术指标走强，股价的强势特征相当明显，后市持续上涨的概率大。像这种情况，普通投资者可以在当日跟庄抢板或在次日跟庄进场加仓买入筹码。

图 7-4 是 002084 海鸥住工 2022 年 9 月 30 日星期五下午收盘时的 K 线走势图。从 K 线走势可以看出，9 月 19 日，该股低开，收出一个放量大阳线涨停板，突破前高，上涨中期均线出现蛟龙出海涨停形态，且呈多头排列，股价的强势特征已经相当明显。此后，该股展开向上拉升行情。

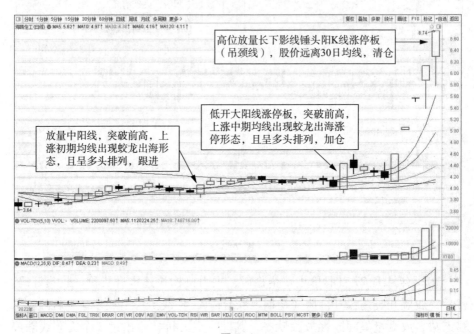

图 7-4

从拉升情况看，9 月 20—23 日，该股展开了 4 个交易日的强势整理洗盘吸筹行情，正是普通投资者跟庄进场买入筹码的好时机。从 9 月 26 日起，主力机构依托 5 日均线，采用快速拉升、盘中洗盘、急速拔高的操盘手法，向上拉升股价，至 9 月 30 日共 5 个交易日时间，拉出了 5 根阳线，均为涨停板，涨幅相当可观。

9 月 30 日截图当日，该股高开，收出一个长下影线锤头阳 K 线涨停板，成交量较前一交易日放大。从当日分时走势看，早盘该股高开后，展开大幅震荡盘整行情，盘中跌破前一交易日收盘价，时间较长、幅度较深，尾盘集合竞价股价触及涨停板收盘，加上前一交易日收出的长下影线锤头阳 K 线涨停板，显露出主力机构这 2 个交易日内利用涨停诱多、盘中大幅震荡的操盘手法，引诱跟风盘进场而派发了大量筹码的痕迹。此时，股价远离 30 日均线且涨幅较大，KDJ 等部分技术指标开始走弱，盘口的弱势特征开始显现。像这种情况，普通投资者如果手中还有筹码当天没有出完，次日要清仓。

二、均线再次黏合向上发散涨停形态

均线再次黏合向上发散涨停形态，是出现在个股中长期上升趋势初期（或股价初期上涨行情之后）的均线黏合向上发散涨停形态。该形态是指目标股票股价有了一定的涨幅或股价远离 30 日均线或股价上涨受到上方周期较长均线的压制等，展开震荡调整洗盘行情（或回调洗盘行情），洗盘调整到位后，均线跟随股价上行所形成。市场表现为，洗盘调整结束，均线跟随股价拐头向上移动，再次出现 3 条以上均线黏合形态，主力机构拉出一个放量大阳线涨停板（或其他形态涨停板），向上突破均线黏合形态，形成均线再次黏合向上发散涨停形态，预示新的一波上升行情正式启动。

均线再次黏合向上发散涨停形态形成后，由于主力机构在震荡调整洗盘期间收集了足够的筹码，其上涨的可信度较高，虽然此时股价有了一定的涨幅，但后市空间仍然广阔，且即将展开拉升行情，普通投资者可以积极跟庄进场买入做多。

图 7-5 是 002877 智能自控 2023 年 1 月 30 日星期一下午收盘时的 K 线走势图。在软件上将该股整个 K 线走势图缩小后可以看出，此时该股处于上升趋势中。股价从前期相对高位，即 2019 年 9 月 27 日的最高价 10.41 元，一路震荡下跌，至 2022 年 4 月 28 日的最低价 5.36 元止跌企稳，下跌时间长、跌幅大，其间有过多次反弹，且反弹幅度大。下跌后期，主力机构借助当时大盘大跌之势，加速杀跌洗盘，收集了不少筹码。

2022 年 4 月 28 日该股止跌企稳后，展开震荡盘升行情（初期上涨行情），K 线走势呈红多绿少、红肥绿瘦态势，成交量呈间断性放大状态。7 月 18 日，该股高开，收出一根大阳线，成交量较前一交易日大幅放大，当日 5 日、10 日和 120 日均线首次黏合向上发散，均线首次黏合向上发散形态形成。股价震荡盘升期间，主力机构收出过 2 个大阳线涨停板，为吸筹建仓型涨停板。

8 月 23 日，该股平开，股价冲高至当日最高价 10.30 元回落，收出一颗长上影线阴十字星，展开初期上涨之后的回调（回调之后横盘震荡）洗盘吸筹行情，成交量呈间断性放（缩）量状态，普通投资者可以在当日或次日逢

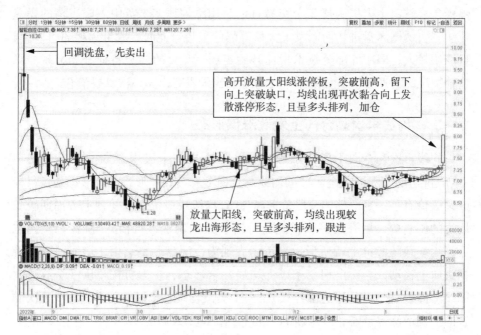

图 7-5

高先卖出手中筹码。其间，主力机构收出过一个大阳线涨停板，为吸筹建仓型涨停板。

11 月 14 日，该股低开，收出一根大阳线，突破前高，成交量较前一交易日明显放大，当日股价向上突破 5 日、10 日和 60 日均线（一阳穿三线），30日和 120 日均线在股价下方向上移动，上涨初期均线蛟龙出海形态形成。此时，均线呈多头排列，MACD、KDJ 等技术指标开始走强，股价的强势特征开始显现，后市上涨的概率大。像这种情况，普通投资者可以开始跟庄进场逢低分批买入筹码。

2023 年 1 月 30 日截图当日，该股跳空高开，收出一个大阳线涨停板（涨停原因为"人工智能+智能制造"概念炒作），突破前高，留下向上突破缺口，成交量较前一交易日放大 3 倍多，当日 5 日、60 日和 120 日均线再次黏合向上发散，股价向上突破均线再次黏合向上发散形态，形成均线再次黏合向上发散涨停形态。此时，均线呈多头排列，MACD、KDJ 等技术指标走强，股价的强势特征相当明显，后市持续快速上涨的概率大。像这种情况，普通投资者可以在当日跟庄抢板或在次日跟庄进场加仓买入筹码。

图 7-6 是 002877 智能自控 2023 年 2 月 6 日星期一下午收盘时的 K 线走势图。从 K 线走势可以看出，1 月 30 日，该股跳空高开，收出一个放量大阳

线涨停板，突破前高，留下向上突破缺口，当日5日、60日和120日均线再次黏合向上发散，股价向上突破均线再次黏合向上发散形态，形成均线再次黏合向上发散涨停形态，均线呈多头排列，股价的强势特征已经相当明显。此后，该股展开向上拉升行情。

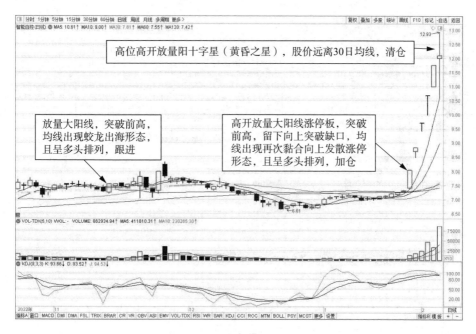

图 7-6

　　从拉升情况看，从1月31日起，主力机构依托5日均线，采用快速拉升、盘中洗盘、急速拔高的操盘手法，向上拉升股价，至2月3日共4个交易日时间，拉出了4根阳线，均为涨停板，涨幅相当可观。

　　2月6日截图当日，该股大幅高开，股价冲高回落，收出一颗长上下影线阳十字星，成交量较前一交易日放大2倍多。从当日分时走势看，该股早盘高开后，股价震荡回落，10:32股价跌停，13:06主力机构采用盘中对敲拉高的操盘手法，展开强势反弹行情，13:32至盘中最高价12.93元后震荡回落，显露出主力机构利用高开、盘中大幅震荡的操盘手法，引诱跟风盘进场而大量派发出货以及盘中毫无顾忌打压出货的坚决态度。此时，股价远离30日均线且涨幅较大，KDJ等部分技术指标开始走弱，盘口的弱势特征已经显现。像这种情况，普通投资者如果手中还有筹码当天没有出完，次日应该逢高清仓。

　　图7-7是603860中公高科2023年3月2日星期四下午收盘时的K线走

势图。在软件上将该股整个 K 线走势图缩小后可以看出，此时该股处于上升趋势中。股价从前期相对高位，即 2020 年 8 月 24 日的最高价 32.60 元，一路震荡下跌，至 2021 年 2 月 8 日的最低价 18.36 元止跌企稳，下跌时间不是很长，但跌幅大。

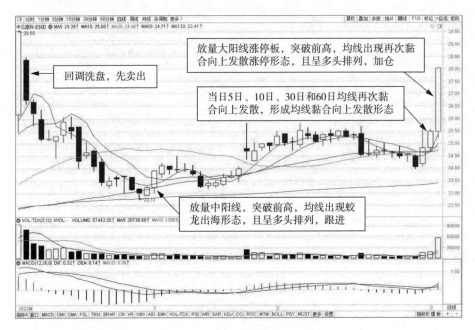

图 7-7

2021 年 2 月 8 日该股止跌企稳后，展开大幅震荡盘升行情，主力机构高抛低吸赚取差价盈利与洗盘吸筹并举，成交量呈间断性放大状态。2022 年 11 月 1 日，该股跳空高开，收出一根中阳线，成交量较前一交易日萎缩，当日 5 日、10 日和 30 日均线首次黏合向上发散，均线首次黏合向上发散形态形成。股价震荡盘升期间，主力机构收出过 7 个大阳线涨停板，均为吸筹建仓型涨停板。

2022 年 12 月 8 日，该股大幅低开，股价回落，收出一根大阴线，展开初期上涨之后的回调（回调之后横盘震荡）洗盘吸筹行情，成交量呈间断性放（缩）量状态，普通投资者可以在当日或次日逢高先卖出手中筹码。

2023 年 1 月 3 日，该股平开，收出一根中阳线，突破前高，成交量较前一交易日放大 2 倍多，当日股价向上突破 5 日、10 日和 60 日均线（一阳穿三线），30 日和 120 日均线在股价下方向上移动，上涨初期均线蛟龙出海形态形成。此时，均线（除 10 日均线外）呈多头排列，KDJ 等部分技术指标开始走强，股价的强势特征开始显现，后市上涨的概率大。像这种情况，普通投资者可以开始跟庄进场逢低分批买入筹码。

2023年3月1日，该股平开，收出一根中阳线，突破前高，成交量较前一交易日明显放大，当日5日、10日、30日和60日均线再次黏合向上发散，均线再次黏合向上发散形态形成。

2023年3月2日截图当日，该股平开，收出一个大阳线涨停板（涨停原因为"公路建设+数字经济+国企改革"概念炒作），突破前高，成交量较前一交易日放大3倍多，股价向上突破均线黏合向上发散形态，形成均线再次黏合向上发散涨停形态。此时，均线呈多头排列，MACD、KDJ等技术指标走强，股价的强势特征相当明显，后市持续快速上涨的概率大。像这种情况，普通投资者可以在当日跟庄抢板或在次日跟庄进场加仓买入筹码。

图7-8是603860中公高科2023年3月8日星期三下午收盘时的K线走势图。从K线走势可以看出，3月2日，该股平开收出一个放量大阳线涨停板，突破前高，股价向上突破均线再次黏合向上发散形态，形成均线再次黏合向上发散涨停形态，均线呈多头排列，股价的强势特征已经相当明显。此后，该股展开向上拉升行情。

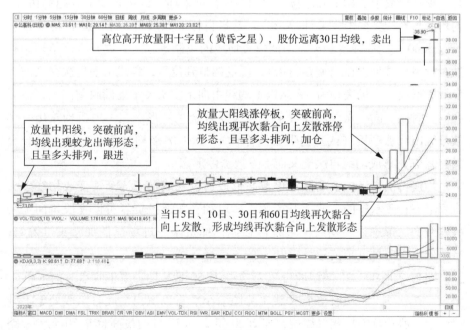

图7-8

从拉升情况看，从3月3日（从当日分时走势看，该股早盘低开，之后回落展开震荡整理走势，9:49 主力机构对敲放量股价快速冲高，1 个波次于 9:57 封上涨停板，普通投资者可以在股价开始放量冲高时加仓买进筹码）起，主力机构依托 5 日均线，采用快速拉升、盘中洗盘、急速拔高的操盘手法，向上拉升股价，至 3 月 8 日共 4 个交易日时间，拉出了 4 根阳线，其中有 3 个涨停板，涨幅较大。

3 月 8 日截图当日，该股高开，股价冲高回落，收出一颗长下影线阳十字星，成交量较前一交易日明显放大。从当日分时走势看，该股早盘高开后，股价震荡回落，此后股价基本在前一交易日收盘价下方大幅震荡，尾盘有所拉高，显露出主力机构利用高开、盘中大幅震荡、拉尾盘的操盘手法，引诱跟风盘进场而大量派发出货的迹象。此时，股价远离 30 日均线且涨幅较大，KDJ 等部分技术指标开始走弱，盘口的弱势特征已经显现。像这种情况，普通投资者如果手中还有筹码当天没有出完，次日应该逢高卖出。

三、均线再次交叉向上发散涨停形态

均线再次交叉向上发散涨停形态，又称为均线再次复合金叉涨停形态，是出现在个股中长期上升趋势的中期调整行情末期（或中长期上升趋势初期）的均线再次交叉向上发散涨停形态，是指目标股票股价有了一定的涨幅或股价远离 30 日均线或受到上方周期较长均线的压制等，之后展开震荡整理调整洗盘行情（或回调洗盘调整行情），洗盘调整到位后，均线出现再次交叉向上发散所形成。市场表现为，3 条以上均线由由下空头发散逐渐收敛向上，然后在同一时间、同一点位形成黄金交叉（复合金叉）形态，主力机构拉出一个放量大阳线涨停板（或其他形态涨停板），向上突破均线黄金交叉（复合金叉）形态，形成均线再次交叉向上发散涨停形态。

均线再次交叉向上发散涨停形态形成后，均线形态逐渐演变成均线多头排列形态，预示新的一波上升行情正式启动，普通投资者可以在股价向上突破均线交叉形态或在均线向上发散初期，择机跟庄进场逢低加仓买进筹码，待股价出现明显见顶信号时撤出。

图 7-9 是 002229 鸿博股份 2023 年 1 月 30 日星期一下午收盘时的 K 线走势图。在软件上将该股整个 K 线走势图缩小后可以看出，此时该股处于上升趋势中。股价从前期相对高位，即 2020 年 2 月 27 日的最高价 9.50 元，一路震荡下跌，至 2022 年 5 月 6 日的最低价 4.51 元止跌企稳，下跌时间长、跌幅大，其间有过多次反弹，且反弹幅度大。

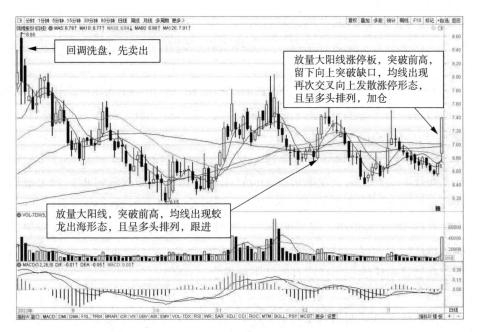

图 7-9

2022 年 5 月 6 日该股止跌企稳后，展开震荡盘升行情，主力机构洗盘吸筹并举，成交量呈间断性放大状态。5 月 31 日，该股低开，收出一个大阳线涨停板，成交量较前一交易放大近 2 倍，当日 5 日、10 日和 60 日均线首次交叉（金叉）向上发散，均线首次交叉向上发散形态形成，当日股价向上突破 5 日、10 日、60 日和 120 日均线（一阳穿四线），30 日均线在股价下方向上移动，上涨初期均线蛟龙出海形态形成。此时，均线（除 60 日均线外）呈多头排列，MACD、KDJ 等技术指标开始走强，股价的强势特征已经显现，后市继续上涨的概率大。像这种情况，普通投资者可以跟庄进场逢低买入筹码。此后，主力机构继续向上推升股价。股价震荡盘升期间，主力机构收出过 7 个大阳线涨停板，均为吸筹建仓型涨停板。

8 月 15 日，该股大幅跳空高开（向上跳空 6.45% 开盘），股价冲高至当日最高价 8.66 元回落，收出一根阴 K 线，展开初期上涨之后的回调（回调之后横盘震荡）洗盘吸筹行情，成交量呈间断性放（缩）量状态，普通投资者可以在当日或次日逢高先卖出手中筹码。

12 月 7 日，该股低开，收出一根大阳线，突破前高，成交量较前一交易日放大 2 倍多，当日股价向上突破 5 日、10 日、30 日、60 日和 120 日均线（一阳穿五线），均线再次出现蛟龙出海形态。此时，均线（除 10 日均线外）

305

呈多头排列，KDJ 等部分技术指标开始走强，股价的强势特征开始显现，后市上涨的概率大。像这种情况，普通投资者可以开始跟庄进场逢低分批买入筹码。

2023 年 1 月 30 日截图当日，该股跳空高开，收出一个大阳线涨停板（涨停原因为"人工智能+数字经济+Web3.0+包装印刷"概念炒作），突破前高，留下向上突破缺口，成交量较前一交易日放大 6 倍多；当日 5 日均线向上穿过 10 日均线，60 日均线向上穿过 120 日均线形成黄金交叉（复合金叉）形态，均线再次交叉向上发散形态形成；当日股价（大阳线涨停板）向上突破均线再次交叉向上发散形态，形成均线再次交叉向上发散涨停形态。此时，均线（除 30 日均线外）呈多头排列，MACD、KDJ 等技术指标走强，股价的强势特征相当明显，后市持续快速上涨的概率大。像这种情况，普通投资者可以在当日跟庄抢板或在次日跟庄进场加仓买入筹码。

图 7-10 是 002229 鸿博股份 2023 年 2 月 14 日星期二下午收盘时的 K 线走势图。从 K 线走势可以看出，1 月 30 日，该股跳空高开收出一个大阳线涨停板，突破前高，留下向上突破缺口，当日股价（大阳线涨停板）向上突破均线再次交叉向上发散形态，形成均线再次交叉向上发散涨停形态，均线呈多头排列，股价的强势特征已经相当明显。此后，该股展开向上拉升行情。

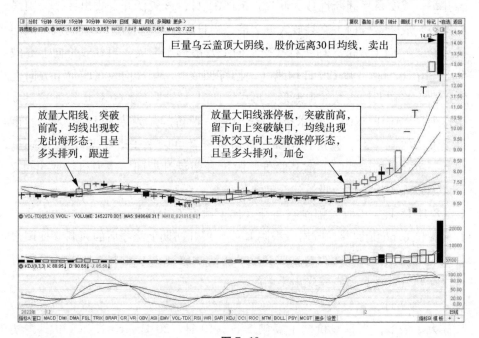

图 7-10

从拉升情况看，1 月 31 日至 2 月 6 日，主力机构连续收出 5 根小阳线（其中之一为假阴真阳十字星），意在洗盘吸筹，正是普通投资者跟庄进场的好时机。从 2 月 7 日起，主力机构依托 5 日均线，采用快速拉升、盘中洗盘、急速拔高的操盘手法，向上拉升股价，至 2 月 13 日共 5 个交易日时间，拉出了 5 根阳线，均为涨停板，涨幅巨大。

2 月 14 日截图当日，该股涨停开盘，股价回落，收出一根乌云盖顶大阴线，成交量较前一交易日放大 5 倍多。从当日分时走势看，该股早盘涨停开盘，9:50 涨停板被连续 7 笔万手（10 万手）大卖单砸开，成交量急速放大，此后股价震荡回落，10:29 跌破前一交易日收盘价继续下行，然后震荡盘整至收盘，显露出主力机构利用高开、打开涨停板、盘中震荡回落以及震荡盘整的操盘手法，引诱跟风盘进场而大量派发出货的迹象。此时，股价远离 30 日均线且涨幅大，KDJ 等部分技术指标开始走弱，盘口的弱势特征已经显现。像这种情况，普通投资者如果手中还有筹码当天没有出完，次日应该逢高卖出，可继续跟踪观察。

图 7-11 是 300250 初灵信息 2023 年 2 月 1 日星期三下午收盘时的 K 线走势图。在软件上将该股整个 K 线走势图缩小后可以看出，此时该股处于上升趋势中。股价从前期相对高位，即 2022 年 2 月 22 日的最高价 24.88 元，一路震荡下跌，至 2022 年 10 月 11 日的最低价 10.09 元止跌企稳，下跌时间不长，但跌幅大，其间有过 1 次较大幅度的反弹。

2022 年 10 月 11 日该股止跌企稳后，展开震荡盘升行情，主力机构洗盘吸筹并举，成交量呈间断性放大状态。

2023 年 1 月 19 日，该股高开，收出一根小阳线，成交量较前一交易放大，当日 5 日均线向上穿过 10 日和 30 日均线首次交叉（金叉）向上发散，均线首次交叉向上发散形态形成，此时，均线系统表现较弱，但 MACD、KDJ 等技术指标开始走强，股价的强势特征开始显现，后市继续上涨的概率大。像这种情况，普通投资者可以开始跟庄进场逢低分批买入筹码。此后，主力机构继续向上推升股价。

2023 年 2 月 1 日截图当日，该股低开，收出一个大阳线涨停板（涨停原因为"ChatGPT+信创+Web3.0+数字经济"概念炒作），突破前高，成交量较前一交易日大幅放大；当日 5 日均线向上穿过 120 日均线、10 日均线向上穿过 60 日均线形成黄金交叉（复合金叉）形态，均线再次交叉向上发散形态形成；当日股价（20%涨幅的大阳线涨停板）向上突破均线再次交叉向上发散形态，形成均线再次交叉向上发散涨停形态。此时，均线呈多头排列，

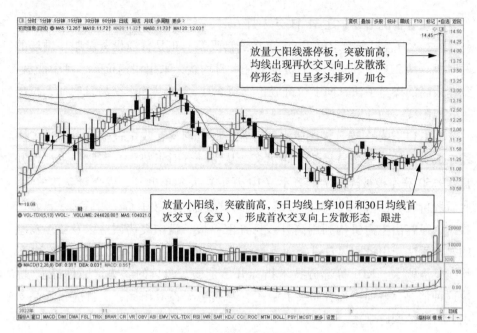

放量大阳线涨停板，突破前高，均线出现再次交叉向上发散涨停形态，且呈多头排列，加仓

放量小阳线，突破前高，5日均线上穿10日和30日均线首次交叉（金叉），形成首次交叉向上发散形态，跟进

图 7-11

MACD、KDJ 等技术指标走强，股价的强势特征相当明显，后市持续快速上涨的概率大。像这种情况，普通投资者可以在当日跟庄抢板或在次日跟庄进场加仓买入筹码。

图 7-12 是 300250 初灵信息 2023 年 2 月 6 日星期一下午收盘时的 K 线走势图。从 K 线走势可以看出，2 月 1 日，该股低开收出一个大阳线涨停板，突破前高，当日股价向上突破均线再次交叉向上发散形态，形成均线再次交叉向上发散涨停形态，均线呈多头排列，股价的强势特征已经相当明显。此后，该股展开向上拉升行情。

从拉升情况看，2 月 2 日，该股大幅高开，收出一根大阳线（收盘涨幅为 16.19%），2 月 3 日继续收出一根大阳线（收盘涨幅为 11.97%），2 个交易日涨幅近 30%，涨幅还是相当不错的。

2 月 6 日截图当日，该股低开，股价冲高回落，收出一根假阳真阴长上影线螺旋桨 K 线，成交量较前一交易日略有放大，显露出主力机构利用低开、盘中对敲拉高的操盘手法，吸引跟风盘进场而开始震荡出货的痕迹。此时，股价远离 30 日均线且涨幅较大，KDJ 等部分技术指标开始走弱，盘口的弱势特征已经显现。像这种情况，普通投资者如果手中还有筹码当天没有出完，次日应该逢高卖出。

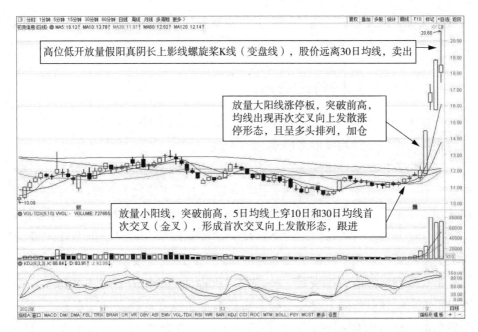

图 7-12

第二节　拉升环节强势涨停均线形态

中期调整行情展开后，主力机构通过横盘震荡整理洗盘或回调洗盘等手法，清洗获利盘，拉高新进场普通投资者的入场成本，以减轻后市拉升的压力。当洗盘调整接近尾声、成交量大幅萎缩时，主力机构已经完成了增仓补仓工作，积蓄了充分的拉升能量。此时，各种拉升前的强势涨停均线形态逐渐形成，普通投资者跟庄进场的时机已经到来。

由于受主力机构控盘程度、资金面和目标股票流通盘大小等各种因素的影响，加上主力机构操盘手法和风格的不同等原因，直接导致主力机构对目标股票采用的拉升方法不尽相同。筹码集中、控盘到位的主力机构可能采用直线式或单边上扬式拉升手法，而资金实力不是太强、控盘程度一般的主力机构可能采用震荡式、台阶式或复合式拉升的操盘手法拉升股价。主力机构拉升手法的不同，导致上涨速度和幅度的不同，同样导致股价（K线）上涨走势和均线形态的不同。

拉升阶段是主力机构坐庄操盘过程中的关键环节，无论主力机构采用什么样的拉升手法，所形成的涨停均线形态都属于非常强势的均线形态。比如均线多头排列涨停形态、均线加速上涨初期涨停形态以及均线快速上涨初期涨停形态，下面逐一进行分析研究。

一、均线多头排列涨停形态

均线多头排列涨停形态，是形成于个股上升趋势中的均线涨停形态，是股价强势上涨的一种均线形态信号。

均线多头排列涨停形态，一般由 3 条以上均线组成，是指处于上升趋势中的个股，股价（K线）和均线的排列顺序从上至下依次为股价（K线）、短期均线、中期均线、长期均线，且所有均线向上移动，形成均线多头排列形态，某一交易日主力机构拉出一个放量大阳线涨停板（或其他形态涨停板），向上突破由短中长期均线形成的多头排列形态，形成均线多头排列涨停形态。均线多头排列涨停形态形成后，预示主力机构最后的拉升行情正式启动，普通投资者可以在股价向上突破均线多头排列形态或在均线交叉（黏合）向上发散初期，择机跟庄进场逢低加仓买进筹码，待股价出现明显见顶信号时撤出。

实战操盘中，均线多头排列涨停形态形成之后，主力机构开始快速向上拉升股价，普通投资者要坚定持股信心。但由于受大盘走势、主力机构控盘程度等因素的影响，主力机构在拉升期间可能进行缩量回调洗盘，如果此时拉升幅度不大，也是普通投资者跟庄进场买入筹码的好时机。当然，如果股价涨幅过大或个股走势已步入均线多头排列形态的后期，比如股价远离 30 日均线或出现其他明显见顶信号时，普通投资者就要逢高出局，落袋为安。

图 7-13 是 688787 海天瑞声 2023 年 1 月 30 日星期一下午收盘时的 K 线走势图。在软件上将该股整个 K 线走势图缩小后可以看出，此时该股处于上升趋势中。该股 2021 年 8 月 13 日上市，由于大盘走势疲软，股价上涨至当日最高价 172.39 元，展开下跌调整行情，至 2022 年 4 月 27 日的最低价 35.65 元止跌企稳，下跌时间不长，但跌幅大，下跌期间有过 1 次较大幅度的反弹。

2022 年 4 月 27 日该股止跌企稳后，展开大幅震荡盘升行情，主力机构高抛低吸赚取差价盈利与洗盘吸筹并举，成交量呈间断性放大状态，其间收出过 2 个大阳线涨停板（涨幅均为 20%），为吸筹建仓型涨停板。

10 月 14 日，该股高开，收出一个大阳线涨停板，突破前高，成交量较前一交易日放大 4 倍多，形成大阳线涨停 K 线形态。当日股价向上突破 5 日、10 日、30 日和 120 日均线（一阳穿四线），60 日均线在股价上方即将走平，

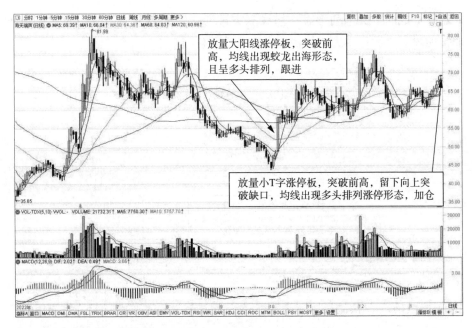

放量大阳线涨停板，突破前高，均线出现蛟龙出海形态，且呈多头排列，跟进

放量小T字涨停板，突破前高，留下向上突破缺口，均线出现多头排列涨停形态，加仓

图 7-13

均线蛟龙出海形态形成。此时，均线（除60日均线外）呈多头排列，MACD、KDJ等技术指标开始走强，股价的强势特征已经相当明显。像这种情况，普通投资者可以开始跟庄进场逢低分批买入筹码。

2023年1月18日，该股平开，收出一根小阳线，突破前高，成交量较前一交易日放大，当日5日均线向上穿过10日、60日均线金叉，均线交叉（复合金叉）向上发散形态形成，均线（除30日均线外）呈多头排列，股价的强势特征已经相当明显。像这种情况，普通投资者可以在当日或次日跟庄进场加仓买进筹码。

1月30日截图当日，该股涨停开盘，收出一个小T字涨停板（涨停原因为"人工智能+语音技术+数据存储"概念炒作），突破前高，留下向上突破缺口，成交量较前一交易日放大4倍多，股价向上突破由短中长期均线形成的多头排列形态，形成均线多头排列涨停形态。此时，MACD、KDJ等技术指标持续走强，股价的强势特征已经非常明显，后市持续快速上涨的概率大。像这种情况，普通投资者可以在当日或次日跟庄进场加仓买进筹码。

图7-14是688787海天瑞声2023年2月16日星期四下午收盘时的K线走势图。从K线走势可以看出，2023年1月30日，该股涨停开盘，收出一个放量小T字涨停板，突破前高，留下向上突破缺口，股价向上突破由短中长

期均线形成的多头排列形态，均线多头排列涨停形态形成，股价的强势特征非常明显。之后，主力机构快速向上拉升股价。

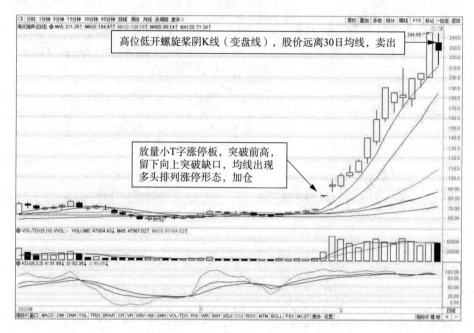

图 7-14

从拉升情况看，从 1 月 31 日（当日主力机构大幅高开，收出一颗阳十字星，正是普通投资者跟庄进场的好时机）起，主力机构依托 5 日均线，采用快速拉升、盘中洗盘、急速拔高的操盘手法，向上拉升股价，至 2 月 15 日共12 个交易日时间，拉出了 10 根阳线，其中有 3 个涨停板，股价从 1 月 30 日主力机构拉出一个放量小 T 字涨停板当日的收盘价 81.60 元，上涨到 2 月 15日收出一个大阳线涨停板当日的收盘价 144.80 元，涨幅巨大。

2 月 16 日截图当日，该股低开，股价冲高回落，收出一根螺旋桨阴 K 线，成交量较前一交易日略有萎缩，显露出主力机构利用低开、盘中对敲拉高的操盘手法，吸引跟风盘进场而开始震荡出货的痕迹。此时，股价远离 30 日均线且涨幅大，KDJ 等部分技术指标开始走弱，盘口的弱势特征已经显现。像这种情况，普通投资者如果手中还有筹码当天没有出完，次日应该逢高卖出。

图 7-15 是 000506 中润资源 2023 年 3 月 14 日星期二下午收盘时的 K 线走势图。在软件上将该股整个 K 线走势图缩小后可以看出，此时该股处于上升趋势中。股价从前期相对高位，即 2022 年 1 月 20 日的最高价 4.40 元，一路下跌，至 2022 年 4 月 28 日的最低价 2.16 元止跌企稳，下跌时间不长，但

跌幅大。

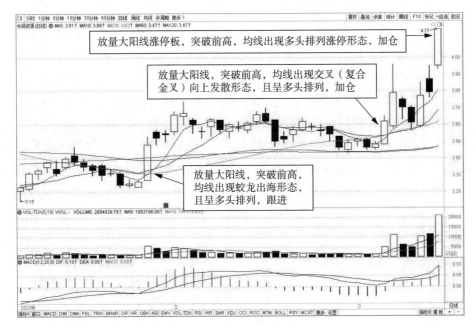

图 7-15

2022 年 4 月 28 日股价止跌企稳后，主力机构快速推升股价（4 月 29 日至 5 月 10 日连续拉出 5 根阳线，其中有 4 个涨停板），收集筹码。5 月 11 日，该股大幅高开，股价回落，收出一根大阴线，成交量较前一交易日明显放大，主力机构展开大幅震荡盘升行情，高抛低吸赚取差价盈利与洗盘吸筹并举，成交量呈间断性放大状态，其间收出过 2 个大阳线涨停板，为吸筹建仓型涨停板。

2023 年 1 月 20 日，该股高开，收出一根大阳线（收盘涨幅为 6.75%），突破前高，成交量较前一交易日放大 4 倍多，当日股价向上突破 5 日、10 日、30 日、60 日和 120 日均线（一阳穿五线），均线蛟龙出海形态形成。此时，均线（除 30 日、60 日均线外）呈多头排列，MACD、KDJ 等技术指标开始走强，股价的强势特征开始显现。像这种情况，普通投资者可以开始跟庄进场逢低分批买进筹码。

3 月 6 日，该股平开，收出一根大阳线（收盘涨幅为 4.02%），突破前高，成交量较前一交易日放大 3 倍多，当日 5 日均线向上穿过 10 日、30 日均线金叉，均线交叉（复合金叉）向上发散形态形成，均线呈多头排列，股价的强势特征已经相当明显。像这种情况，普通投资者可以在当日或次日跟庄进场加仓买进筹码。此后，主力机构继续向上推升股价。

3月14日截图当日，该股大幅跳空高开（向上跳空4.22%开盘），收出一个大阳线涨停板（涨停原因为"黄金+矿业"概念炒作），突破前高，成交量较前一交易日大幅放大，股价向上突破由短中长期均线形成的多头排列形态，形成均线多头排列涨停形态。此时，MACD、KDJ等技术指标持续走强，股价的强势特征已经非常明显，后市持续快速上涨的概率大。像这种情况，普通投资者可以在当日跟庄抢板或在次日跟庄进场加仓买进筹码。

图7-16是000506中润资源2023年3月20日星期一下午收盘时的K线走势图。从K线走势可以看出，3月14日，该股大幅跳空高开，收出一个放量大阳线涨停板，突破前高，股价向上突破由短中长期均线形成的多头排列形态，均线多头排列涨停形态形成，股价的强势特征非常明显。此后，主力机构快速向上拉升股价。

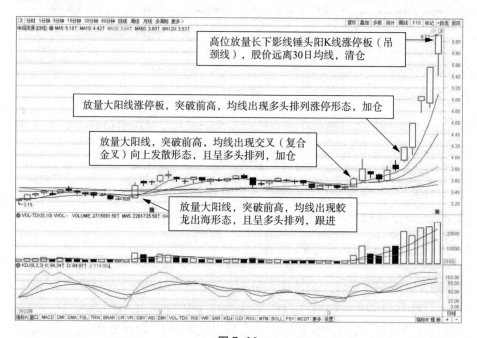

图 7-16

从拉升情况看，从3月15日（从当日分时走势看，早盘该股平开，股价略回落后，展开震荡盘升行情，于10:38封上涨停板至收盘，当日早盘开盘后就是普通投资者跟庄进场的极好时机）起，主力机构依托5日均线，采用快速拉升、盘中洗盘、急速拔高的操盘手法，向上拉升股价，至3月20日共4个交易日时间，拉出了4个涨停板，股价从3月14日主力机构拉出一个放量大阳线涨停板当日的收盘价4.17元，上涨到3月20日收出一根长下影线锤头阳K线涨停板当日的收盘价6.12元，涨幅相当不错。

3月20日截图当日，该股大幅跳空高开（向上跳空4.14%开盘），收出一根长下影线锤头阳K线涨停板，成交量较前一交易日明显放大。从当日分时走势看，早盘该股大幅高开后，股价在前一交易日收盘价上方展开震荡盘整行情，13:49开始主力机构对敲拉高，14:35封上涨停板至收盘，显露出主力机构利用大幅高开、盘中震荡盘整、尾盘涨停诱多的操盘手法，引诱跟风盘进场而大量出货的迹象。此时，股价远离30日均线且涨幅较大，KDJ等部分技术指标开始走弱，盘口的弱势特征开始显现。像这种情况，普通投资者如果手中还有筹码当天没有出完，次日要逢高卖出。

二、均线加速上涨初期涨停形态

均线加速上涨初期涨停形态，是指在股价上涨过程中，主力机构突然拉出一个放量大阳线涨停板（或其他形态涨停板），然后加速向上拉升股价。随着股价的上涨加速，均线呈多头排列且间距越拉越大，股价上涨的角度也越来越陡峭。均线加速上涨初期涨停形态，是形成于个股上涨过程中的均线形态，是一种上涨走势已经接近尾声，股价即将见顶的均线形态信号。

实战操盘中，普通投资者可以在均线加速上涨初期涨停形态之初，即5日均线加速上行拐点出现时，跟庄进场买入筹码。此时，目标股票5日、10日均线呈交叉（黏合）状态，成交量温和放大；也可以在目标股票前期走势中出现明显进场信号时，提前逢低分批买入筹码，比如前期均线出现蛟龙出海形态、股价突破均线交叉黏合形态时，就开始跟庄进场买入筹码，提前布局，静候加速上涨行情的到来。

普通投资者在均线加速上涨初期涨停形态之初跟庄进场后，一定要注意盯盘跟踪，因为只有在股价见顶前卖出手中筹码，实现盈利，才算是股市赢家。一般情况下，我们可以通过分析目标股票的成交量、K线和均线走势等特征，来研判股价是否马上见顶。比如高位出现成交量放大股价却滞涨，股价收盘价低于前一交易日收盘价且出现高位十字星、螺旋桨K线、锤头线、倒锤头线、大阴线等，5日均线走平或拐头下行或股价跌破5日均线等特征（现象），就预示股价已经见顶，普通投资者要及时逢高卖出手中筹码，落袋为安。

图7-17是601698中国卫通2023年2月22日星期三下午收盘时的K线

走势图。在软件上将该股整个 K 线走势图缩小后可以看出，此时该股处于上升趋势中。股价从前期相对高位，即 2021 年 9 月 9 日的最高价 18.58 元，一路震荡下跌，至 2022 年 4 月 27 日的最低价 8.70 元止跌企稳，股价下跌时间较长，跌幅大。

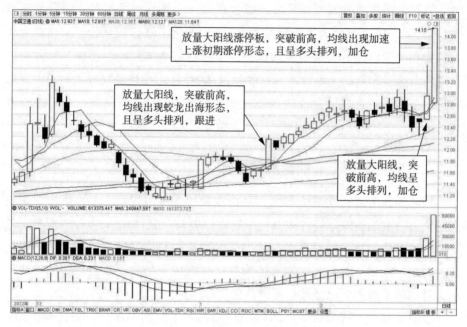

图 7-17

2022 年 4 月 27 日该股止跌企稳后，展开大幅震荡盘升行情，主力机构高抛低吸赚取差价盈利与洗盘吸筹并举，成交量呈间断性放大状态，其间收出过一个大阳线涨停板，为吸筹建仓型涨停板。

2023 年 1 月 16 日，该股高开，收出一根大阳线（收盘涨幅为 4.64%），突破前高，成交量较前一交易日放大 4 倍多，股价向上突破 5 日、10 日、30 日和 60 日均线（一阳穿四线），120 日均线在股价下方向上移动，均线蛟龙出海形态形成。此时，均线呈多头排列，MACD、KDJ 等技术指标开始走强，股价的强势特征开始显现，后市上涨的概率大。像这种情况，普通投资者可以开始跟庄进场逢低分批买进筹码。

2 月 21 日，该股高开，收出一根长上影线大阳线（收盘涨幅为 3.68%），突破前高，成交量较前一交易日放大 2 倍多，当日 5 日均线、10 日均线翘头上行，5 日均线加速上涨拐点出现，均线呈多头排列，股价的强势特征已经相当明显。像这种情况，普通投资者可以在当日或次日跟庄进场加仓买进筹码。

2月22日截图当日，该股低开，收出一个大阳线涨停板（涨停原因为"6G+卫星运营+军工+中字头"概念炒作），突破前高，成交量较前一交易日放大2倍多，均线加速上涨初期涨停形态形成。此时，均线呈多头排列，MACD、KDJ等技术指标走强，股价的强势特征已经相当明显。像这种情况，普通投资者可以在当日跟庄抢板或在次日跟庄进场加仓买入筹码，然后持股待涨，待股价出现明显见顶信号时再撤出。

图7-18是601698中国卫通2023年3月14日星期二下午收盘时的K线走势图。从K线走势可以看出，2月22日，该股低开，收出一个放量大阳线涨停板，突破前高，均线加速上涨初期涨停形态形成，均线呈多头排列，股价的强势特征相当明显。此后，该股展开向上拉升行情。

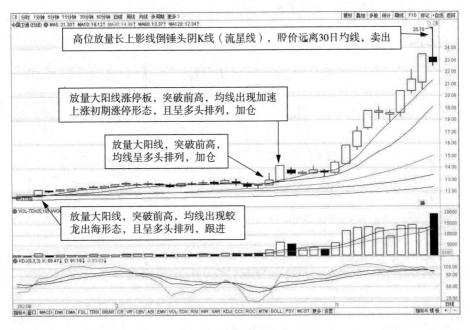

图7-18

从拉升情况看，2月23—28日，主力机构连续调整了4个交易日，成交量呈萎缩状态，正是普通投资者跟庄进场加仓买入筹码的好时机。从3月1日起，主力机构依托5日均线，采用快速拉升、短暂洗盘调整的操盘手法，向上拉升股价（3月7日、8日，主力机构缩量强势调整了2个交易日），至3月13日共9个交易日时间，拉出了7根阳线，其中有4个涨停板，股价从2月22日主力机构收出一个放量大阳线涨停板当日的收盘价14.15元，上涨到3月13日收出一个大阳线涨停板当日的收盘价23.46元，涨幅相当可观。

　　3月14日截图当日，该股低开，股价冲高回落，收出一根长上影线倒锤头阴K线，成交量较前一交易日大幅放大，显露出主力机构采用低开、盘中对敲拉高、尾盘打压回落等操盘手法，引诱跟风盘进场而大量派发出货的迹象。此时，股价远离30日均线且涨幅大，KDJ等部分技术指标开始走弱，盘口的弱势特征已经显现。像这种情况，普通投资者如果手中还有筹码当天没有出完，次日应该逢高卖出。

　　图7-19是601595上海电影2023年3月8日星期三下午收盘时的K线走势图。在软件上将该股整个K线走势图缩小后可以看出，此时该股处于上升趋势中。股价从前期相对高位，即2020年7月16日的最高价19.60元，一路震荡下跌，至2022年10月11日的最低价8.31元止跌企稳，股价下跌时间长、跌幅大，下跌期间有过多次反弹，且反弹幅度较大。

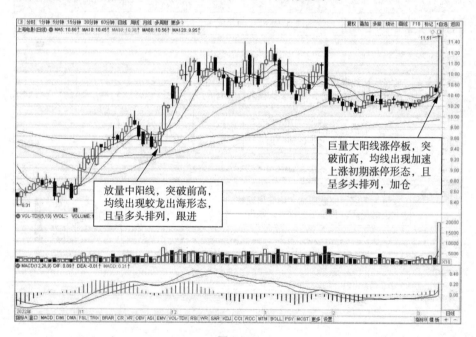

图 7-19

　　2022年10月11日该股止跌企稳后，展开大幅震荡盘升行情，主力机构洗盘吸筹并举，成交量呈间断性放大状态。

　　11月28日，该股低开，收出一根中阳线，突破前高，成交量较前一交易日放大近2倍，股价向上突破5日、10日和120日均线（一阳穿三线），30日和60日均线在股价下方向上移动，均线蛟龙出海形态形成。此时，均线（除120日均线外）呈多头排列，MACD、KDJ等技术指标开始走强，股价的强势特征开始显现，后市上涨的概率大。像这种情况，普通投资者可以开始跟庄进场逢低分批买入筹码。

2023年3月8日截图当日，该股低开，收出一个大阳线涨停板（涨停原因为"拟收购+电影+上海国资"概念炒作），突破前高，成交量较前一交易日放大6倍多，当日5日均线向上穿过60日均线金叉，5日均线加速上涨拐点出现，均线加速上涨初期涨停形态形成。此时，均线呈多头排列形态，MACD、KDJ等技术指标走强，股价的强势特征已经相当明显。像这种情况，普通投资者可以在当日跟庄抢板或在次日跟庄进场加仓买入筹码，然后持股待涨，待股价出现明显见顶信号时再撤出。

图7-20是601595上海电影2023年4月12日星期三下午收盘时的K线走势图。从K线走势可以看出，3月8日，该股低开收出一个巨量大阳线涨停板，突破前高，均线加速上涨初期涨停形态形成，均线呈多头排列，股价的强势特征相当明显。此后，该股展开向上拉升行情。

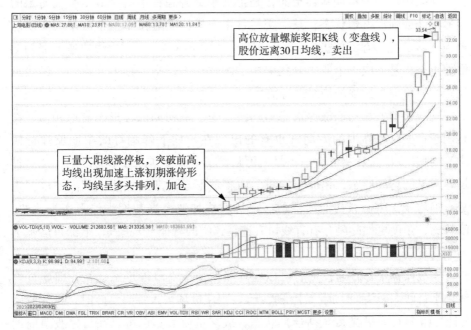

图7-20

从拉升情况看，从3月9日起，主力机构依托5日均线，采取快速拉升、短暂洗盘调整的操盘手法，向上拉升股价，至4月11日共23个交易日时间，拉出了17根阳线，其中7个涨停板，股价从3月8日主力机构拉出一个放量大阳线涨停板当日的收盘价11.51元，上涨到4月11日收出一根缩量大阳线涨停板当日的收盘价 30.49 元，涨幅巨大。

4 月 12 日截图当日，该股大幅高开（向上跳空 4.95% 开盘），股价冲高回落，收出一根螺旋桨阳 K 线，成交量较前一交易日略有放大。从当日分时走势看，该股早盘大幅高开后，主力机构持续展开高位震荡盘整，13:36 封上涨停板，14:25 涨停板被打开，此后涨停板反复打开封回，尾盘涨停板被大卖单砸开，成交量放大，收盘涨幅 8.23%，显露出主力机构利用大幅高开、盘中持续高位震荡盘整、涨停及涨停板反复打开的操盘手法，吸引跟风盘进场而展开派发出货的痕迹。此时，股价远离 30 日均线且涨幅大，KDJ 等部分技术指标开始走弱，盘口的弱势特征开始显现。像这种情况，普通投资者如果手中还有筹码当天没有出完，次日应该逢高卖出。

三、均线快速上涨初期涨停形态

均线快速上涨初期涨停形态，是指处于上升趋势中的个股，呈现初始的缓慢上涨或强势整理状态，某一交易日主力机构突然拉出一个放量大阳线涨停板（或其他形态涨停板），开始快速拉升股价（逼空）。均线快速上涨初期涨停形态，是形成于个股上升趋势中的均线形态，是一种上升走势已经接近尾声，股价即将见顶的均线形态信号。

均线快速上涨初期涨停形态与均线加速上涨初期涨停形态有些相似，都是出现在上升趋势中的后期（也有的出现在长期下降趋势中的中期反弹行情中），都是上涨过程中的变速信号，可归类于多头排列涨停形态之中，是一种比较常见的均线形态，相似于均线上山爬坡形态后期的加速上涨涨停诱多走势。但均线快速上涨初期涨停形态要比均线加速上涨初期涨停形态提速快、涨势急、角度更加陡峭，有直线拉升连续逼空的特征（现象），上涨行情基本一气呵成。

实战操盘中，普通投资者可以在均线快速上涨涨停形态之初，即 5 日均线由平行状态翘头向上时（上涨拐点），跟庄进场买入筹码。此时，目标股票 5 日、10 日均线呈交叉（黏合）状态，成交量放大。也可以在目标股票前期走势中出现明显入场信号时，提前逢低分批买入筹码，比如前期均线出现蛟龙出海形态、股价突破均线交叉（黏合）形态时，跟庄进场买入筹码，提前布局，静候快速上涨行情的到来。

普通投资者在均线快速上涨涨停形态之初跟庄进场买进筹码后，只有在股价见顶前卖出手中筹码，实现盈利，才算跟庄操盘成功。一般情况下，我

们可以通过分析成交量、K 线和均线走势的特征来判断股价是否见顶，比如
在出现成交量放大股价却滞涨，个股收盘价低于前一交易日收盘价且出现高
位十字星、螺旋桨 K 线、锤头线、倒锤头 K 线、大阴线或 5 日均线走平或拐
头下行或股价跌破 5 日均线等特征（现象）时，就预示股价已经见顶了，普
通投资者要立马出局，落袋为安。

图 7-21 是 601566 九牧王 2023 年 2 月 24 日星期五下午收盘时的 K 线走
势图。在软件上将该股整个 K 线走势图缩小后可以看出，此时该股处于上升
趋势中。股价从前期相对高位，即 2021 年 10 月 21 日的最高价 16.39 元，一
路震荡下跌，至 2022 年 10 月 31 日的最低价 6.69 元止跌企稳，下跌时间长、
跌幅大。

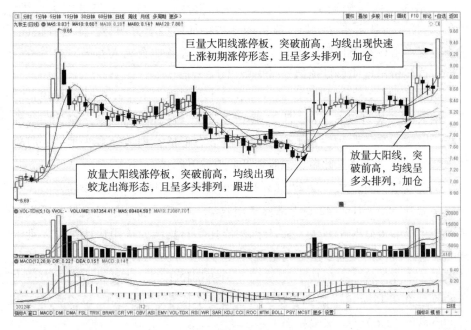

图 7-21

2022 年 10 月 31 日股价止跌企稳后，主力机构快速推升股价，收集筹码，
其间拉出过 2 个涨停板，为吸筹建仓型涨停板。11 月 10 日，该股低开，股价
冲高至当日最高价 9.65 元回落，收出一根长上影线大阳线，展开大幅横盘震
荡洗盘吸筹行情，成交量呈间断性放大状态，其间收出过一个大阳线涨停板，
为吸筹建仓型涨停板。

2023 年 1 月 16 日，该股高开，收出一个大阳线涨停板，突破前高，成交
量较前一交易日放大 3 倍多，股价向上突破 5 日、10 日、30 日、60 日和 120

日均线（一阳穿五线），均线蛟龙出海形态形成。此时，均线（除120日均线外）呈多头排列，MACD、KDJ等技术指标开始走强，股价的强势特征开始显现，后市上涨的概率大。像这种情况，普通投资者可以开始跟庄进场逢低分批买入筹码。

2月17日，该股低开，收出一根上影线大阳线（收盘涨幅为6.15%），突破前高，成交量较前一交易日放大3倍多，当日5日、10日均线翘头上行，5日均线快速上涨拐点出现，均线呈多头排列，股价的强势特征已经相当明显。像这种情况，普通投资者可以跟庄进场继续逢低分批买进筹码。

2月24日截图当日，该股跳空高开，收出一个大阳线涨停板（涨停原因为"男装+电子商务+新零售"概念炒作），突破前高，成交量较前一交易日放大5倍多，均线快速上涨初期涨停形态形成。此时，均线呈多头排列，MACD、KDJ等技术指标走强，股价的强势特征已经十分明显。像这种情况，普通投资者可以在当日跟庄抢板或在次日跟庄进场加仓买入筹码，然后持股待涨，待股价出现明显见顶信号时再撤出。

图7-22是601566九牧王2023年3月1日星期三下午收盘时的K线走势图。从K线走势可以看出，2月24日，该股跳空高开收出一个巨量大阳线涨停板，突破前高，均线快速上涨初期涨停形态形成，均线呈多头排列，股价的强势特征相当明显。此后，该股展开向上拉升行情。

从拉升情况看，从2月27日（从当日分时走势看，早盘该股高开后，展开震荡盘升行情，于9:42封上涨停板至收盘，当日早盘开盘后就是普通投资者跟庄进场的极好时机）起，主力机构依托5日均线，采用快速拉升、盘中洗盘、急速拔高的操盘手法，向上拉升股价，至3月1日共3个交易日时间，拉出了3个涨停板，股价从2月24日主力机构拉出一个放量大阳线涨停板当日的收盘价9.46元，上涨到3月1日收出一个长下影线锤头阳K线涨停板当日的收盘价12.60元，涨幅相当不错。

3月1日截图当日，该股大幅跳空高开（向上跳空6.55%开盘），收出一个长下影线锤头阳K线涨停板，成交量较前一交易日放大2倍多。从当日分时走势看，早盘该股大幅高开后，展开高位震荡盘整行情，13:55封上涨停板至收盘，股价在高位震荡盘整时间长，显露出主力机构利用大幅高开、盘中高位震荡盘整、尾盘涨停诱多的操盘手法，引诱跟风盘进场而大量出货的迹象。此时，股价远离30日均线且涨幅较大，KDJ等部分技术指标开始走弱，盘口的弱势特征开始显现。像这种情况，普通投资者如果手中还有筹码当天没有出完，次日要逢高卖出。

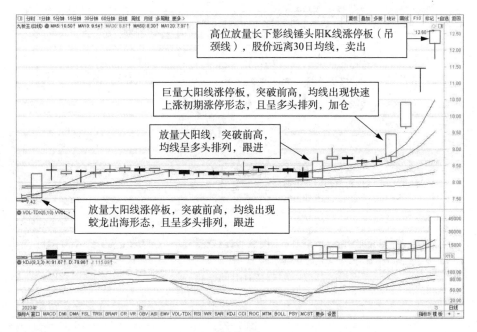

高位放量长下影线锤头阳K线涨停板（吊颈线），股价远离30日均线，卖出

巨量大阳线涨停板，突破前高，均线出现快速上涨初期涨停形态，且呈多头排列，加仓

放量大阳线，突破前高，均线呈多头排列，跟进

放量大阳线涨停板，突破前高，均线出现蛟龙出海形态，且呈多头排列，跟进

图 7-22

图 7-23 是 600895 张江高科 2023 年 3 月 9 日星期四下午收盘时的 K 线走势图。在软件上将该股整个 K 线走势图缩小后可以看出，此时该股处于上升趋势中。股价从前期相对高位，即 2021 年 6 月 4 日的最高价 21.20 元，一路震荡下跌，至 2022 年 10 月 11 日的最低价 10.21 元止跌企稳，下跌时间长、跌幅大，下跌期间有过多次反弹，且反弹幅度较大。

2022 年 10 月 11 日该股止跌企稳后，展开大幅震荡盘升行情，主力机构高抛低吸赚取差价盈利与洗盘吸筹并举，成交量呈间断性放大状态。

10 月 31 日，该股高开，收出一根大阳线（收盘涨幅为 8.38%），突破前高，成交量较前一交易日放大 4 倍多，股价向上突破 5 日、10 日和 30 日均线（一阳穿三线），60 日和 120 日均线在股价上方下行，均线蛟龙出海形态形成。此时，均线系统表现较弱，但 MACD、KDJ 等技术指标开始走强，股价的强势特征开始显现，后市上涨的概率大。像这种情况，普通投资者可以开始跟庄进场逢低分批买入筹码。此后，股价继续震荡上行。

2023 年 3 月 9 日截图当日，该股跳空高开，收出一个大阳线涨停板（涨停原因为"光刻胶+房地产+国企改革"概念炒作），突破前高，留下向上突破缺口，成交量较前一交易日放大 9 倍多，当日 5 日均线向上穿过 10 日和 30 日均线金叉（复合金叉），5 日均线快速上涨拐点出现，均线快速上涨初期涨

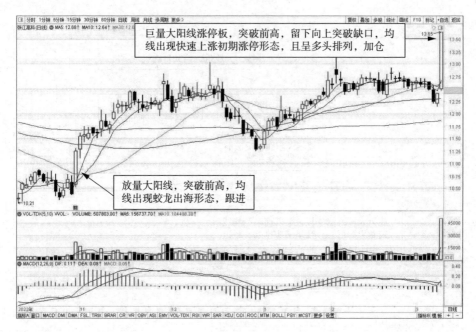

图 7-23

停形态形成。此时，均线呈多头排列，MACD、KDJ 等技术指标走强，股价的强势特征已经相当明显。像这种情况，普通投资者可以在当日跟庄抢板或在次日跟庄进场加仓买入筹码，然后持股待涨，待股价出现明显见顶信号时再撤出。

　　图 7-24 是 600895 张江高科 2023 年 3 月 21 日星期二下午收盘时的 K 线走势图。从 K 线走势可以看出，3 月 9 日，该股跳空高开收出一个巨量大阳线涨停板，突破前高，留下向上突破缺口，均线快速上涨初期涨停形态形成，均线呈多头排列，股价的强势特征相当明显。此后，该股展开向上拉升行情。

　　从拉升情况看，3 月 10—14 日，主力机构连续回调洗盘 3 个交易日，成交量呈萎缩状态，回调洗盘没有回补 3 月 9 日留下的向上突破缺口，股价的强势特征依然特别明显，正是普通投资者跟庄进场加仓买入筹码的好时机。从 3 月 15 日起，主力机构依托 5 日均线，采用快速拉升、盘中洗盘、急速拔高的操盘手法，向上拉升股价，至 3 月 20 日共 4 个交易日时间，拉出了 4 根阳线，其中有 3 个涨停板，股价从 3 月 9 日主力机构拉出一个巨量大阳线涨停板当日的收盘价 13.65 元，上涨到 3 月 20 日收出一个缩量小阳线涨停板当日的收盘价 18.23 元，涨幅相当不错。

　　3 月 21 日截图当日，该股大幅跳空高开（向上跳空 3.02% 开盘），收出

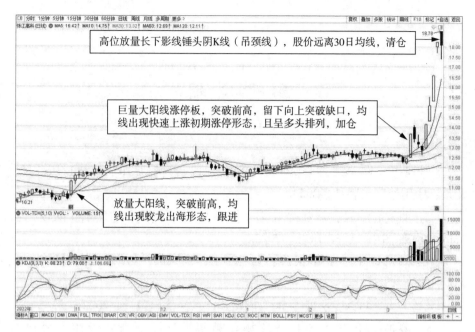

图 7-24

一根长下影线锤头阴 K 线，成交量较前一交易日放大 3 倍多。从当日分时走势看，早盘该股大幅高开后，股价直接回落，然后基本在前一交易日收盘价下方展开震荡盘整行情，显露出主力机构利用大幅高开、盘中震荡盘整的操盘手法，引诱跟风盘进场而大量派发出货的迹象。此时，股价远离 30 日均线且涨幅较大，KDJ 等部分技术指标开始走弱，盘口的弱势特征开始显现。像这种情况，普通投资者如果手中还有筹码当天没有出完，次日要逢高卖出。

参 考 文 献

［1］明发. 炒股就炒强势股①：强势分时盘口操盘跟庄实战技法［M］. 北京：中国经济出版社，2023.

［2］明发. 炒股就炒强势股②：强势 K 线组合形态操盘跟庄实战技法［M］. 北京：中国经济出版社，2023.

［3］黑马王子. 股市天经：量波逮涨停［M］. 北京：经济日报出版社，2022.

［4］丁力. 猎杀龙头股［M］. 广州：广东经济出版社，2022.

［5］凌波. 量价时空：波段操作精解［M］. 天津：天津人民出版社，2021.

［6］麻道明. 短线抓涨停［M］. 北京：中国经济出版社，2020.

［7］李星飞. 股市擒牛 15 式［M］. 北京：中国宇航出版社，2020.

［8］郭建勇. 分时图超短线实战：分时图捕捉买卖点技巧［M］. 北京：中国宇航出版社，2020.

［9］吴行达. 买入强势股［M］. 北京：经济管理出版社，2019.

［10］均线上的舞者. 涨停接力［M］. 北京：清华大学出版社，2019.

［11］张华. 狙击涨停板：修订本［M］. 成都：四川人民出版社，2019.

［12］麻道明. 庄家意图：股市技术图表背后的庄家操盘手法［M］. 北京：中国经济出版社，2019.

［13］毕全红. 新盘口语言解密与实战［M］. 成都：四川人民出版社，2019.

［14］股震子. 强势股操盘技术入门与精解［M］. 北京：中国宇航出版社，2019.

［15］麻道明. 游资操盘手法与实录［M］. 北京：中国经济出版社，2018.

［16］杨金. 参透 MACD 指标：短线操盘、盘口分析与 A 股买卖点实战［M］. 北京：人民邮电出版社，2018.

[17] 杨金. 分时图实战：解读获利形态、准确定位买卖点、精通短线交易 [M]. 北京：人民邮电出版社，2018.

[18] 杨金. 极简投资法：用 11 个关键财务指标看透 A 股 [M]. 北京：人民邮电出版社，2018.

[19] 李洪宇. 从零开始学 KDJ 指标：短线操盘、盘口分析与 A 股买卖点实战 [M]. 北京：人民邮电出版社，2018.

[20] 李洪宇. 从零开始学布林线指标：短线操盘、盘口分析与 A 股买卖点实战 [M]. 北京：人民邮电出版社，2018.

[21] 杨金. 从零开始学筹码分布：短线操盘、盘口分析与 A 股买卖点实战 [M]. 北京：人民邮电出版社，2017.

[22] 杨金. 从零开始学量价分析：短线操盘、盘口分析与 A 股买卖点实战 [M]. 北京：人民邮电出版社，2017.

[23] 曹明成. 一本书搞懂龙头股战法 [M]. 上海：立信会计出版社，2017.

[24] 曹明成. 龙头股必杀技 [M]. 北京：中国宇航出版社，2017.

[25] 齐晓明. 强势股交易从入门到精通 [M]. 北京：机械工业出版社，2017.

[26] 孟庆宇. 短线炒股实战：股票交易策略与操盘心经 [M]. 北京：人民邮电出版社，2016.

[27] 王江华. 短线：典型股票交易实战技法 [M]. 北京：清华大学出版社，2016.

[28] 王江华. 成交量：典型股票分析全程图解 [M]. 北京：清华大学出版社，2016.

[29] 王江华. 操盘：新股民炒股必知的 128 个细节 [M]. 北京：清华大学出版社，2016.

[30] 安佳理财. 股票涨停策略与实战 [M]. 北京：清华大学出版社，2016.

[31] 无形. 一天一个涨停板之寻找强势股 [M]. 北京：中国经济出版社，2016.

[32] 高开. 涨停揭秘：跟操盘高手学炒股 [M]. 北京：清华大学出版社，2016.

[33] 邢岩. 盘口三剑客：K 线、量价与分时图操作实战 [M]. 北京：清华大学出版社，2015.

［34］尼尉圻．实战掘金：跟操盘高手学炒股［M］．北京：清华大学出版社，2015.

［35］杨明．均线：典型股票盘口分析［M］．北京：清华大学出版社，2015.

［36］笑看股市．跟庄：典型股票分析全程图解［M］．北京：清华大学出版社，2015.

［37］翁富．主力行为盘口解密（一）［M］．北京：地震出版社，2015.

［38］翁富．主力行为盘口解密（二）［M］．北京：地震出版社，2015.

［39］翁富．主力行为盘口解密（三）［M］．北京：地震出版社，2015.

［40］翁富．主力行为盘口解密（四）［M］．北京：地震出版社，2015.

［41］翁富．主力行为盘口解密（五）［M］．北京：地震出版社，2015.

［42］翁富．主力行为盘口解密（六）［M］．北京：地震出版社，2019.

［43］翁富．主力行为盘口解密（七）［M］．北京：地震出版社，2020.

［44］黑马王子．伏击涨停［M］．北京：清华大学出版社，2014.

［45］黑马王子．涨停密码［M］．北京：清华大学出版社，2014.

［46］黑马王子．股市天经（之一）：量柱擒涨停［M］．成都：四川人民出版社，2014.

［47］黑马王子．股市天经（之二）：量线捉涨停［M］．成都：四川人民出版社，2014.

［48］黑马王子．黑马王子操盘手记（一）［M］．北京：清华大学出版社，2016.

［49］黑马王子．黑马王子操盘手记（二）［M］．北京：清华大学出版社，2016.

［50］黑马王子．黑马王子操盘手记（三）［M］．北京：清华大学出版社，2016.

［51］黑马王子．黑马王子操盘手记（四）［M］．北京：清华大学出版社，2016.

［52］黑马王子．黑马王子操盘手记（五）［M］．北京：清华大学出版社，2016.

［53］黑马王子．黑马王子操盘手记（六）［M］．北京：清华大学出版社，2017.

［54］黑马王子．黑马王子操盘手记（七）［M］．北京：清华大学出版社，2017.

［55］黑马王子．黑马王子操盘手记（八）［M］．北京：清华大学出版社，2017.

［56］黑马王子．黑马王子操盘手记（九）［M］．北京：清华大学出版社，2017.

［57］鲁斌．龙头股操作精要［M］．北京：中信出版社，2015.

［58］鲁斌．捕捉强势股分时启动点［M］．北京：中信出版社，2015.

［59］王坚宁．股市常用技术指标买卖形态图谱大全［M］．北京：清华大学出版社，2014.

［60］股震子．短线追涨一本就通［M］．北京：中国劳动社会保障出版社，2014.

［61］股震子．强势股精析：股票投资入门决胜 95 个技巧［M］．北京：中国劳动社会保障出版社，2013.

［62］孤帆远影．做强势股就这么简单［M］．北京：中国电力出版社，2014.

［63］蒋幸霖．主力操盘手法揭秘［M］．北京：清华大学出版社，2013.

［64］沈良．一个农民的亿万传奇［M］．北京：中国经济出版社，2013.

［65］启赋书坊．股市实战如何精准把握买卖点［M］．北京：电子工业出版社，2013.

［66］张文，赵振国．龙头股实战技巧［M］．北京：中国宇航出版社，2013.

［67］王恒．一眼看破涨停天机［M］．广州：广东经济出版社，2012.

［68］王恒．一眼看破 K 线天机［M］．广州：广东经济出版社，2012.

［69］王恒．一眼看破均线天机［M］．广州：广东经济出版社，2012.

［70］王恒．一眼看破盘口天机［M］．广州：广东经济出版社，2011.

［71］名道．如何在股市快速赚钱：点杀强势股（修订版）［M］．广州：广东经济出版社，2012.

［72］钟海澜．巴菲特说炒股［M］．北京：北京理工大学出版社，2012.

［73］盘古开天．如何在股市聪明卖出［M］．北京：机械工业出版社，2012.

［74］操盘圣手．K 线买卖点大全［M］．北京：中国经济出版社，2012.

［75］蒋幸霖．散户必知的 200 个买卖点［M］．北京：清华大学出版社，2012.

［76］吴振锋．量波抓涨停［M］．北京：清华大学出版社，2012.

[77] 股震子. 狙击涨停一本就通［M］. 北京：中国劳动社会保障出版社，2012.

[78] 韦雨田. 炒股就是炒盘口：两星期炼成盘口实战高手［M］. 广州：广东经济出版社，2011.

[79] 一舟. 强势股操作技术精要［M］. 北京：地震出版社，2011.

[80] 股海淘金. 从三万到千万：短线盈利实战技法［M］. 上海：上海财经大学出版社，2011.

[81] 潘平. 只做强势股［M］. 武汉：华中科技大学出版社，2011.

[82] 斯科特·菲利普斯（Scott Phillips）. 未来十年的六大价值投资领域［M］. 王佳艺，译. 北京：人民邮电出版社，2011.

[83] 上海操盘手. 五线开花（1）：稳操股市胜券的密码［M］. 上海：上海财经大学出版社，2010.

[84] 上海操盘手. 五线开花（2）：股票最佳买卖点［M］. 上海：上海财经大学出版社，2011.

[85] 上海操盘手. 五线开花（3）：倚天剑与屠龙刀［M］. 上海：上海财经大学出版社，2012.

[86] 上海操盘手. 五线开花（4）：神奇的密码线［M］. 上海：上海财经大学出版社，2012.

[87] 上海操盘手. 五线开花（5）：K线其实不简单［M］. 上海：上海财经大学出版社，2012.

[88] 上海操盘手. 五线开花（6）：港股就这样操盘［M］. 上海：上海财经大学出版社，2015.

[89] 上海操盘手. 五线开花（7）：散户决战涨停板［M］. 上海：上海财经大学出版社，2015.

[90] 上海操盘手. 五线开花（8）：攻击个股临界点［M］. 上海：上海财经大学出版社，2016.

[91] 上海操盘手. 五线开花（9）：期货揭秘与实战［M］. 上海：上海财经大学出版社，2016.

[92] 上海操盘手. 五线开花（10）：股市操练大全［M］. 上海：上海财经大学出版社，2017.

[93] 刘元吉. 跟庄就这几招（第2版）［M］. 北京：中国纺织出版社，2010.

[94] 高竹楼，高海宁. 炒股就是炒趋势［M］. 深圳：海天出版

社，2009.

［95］善强．看透股市：中国股市运行分析［M］．北京：中国财政经济出版社，2009.

［96］张健．炒股不败的49个细节［M］．北京：当代世界出版社，2008.

［97］赵衍红，史潮．手把手教你炒股［M］．兰州：甘肃文学出版社，2007.

［98］魏丰杰．操盘揭秘：股票分时战法［M］．北京：中国科学技术出版社，2007.

［99］潘伟君．看盘细节［M］．北京：地震出版社，2007.

［100］吴献海．股道真经：波浪理论实战技巧［M］．北京：地震出版社，2007.

［101］善强．中国股市机构主力操盘思维：市场分析篇［M］．北京：企业管理出版社，2004.

［102］王都发．庄家兵法［M］．北京：经济管理出版社，2004.

［103］杨新宇．股市博弈论［M］．西安：陕西师范大学出版社，2000.

［104］钟麟．智战者［M］．广州：广东经济出版社，2000.

［105］钟麟．胜战者［M］．广州：广东经济出版社，1999.

［106］钟麟．善战者［M］．广州：广东经济出版社，1999.

［107］唐能通．短线是银：短线高手的操盘技巧［M］．成都：四川人民出版社，1999.

［108］童牧野．庄家克星：职业操盘手投资要诀［M］．成都：四川人民出版社，1999.

［109］徐敏毅．牛心熊胆：股市投资心理分析［M］．成都：四川人民出版社，1999.

［110］赵正达．投资与投机：拉近巴菲特与索罗斯［M］．成都：四川人民出版社，1999.

［111］李志林．走近赢家：股市中的悟性与天机［M］．成都：四川人民出版社，1999.

［112］喻树根．投资手册［M］．广州：广东经济出版社，1999.

［113］青木．炒股方略［M］．广州：岭南美术出版社，1999.

［114］李梦龙，李晓明．庄家操作定式解密［M］．广州：广东经济出版社，1999.

［115］李克．庄家内幕［M］．成都：四川人民出版社，1999.

［116］何安平．得意图形：经典技术理论在中国股市的实战应用［M］．北京：中国经济出版社，1999．

［117］李幛喆．炒股就这几招［M］．北京：改革出版社，1999．

［118］李铁鹰．四维 K 线图：股票买卖秘诀［M］．上海：上海交通大学出版社，1997．

后　记

20多年的股市投资经历，我积累了太多的经验和教训，特别是在操盘跟庄强势股之余，有针对性地陆续研读了100多本证券类图书之后，开阔了思维眼界，提升了操盘境界，有了许多感悟和启示，萌生了创作一套操盘跟庄强势股方面的丛书的想法。

从2020年初开始动手码字，至2023年2月"炒股就炒强势股"系列丛书前2本的出版，3年时间，很短，也很长。3年的艰辛和迷茫，3年被新冠疫情所困的焦虑感、无力和无奈感，历历在目，挥之不去，细思极恐。新冠疫情终于随风散去，人间重现烟火气，此时也迎来了丛书后3本的陆续付梓，愿丛书能给读者带来好运，愿以后的日子里，山河无恙、人间皆安、岁月静好，也祝读者朋友所求皆如愿，所行化坦途，所得皆所期，多喜乐，长安宁。

本书得以顺利出版，非常感谢中国经济出版社的大力支持，特别感谢本书责任编辑叶亲忠先生的精心指导、无私帮助，其专业水准和敬业精神，始终值得作者和读者信赖和期待。感谢万利、郝建国、许存权、钱海宁、吴涛、杨军、刘建、颜昌庚等老师和朋友的指导帮助。感谢谷芬女士的理解、支持、包容和奉献。

在本书创作过程中，作者查阅、参考了大量相关作品和资料，从中得到了不少启发，也参考借鉴了一些非常有价值的观点。但由于阅读参考的文献资料来源广泛，部分资料可能没有注明来源或出处，在此表示感谢和歉意。

本书虽然几易其稿，也经过反复校对，但由于仓促成文，加之作者水平有限，肯定有不少错误、残缺或不当之处，尚祈读者批评指正，不胜感激。

明　发

2023年5月　于北京